浙江智库
ZHEJIANG
THINK TANK

浙江师范大学非洲研究院

非洲区域国别学系列丛书
总主编/刘鸿武

非洲法律翻译及研究丛书
主　编/吴　卡

非洲石油和天然气法的当地成分

尼日利亚等国的启示

[尼日利] 普瑞欧维·苏白 / 著　　杨福学 / 译

Local Content Oil and Gas Law in Africa

Lessons from Nigeria and Beyond

Pereowei Subai

Routledge
Taylor & Francis Group

法律出版社 LAW PRESS
北京

Local Content Oil and Gas Law in Africa: Lessons from Nigeria and Beyond
By Pereowei Subai

著作权合同登记号
图字：01-2021-0738

国家社科基金重大项目《“五位一体”构建中非命运共同体的战略路径探索与实践创新研究》
（21ZDA129）

非洲区域国别学系列丛书编委会

非洲法律翻译及研究丛书编委会

非洲区域国别学系列丛书总序*

一、编纂非洲区域国别学系列丛书的缘起

在“区域国别学”从学术边缘走向学术前沿的历史进程中，浙江师范大学非洲研究学术团队，一直发挥着某种特殊而关键的前沿探索、基础搭建、体系建构等开拓、引领作用。多年来，我们以非洲大陆及其上的54个国家为对象，进行重要的“区域国别”研究，扎根于斯、行走于斯、创作于斯，逐渐在实践中探索出了一条具有知识原创性、学理建构性、实践指导性的区域国别学建设之路，形成了“学科建设为本体、智库服务为功用、媒体传播为手段、扎根非洲为前提、中非合作为路径、协同创新以赋能”的“六位一体”的实践路径，以及中非学者紧密合作、双向推进“中国非洲学”和“非洲中国学”的发展模式。

2021年，国务院学位委员会发出《关于对〈博士、硕士学位授予和人才培养学科专业目录〉及其管理办法征求意见的函》，将“区域国别学”列为新增“交叉学科”门类首批6个一级学科之一，这是中国高校学科建设的一个具有方向性启示意义的重要调整变化，表明国家与时代对“区域国别学”之重要性有了更高的认可与期待。在此背景下，以创新举措与务实方式建设好“区域国别学”，既是时代赋予中国学人的新使命，也是中国高校

---

* 本序原为刘鸿武的《中国特色区域国别学的建设目标与推进路径》一文，载《大学与学科》2022年第3期，此处有改动。

学科创新建设的重大前沿领域,在此方面尚有许多重大的实践与理论问题有待中国学人去探索,去实践。

中国古人治学,常说"著书立说",当"有典有册",将多年积累的学术成果编辑成册并结集出版,将无形的知识与思想用图书形式固定下来,以便跨越时空的保存、收藏与传播,正是所谓"文献名邦"以书香浸润天下、感化后人、泽被万世。可见著书立说实为学术传承与发展的基础,虽然今日电子信息时代,图书也非学术传承之唯一形态,但从学术发展的长远考虑,重视专业学科建设中的系列图书出版,依然是学术累积、学派形成、品牌建构的不可或缺的途径。

不过,成书并累积成系列、成文库、成大典,实非易事,当有专人作规划、推动,举凡经费之筹措、编纂之实施、校编之完善,环环相扣,缺一不可。事实上,早在 2007 年 9 月浙江师范大学非洲研究院创立之初,我们就在《光明日报》首次发布了面向海内外的《浙江师范大学非洲研究文库》编纂通告,一时响者甚众,那以后的十五六年,我们这一非洲研究文库坚持高起点、国际化原则,汇集海内外中非学者资源,先后推出"非洲当代发展研究""非洲重点区域与领域研究""非洲通史与国别史研究""非洲教育与中非教育合作""非洲经济与中非经贸合作""非洲艺术与文化研究""面向非洲国家的中国改革开放与发展实践研究"等系列,其中有的系列还获得国家出版基金的立项资助,保证了图书的顺利出版。此外,过去 10 多年,通过协同创新的方式,浙江师范大学校内其他相关学院如经济与管理学院、外国语学院、法学院、国际文化与社会发展学院等,也陆续编纂出版了各自学科领域涉非著(译)作数十种。这样,截至 2023 年,浙江师范大学学术团队组织编纂出版的聚焦非洲的各学科领域著(译)作,累计已超过 200 部,成为进入 21 世纪以来全国编纂出版的规模最大的非洲研究成果集成。

为更好推动非洲区域国别学学科建设与人才培养事业的发展,2023

年年初，经多方论证，浙江师范大学决定在过往基础上，启动新一轮更加专门化的“非洲区域国别学系列丛书”大型编纂工程，以求进一步拓展研究领域，增加系列类型，提升成果的学科化和专门化水平，并在《光明日报》再次推出《非洲区域国别学系列丛书》编纂征聘通告，面向海内外征聘遴选非洲区域国别学著作，以非洲区域、非洲国别、非洲专题的形式，再次集结为非洲区域国别学研究的新十大系列丛书，以形成既具备学科覆盖面与系统性，又各具特色、重点突出的非洲区域国别研究成果，打造非洲区域国别学知识群落，为中国区域国别学建设探索新路径，提供新模式，树立新标杆。

“著书不为稻粱谋，惠及民生方为高。”一时代有一时代之学术，学术作为时代的窗口，往往与时代演化交互作用。纵观当今之世界，多元文化碰撞激荡，各种思潮往来竞逐，世界百年未有之大变局使人类面临的问题和挑战越来越复杂，世界比以往任何时候都更迫切地需要建构起一种人类共建、共通、共享的知识、思想与文化体系，从而让人类以更加理性、主动、积极的方式，携手相向而行，采取共同行动，塑造共同利益，担当共同命运。在构建这样一种人类共享知识体系的过程中，中国可以也应该发挥更多建设性作用。有中国特色和精神气度的新兴交叉学科“区域国别学”作为一门行走世界、认识寰宇、服务天下的学科，自当在当今世界复杂背景下发挥积极作用，以学术服务于中国之治和世界之治，进而推进人类命运共同体之建构。我们当由此背景和高度上来理解“中国特色区域国别学”建构的时代意义，并寻求开阔通达的前行目标与推进路径。

从战略层面上看，中国特色区域国别学是助力建设和谐美好世界的“人类命运共同体建构之学”，是对冲、消解、替换维护西方特权霸权“冷战知识体系”的“人类共建共通共享知识体系建构之学”。从学科层面上看，建构区域国别学对中国高校创新发展也有特殊意义：一是有助打破学科壁垒，破解“内卷”困局，推动高校学科建设的融合发展；二是有助搭建对外桥梁通道,推动中国高校学科建设的国际化进程,提升中国高校的国际影响力;三是有助延伸大学知识的价值链,使一流学科兼具特色智库功能。

概言之,中国特色区域国别学的逻辑起点、推进路径和最终归属,都必须努力融入国家与时代的发展大潮。在此方面,浙江师范大学非洲区域国别学"'六位一体'集成建设"的实践探索,或许可为全国高校区域国别学建设提供某种路径参考。

二、区域国别学的概念阐释与内涵解读

作为一门新兴的、建设中的实践性学科,我们对"区域国别学"的基本定义做这样的表述:"区域国别学是一门聚焦于特定的地域性问题的综合性、交叉性、实践性的新兴学科,它重视自身创造知识与思想形态的地域适应性和时空关联性,重视从特定地域时空结构上来开展适宜性研究,通过建构综合性与适地性的知识体系,努力形成对这一特定区域的一般性、普遍性、特殊性问题具有解释力、运用性、操作性的集成化的区域国别学学科群落与知识体系,以为天下治理之大用。"①

这里,我们对上述定义做一些分析解释。

第一,我们说区域国别学"聚焦于特定的地域性问题",这是相对于以往那些"聚焦于领域"或"聚焦于专业"的学问而言的。所谓"聚焦于领域与专业"的学问,包含了诸如聚焦于经济问题的经济学、聚焦于政治问题的政治学等;而"聚焦于某个特定的区域、地域、地区、地方,并对这个区域作整体性综合性专门化研究"的区域国别学,则包含如"聚焦于非洲问题的非洲学""聚焦于中东问题的中东学"等。至于"被聚焦的地域",则可以依研究之需要而有大有小,大者如洲际规模的"非洲""亚洲""拉丁美洲",小者如次区域的"非洲大湖地区""中南半岛""巴尔干半岛""加勒比海地区"等。这些或大或小的"区域""次区域"往往都具有问题的区域关

① 刘鸿武:《中国区域国别之学的历史溯源与现实趋向》,载《国际观察》2020年第5期。

联性与整体性，可以作为具有内在联动性的“单位”进行综合观察、专门分析与系统研究。从这个意义上说，所谓的“国家”，也是一个“区域”，一个“地方”，如中国这个区域、印度这个地方，我们可以把国家作为一个“整体”来研究观察，形成关于中国、关于印度的知识体系与理论成果。总体上说，区域国别学是聚焦于某个特定地域上的学问。

第二，区域国别学是一种新时代中国学术与思想发展的策略路径，通过它的创新发展与实践，并交叉整合于其他学科，必将大大有助推动今日中国之学术发展与学科建设更多地传播到世界上不同区域、不同国家，从而使传统的“聚焦于领域专业之学”（如经济学、政治学、历史学）与新兴的“聚焦于地域国别之学”（如非洲学、中东学、拉美学、南亚学）两大知识领域，得以相辅相成，进而让我们对今日之大千世界的各个区域、各个国家、各个民族，看得更清楚，说得更明白，解释得更完整，合作得更有效。

第三，所谓“重视自身创造知识与思想形态的地域适应性和时空关联性，重视从特定地域时空结构上来开展适宜性研究”，是指通过“聚焦于特定区域的知识与学问”而形成的种种知识体系与思想形态有一个突出特点，即这些知识与思想必定与其研究的特定区域相关联、相适应，这些知识与思想只能产生于对这一特定区域的长期观察、体验、分析、思考和研究的过程中，而不是产生在其他地方，更不是产生在长期远离研究对象之时空的学者的“沙发”上。区域国别学不是在远离研究对象区域、远离研究对象具体时空环境的“真空”中作抽象概念推演而形成的各种空泛假说与虚浮臆想。区域国别研究者所形成的知识与思想，必须产生并适应于这一特定区域、地方和地域的鲜活实际情况，经得起在这一特定区域的实践查证、检验和追问。

第四，通过上述努力，“形成对这一特定区域的一般性、普遍性、特殊性问题具有解释力、运用性、操作性的集成化的区域国别学学科群落与知识体系”，这里包含三层意义：一是学者的知识创造与思想探索，可以用来很好地解释、解答其所研究的特定区域、特定国家、特定地方的一般性、普遍性、特殊性问题；二是这样的知识与思想不是分散的、局部的、零落的，而是集成化的、整体的、系统的，是一个关于特定区域、特定国家、特定地方的集成化的知识群落与知识体系；三是人们也可以运用这些知识与思想来指导、支撑、帮助他们去认识和解决特定地方的各种复杂问题，即所谓“学可以用，智可以启”。

第五，“一方水土养一方人”，一方水土也养一方学人，成一方学问。比如研究贫困问题，一般性的经济学家可能更多是从普遍的、抽象的、理念的层面，来分析贫困的原因，解释贫困的根源，但区域国别学研究者则有所不同，其针对具体的地区、国别实际做出的具体研究，当特别呈现知识与思想的可操作性、可运用性和可实践性，凸显与研究对象特殊形态相关联的知识针对性。贫困是人类社会的“顽疾”，但贫困的发生与解决，在不同的区域、国别、地方会有不同的根源和表现，也需要不同的对策和举措。现实生活中，非洲的贫困与中东的贫困，尼日利亚的贫困与坦桑尼亚的贫困，一定有所不同，呈现地方特殊性。如果要用知识去帮助解决不同地方的具有特殊根源与表现的贫困问题，我们就必须深入这些不同的国家、不同的区域、不同的地方，去真实地、具体地、全面地研究当地贫困的实际情况，方可从空洞的概念推演落地到真实的生活大地上来并付诸实践，避免犯纸上谈兵、本本主义、教条主义的错误。如此，知识才会是有用的、能用的、管用的。

第六，区域国别学是一个集成化的学科群落与知识体系，是一个用于国家治理、天下治理的实践知识体系。在某种意义上，区域国别学既可以称为“交叉学科”，亦可以称为“博物学科”，因其“集成化”的知识体系与知识群落，我们说区域国别学本是一个“博学”的知识形态，它需要将研究对象的各类知识统筹、汇聚起来，形成纵横交错、层叠相加、相互印证的集成化知识群落，方可获得对于特定区域国别的系统化、整体化、通识化的把握,求得对一区域国别复杂问题的统筹通揽,即所谓“认得大体、辨得大局、把得大势、成得大业”。

第七,从实践的角度看,区域国别学是一个实践的过程,是一门实践性、操作性突出的新兴学科。它既是综合交叉、跨学科的,又是个体经验、个体实践的。我们经常讲,区域国别学是培养研究对象的“国别通”“区域通”。“通”者,通古今之变、通天人之际、通史地之源、通中外之交,打通知识体系,方可纲举目张、把握潮流、辨识大局,从而顺势而为,因势利导。从实践操作角度上看,这个“区域国别”无论是大是小,我们都可以把它作为一个特定的“区域”来作整体性研究,通而观之,集化成识。就此来说,“学科交叉”之起步只是初始形态,“交叉学科”之建成才是完成形态。也就是说,通过学科之交叉而形成交叉之学科,集众学科之大成而深度融合,汇通众人之博识而得“集成化的学科群落”,方是作为“交叉学科”的区域国别学之真正完成。

第八,区域国别学之研究路径方法有两个重要维度,就是需作时间和空间的综合把握与宏观认识并落地生根。从事区域国别研究,一定要到对象国去,扎根于对象国特定的环境、时间和空间,重视研究对象特定的历史进程与时间关系,重视研究对象的环境背景、基础动力和演进过程。先说事、后论理,论由史出,因事求理。简言之,区域国别学要能把对象的事情说得很清楚、讲得很明白,每当世界上某个地方发生事件时,我们的区域国别研究者能够“摸得到路,找得到人,说得上话,办得成事”,在相关研究成果与专业人才方面确保“国家用得上、部委离不开、队伍靠得住、建议可信赖”。作为一门接地气、能运用、可操作的“行动之实学”,区域国别学要从“概念之虚学”里走出来,脱虚向实。总体而言,区域国别学是一门“研实际、求实理、重实践、做实事、育实才、务实效、得实功”的“七实之学”。

第九,区域国别学并非新事物,也非舶来品,“周虽旧邦,其命维新”。中国有深厚的区域国别的学术传统与实践积累,历史上的中国不仅要处理好国内东西南北间复杂多元的民族、种族与文化关系,而且作为一个周边国家、民族和文化极其复杂多样的洲际规模的大国,中国自上古之时起就特别重视对中原与边疆、华夏与四夷、本国本族与他国他族之复杂关系的认知,从而形成了丰富而久远的中国区域、地理、环境、民族和文化等不同维度的知识传统和治理经验。中国最早一部有关区域研究的经典之作是孔子整理的《诗经》。《诗经》之十五国风,就是当时通过田野调查、民间采访所获得的国情、区情或民情。按孔子的理解,这些资料可观民情、听民声,从而美教化、移风俗、施良策、治天下。汉代以后,中国知识思想体系渐趋成熟,班固撰《汉书》,专门设《地理志》之部,承继《诗经》十五国风的传统,推论自黄帝以来至汉初的国家疆域沿革变迁、政区设置和治理特点。这一传统后世连绵传承,促成中国古代史上形成了发达的具有资政治国意义的"疆域地理学"或"政区地理学"。除正史外,发达的方志学、郡国志、地理志也是中国"区域研究"重要的知识传统。国家治理、社会协调和区域管理都强调"入乡随俗",要"因地制宜""到什么山唱什么歌",这些思想传统都十分重要且有价值。

第十,从"分散的、个体的、分割的区域国别研究"提升到"集成化的、学科化的、体系化的区域国别学",这是区域国别学作为一门新文科建设成长的基本方向和应有之义。一般来说,"区域国别研究"与"区域国别学"两个概念在许多时候是可以换用的,"区域国别研究"这一概念的内涵十分明确,无须特别解释,凡一切与区域国别有关的研究活动、研究领域和研究内容都可总归其门下,而"区域国别学"则有所提升,它更加突出了学科主体性、学理建构性、知识系统性和理论专业性,更多地关注区域国别研究的理论旨趣、学科路径、体系建构和方法创新,重在探索学科表现形态的某些普遍性、基础性问题。

三、世界百年未有之大变局下中国学术的志向担当

当前,国家重视中国特色区域国别学的学科建设。近年来,党中央提

出对内要铸牢中华民族共同体意识，对外要推动构建人类命运共同体、建构新型国际关系。为此，必须要有能支撑、解释和服务这一命运共同体和新型国际关系的人类共建、共通、共享的知识体系、思想理念与行动智慧。但是，这一知识体系不会凭空而降，也不能由某一区域、某一国家的知识来充当普遍性的人类知识。过去百年，尤其是冷战结束以来，西方的本土知识逐渐传播于全球，包括西方对于非西方世界的认知与研究所形成的知识形态，一度被冠以所谓"普世主义"的光环，并在相当大的程度上主导或支配了人类的知识形态，给世界的知识创造和人类的相互关系带来许多矛盾和冲突。这是今日世界动荡不安、冲突迭起的一个非常重要的思想与知识根源。②

然而，人类社会面临的问题和挑战越来越复杂，没有任何一个国家的区域国别知识可以应对全球挑战。中国特色区域国别学，是中国学者与世界各国学者通过共同合作、平等对话、海纳百川而成之学，并非中国一家所独建独占，更不是要用中国的区域国别知识去替代西方的区域国别知识而成为另一个自封的"放之四海而皆准"的知识。中国特色区域国别学建设的出发点与目标宗旨是，通过推进开放包容、兼收并蓄的世界各个地区、各个国家、各个民族的共建、共通、共享的人类知识体系的努力过程，来与世界人民一道共同创造一个真正具有全球性包容吸纳特征的人类新知识体系。

就此来说，今日中国特色区域国别学建设中要做的一件事情就是，把西方世界近代以来创造的所谓的"普世知识"，总体上重新"还原"为"欧美的区域国别知识"或"美西方的区域国别学"，从而让我们得以历史地、理性地看待其成就与不足，取其精华，去其糟粕，而这正是今日中国学术思想界"重新认识欧美"的另一次思想解放与学术自觉过程的开始。

---

② 参见刘鸿武：《中国区域国别之学的历史溯源与现实趋向》，载《国际观察》2020 年第 5 期。

长远来看,中国特色区域国别学之建设必须花大力气来广泛而充分地汲取、开发、继承、扬弃古往今来世界各个国家、各个民族、各个区域的传统知识和现代智慧。在这个基础上,通过平等对话、多元交流,如江河入海,综合创造出超越个别区域、个别国家范畴的人类共建、共通、共享的知识体系,从而让人类以更加理性、主动、积极的方式,相向而行,采取共同行动,塑造共同利益,担当共同命运。

从这个意义上来说,中国特色区域国别学是建设和谐美好世界、构建人类命运共同体之学,它也必须是应对中国与世界所需的“问题导向之学”,而不是“对标西方理论之学”。中国特色区域国别学需要正本清源、校正前行方向,从过往的西方概念、理念、模型导向的研究,转向服务时代、服务国家,解决现实问题的自主创新研究,从“用中国和发展中国家材料去印证阐释西方理论的依附研究”转向“基于自身实践考察而建构自主理论知识体系的创新研究”,从书斋论道、自说自话的“闭门书生”式的研究转向扎根大地、起而立行、知行合一的开放研究。

我们知道,当今世界正处在南北力量、东西力量对比转换前的复杂相持阶段。在这个阶段,一是美西方维持其全球霸权和特权的决心与力度不断增大;二是当前南方国家和亚非拉国家总体上尚未形成合力,且被分化的趋势还在加强。但无论如何,整个非西方世界的崛起和南方国家的发展是世界历史之大势。在这种情况下,中国的战略思想和知识创造需要有超越美西方的更高远的追求,需要统筹好中华民族伟大复兴战略全局和世界百年未有之大变局,开展协同研究,从知识层面上为对内铸牢中华民族共同体意识、对外构建人类命运共同体作出特殊贡献。

为此,今天中国战略思想知识界必须要“有破有立”:“破”者,破“美西方冷战知识体系”之高墙深壕;“立”者,立构建人类命运共同体知识体系之开阔平台。简言之,就是要从过去几十年美西方主导的冷战知识体系肆虐传播的旧形态,过渡到人类命运共同体知识体系建构传播的新形态,这是当前中国哲学社会科学努力发展的重大方向，更是区域国别学这一新兴学科首先应该着力的方向。今日中国的知识创新在世界范围内的一个时代任务，就是要破除这个笼罩在世界知识界、学术界、理论界、话语界的陈旧僵化的“美西方冷战知识体系”，而以一种崭新的、开放的、包容的人类命运共同体知识体系来创造人类共同的未来。

我们认为，自20世纪80年代末以来，经过三四十年的演化交手，目前关于人类命运共同体知识体系和“美西方冷战知识体系”的基本内容已然清晰可辨。首先，关于建设合作共赢美好世界的人类命运共同体知识体系，我们已经有一系列相对完整的理念概念的知识表述与实际的行动方式，有了诸多关于人类命运共同体知识体系的理念和原则，如合作共赢、平等相待、相互尊重、和合共生、同舟共济、文明互鉴、多边主义、共同安全等。在这些理念和原则的基础上，我们也提出了很多具体概念并付诸行动，如独立自主、主权安全、政治稳定、发展权、生存权、经济增长、民生改善、基础设施建设、脱贫减贫、绿色发展、国家建构、政府能力、有效市场、有为政府等。

以上这些中国知识体系的积累与提炼过程，体现在当代中国区域国别学科建设实践的不同层面。例如，自2011年以来中非双方已在中国和非洲召开了“中非智库论坛”12届会议，中非双方学术智库界通过对中非全方位合作发展的直接观察与深入研究，及对构成这种发展的基础与背景的世界史、现代性和全球化现象的重新思考，日益有了自己的问题意识与自主意识，并逐渐开始“生成”自己独立的话语形态与理论面相，逐渐有了属于自己的知识基础、理念特色乃至话语概念。③ 可以说，“中非智库论坛”十余年的发展正是围绕上述这些理念、概念、知识与实践创造而不断推进的。

同样，多年来美西方维护其特权霸权的“冷战知识体系”也是清晰可辨的，比如这样一些耳熟能详的语词：唯我独尊、零和游戏、相互对抗、信奉

---

③ 参见刘鸿武：《非洲学发凡：实践与思考六十问》，人民出版社2019年版，第132页。

霸权、维护强权、支配全球、遏制战略、领导世界等。在这些理念和原则的引导下,美西方也创造出了很多具体的概念标签并且付诸全球行动,比如民主国家、专制国家、选举自由、价值观外交、历史终结、威权体制、庇护主义、家长制、资源诅咒、债务陷阱、制裁干涉、保护责任、转型国家、结构调整等。这些概念与行动具有突出的实用主义与双重标准的特点,本质上都是维护美西方利益的工具手段。

因此,中国特色区域国别学,不是西式的殖民帝国之学、霸权强权之学,而是融汇人类各区域、各国家、各民族文明成果的人类共建、共通、共享知识体系,是"人类命运共同体建构之学",用让世界相向而行、合作共赢、相互欣赏、美美与共的"人类命运共同体知识体系",去对冲、消解、替换让世界撕裂、对抗并维护美西方霸权特权的陈旧的"冷战知识体系"。这是当代中国学术的历史使命与时代责任,也是开放包容的"中国特色区域国别学"的学术志向与学术担当。

四、区域国别学建设的内生动因与目标

高校是国家科技竞争力的战略平台,未来中国在全球的科技发展、学术发展、思想文化发展的实力与竞争力,很大程度上取决于中国高校的人才培养和知识创造。"十三五"以来,中国高等教育取得了快速发展,目前中国已成为世界上高等教育大国,建成了世界上规模最大的高等教育体系,每年培养一大批高素质专门人才。党的十八大以来,中国特色社会主义进入新时代,哲学社会科学和高校学科建设迈上了一个新的台阶,国家的发展越来越需要高等教育和哲学社会科学提供战略性支撑,提供新的学术思想和知识创造,培养创新型人才。国家对高等教育和哲学社会科学的期待是过去从未有过的,尤其是"一带一路"倡议启动以来,高校在"一带一路"倡议中的支撑作用越来越明显。可以说,中国高校比以往任何一个时候都更加深入地参与到了国家的发展战略中,这给中国高等教育的发展

带来了前所未有的机遇。④

但当前高校不能适应国家经济社会和对外交往合作快速发展的缺点还是十分明显,2016 年 5 月 17 日,习近平总书记在哲学社会科学工作座谈会上指出,“面对新形势新要求,我国哲学社会科学领域还存在一些亟待解决的问题。比如,哲学社会科学发展战略还不十分明确,学科体系、学术体系、话语体系建设水平总体不高,学术原创能力还不强……”⑤“中国特色哲学社会科学应该涵盖历史、经济、政治、文化、社会、生态、军事、党建等各领域,囊括传统学科、新兴学科、前沿学科、交叉学科、冷门学科等诸多学科,不断推进学科体系、学术体系、话语体系建设和创新,努力构建一个全方位、全领域、全要素的哲学社会科学体系”。⑥

区域国别学对中国高校学科的新型发展,以及对建设世界一流大学有什么特殊意义?笔者认为,可以从三个方面来理解。

第一,打破学科壁垒,破解“内卷”困局,拆除过往人为建构起来的一些学科界限,尤其是阻碍学科融合创新发展的知识樊篱,推进高校内各学院各学科的交叉融合。区域国别学的建设目标是要形成有关研究对象区域国别的集成化知识群落,这离不开高校内部学科建设的协同化、集成化发展。今天的中国,是一个有 14 亿多人口,经济总量位居世界第二的巨型国家,无论是中国自身的事情,还是中国与外部世界的关系问题,往往都是极其复杂的。所谓“大国之事”“大国之治”,都必须由“大国之学”来解决,须有“集大成之学”来应对。实际上,自以“2011 计划”为核心内容的高校推进协同创新工程实施以来,一些传统的学科隔膜、人为制造的障碍已经逐渐被打破,一些新兴的研究领域与知识体系正在被建构起来,集成化和系统化的学科平台与知识高地也在探索中呈现。现在通过建立体制

④ 参见张平文:《关于〈大学与学科〉的若干思考》,载《大学与学科》2020 年第 1 期。
⑤ 习近平:《在哲学社会科学工作座谈会上的讲话》,人民出版社 2016 年版,第 7 页。
⑥ 习近平:《在哲学社会科学工作座谈会上的讲话》,人民出版社 2016 年版,第 22 页。

化的一级交叉学科区域国别学,通过形成相应的学科平台和学位体制,就可实现从"协同创新的行动实践"到"交叉学科的体制构建"的重大飞跃,把多年推进协同创新的成果规范化、体制化、学科化。在这方面,国家自然科学基金委员会已经做了比较重要的先行先试,2020年国家自然科学基金委员会在以往的七大学部之外,新成立了"交叉科学部",其目标就是以重大基础科学问题为导向,以交叉科学研究为特征,统筹和部署面向国家重大战略需求和新兴科学前沿交叉领域的研究,建立健全学科交叉融合资助机制,促进复杂科学技术问题的多学科协同攻关,推动形成新的学科增长点和科技突破口,探索建立交叉科学研究范式,培养交叉科学人才,营造交叉科学文化,从而建设集成化的、综合化的知识体系与人才队伍,去攻克那些事关今日中国国家建设发展的重大"卡脖子"的难题,如集成电路科学与工程。就此来说,人文社会科学、管理科学也需要跟上时代的变化,有力推进学科的交叉与创新。区域国别学应是一个具有开放视野的,整合文理工各学科领域的集成知识领域,它对于今日中国高校的学科创新发展具有重要的推进引领意义。

第二,高校开展区域国别学科建设,可有效推动高校学科建设的国际化进程,提升中国高校在对象区域、对象国家的影响力。中国高校的各专业各学科的科研人员与教师,通过与研究对象区域国别的学术机构和科研人员的深度合作或无缝对接,在合作研究的过程中,向对象区域国别派遣访问学者、联合培养学生,将有效提升中国高校在研究对象区域国家的综合影响力。我们认为,区域国别学科的建设,不是中国学者"关起门来"在国内"沙发"上做学问,而是要走到研究对象区域国别去,与对象区域、对象国家的知识思想界无缝对接,与研究对象区域国家学者一道构建原创性的合作建构的知识与话语体系。比如,过去十多年,浙江师范大学通过开展全方位的对非教育合作与建构非洲区域国别学科,全校各学院各专业都启动了基于自身学科特色和地方发展需要的多学科跨学科的对非合作,在这个过程中，不仅浙江师范大学在非洲国家的影响力获得了快速而意义广泛的提升，而且也大大推进了整个浙江省各行各业的对非合作，浙江省对非人文交流、教育合作、智库对话和民间交往也取得重大进展。由此，浙江省尤其是金华市已经成为中国对非合作的“全国高地”，形成“对非合作，全国看浙江，浙江看金华”的区域对非合作新现象。

第三，区域国别学的学科特征使其天然具有特色智库的功能，可服务于国家重大战略需求，是实现当代中国国家治理和全球治理专业化、科学化和民主化的重要路径之一。区域国别学围绕国家发展重大领域和前沿问题，努力延伸大学知识价值链，让大学的一流学科兼具特色智库功能，助推了国家治理和全球治理的专业化、科学化和民主化。总体而言，中国特色区域国别学是一个内外跨学科赋能的过程，它赋予高校各传统学科以新的能力。从这个意义上来理解，区域国别学的建设，对高校来说并不是多一门学科、少一门学科的问题，而是要通过建设这样一个新型的特色交叉学科，创造一种当代中国高校办学模式、学术创新和思想变革的新工具、新方法与新路径。通过这样一种学科的创新建设和特色发展，优化提升中国高校学科建设与人才培养的新方向，让中国高校更加主动地融入国家的发展战略，更加主动地服务国家的发展战略，推动中国学术更多地落到今天中国和世界的现实大地上。

中国人素来讲究“天时地利人和”，这一思想传统对于今日构建中国特色的区域国别研究学科依然具有整体上的启示滋养意义。所谓“天时”，是指人类普遍性的文明精神与规则原理，是人类共享共用的自然规则和社会规律，天道、法则、天理，大致如此。所谓“地利”，则是指因为人类生存的地域空间与生态环境上的多样性而形成的区域、国别和民族的文化个性与文明特点，它具有依时空变化而形成的差异性与多样性，而这种区域上的差异性和多样性的存在，正是国别与区域研究学科建立的基础所在。所谓“人和”，主要是指通过人类自身的主观努力，通过主动的知识交流与思想沟通，在平等对话、相互学习、共享共建的基础上，将不同国别与地域的人类知识体系与思想智慧一步步沟通和连接起来，让具有地域性和国别性的文化知识汇入具有普遍性的人类知识思想的洪流中去，从而成为全世界可以相互理解、沟通共享的知识与思想，最终成为具有普遍性的人类思想财富。⑦

五、"六位一体"集成建设的实践探索与案例路径

浙江师范大学非洲研究院作为国内高校首个综合性、实体性的非洲研究院，经过16年学科建设创新性实践，已经开辟了一条有中国特色、原创性的区域国别学学科建设之路，形成了"学科建设为本体、智库服务为功用、媒体传播为手段、扎根非洲为前提、中非合作为路径、协同创新以赋能"的"六位一体"集成建设路径，以及中非学者双向建构"中国非洲学"和"非洲中国学"的集成知识体系与丰富经验，为中国特色区域国别学学科发展做出了系统化、专门化的创新探索。

2012年3月，全国高校区域和国别研究培育基地第一次工作会议在浙江师范大学成功召开，数百位专家学者参观考察了浙江师范大学非洲学的建设经验，从那时起教育部已有规划地推动区域国别学学科发展。⑧ 在2017年5月国务院新闻办公室举行的"一带一路"沿线国家民心相通情况发布会上，时任教育部副部长田学军称赞浙江师范大学非洲研究建设成果是中国高校服务国家"一带一路"民心相通工程的典范，相关实践成果"具有代表性、示范性、推广性"⑨。下面，我们具体介绍一下浙江师范大学非

---

⑦ 参见刘鸿武：《中国区域国别之学的历史溯源与现实趋向》，载《国际观察》2020年第5期。

⑧ 参见教育部办公厅：《区域和国别研究培育基地第一次工作会议成功召开》，载中华人民共和国教育部网，http://www.moe.gov.cn/jyb_sjzl/s3165/201204/t20120417_134244.html。

⑨ 《国新办举行"一带一路"沿线国家民心相通情况发布会》，载中华人民共和国国务院新闻办公室网，http://www.scio.gov.cn/xwfb/gwyxwbgsxwfbh/wqfbh_2284/2017n_8019/2017n05y11rxw/。

洲学"六位一体"集成建设实践取得的成效与面临的问题,并在此基础上提出若干对策建议。

第一,学科建设为本体:必须花大力气把学科建设基础工作做起来。学科是高校演化的"基础细胞",也是人类认识世界、把握世界的工具和手段,同时也是知识转化为实践的桥梁。学科的形成与演进是一个历史的过程,需要根据人类认识世界进展和从事科学研究而不断调整、丰富和完善。区域国别学作为新的一级交叉学科,首先要把学科的基本建制与平台建设起来,并逐步完善提升。学科建设,包括专门化的学术、学位、学者和学生的形成,也包括专门化的课程体系、教材体系和师资体系的建设,以及相应的考核标准、评价体系等环节的形成。这需要在吸收其他学科理论与方法、知识与思想的基础上,一步步地探索自身成长的道路,建构起自主性的学科体系,完成"由学科交叉的努力到交叉学科的形成"的创新建构过程,从过去的"聚焦抽象化的领域专业之学"转化为一门"聚焦具体化的区域国别之学"。

在从"学科交叉"到"交叉学科"这一过程中,区域国别学涉及的学科大体上可分为核心学科、支撑学科和相关学科三个层次。总体上看,区域国别学的基础性核心学科有三个:一是历史学;二是地理学;三是外国语言学。历史学和地理学分别支撑了研究对象纵横交错的历史时间意识与环境空间意识,乃一切研究的基础。所谓"历史时间意识",是指研究者当重视事物发生、发展、演变的历史进程与时间关系,重视事物的背景、基础、动力与演进,先说事,后论理,论由史出。而"环境空间意识"则指重视事物生存发展的空间环境的差异与多元,各区域之环境不同,地理相异,就需因地制宜,因时而变,入乡随俗,分类施治。从学科交叉的角度来看,"历史时间意识"主要指向历史学,涉及文化、民族、宗教等;"环境空间意识"主要指向地理学,涉及地理、环境、生态等。史地之外,则为工具之学外国语言学,它涉及通用语、非通用语、文字、口传、翻译等。因而我们说,历史学、地理学、外国语言学是区域国别学的三大基础性核心学科。

在此基础上,则需根据重点方向及领域之不同而与政治学、经济学、法学、社会学、教育学、自然科学与技术科学作交叉融合,从而形成层次不同、取向有异的跨学科交叉借用形态,最终支撑建立起一个相对独立的区域国别学。⑩

就浙江师范大学而言,它一直以来建设的核心目标就是把有中国特色的"非洲区域国别学"建设好,这"是一门专以非洲大陆的人文与自然现象为研究对象、探究非洲文明历史进程及其当代政治经济与社会发展问题的各类研究活动,以及由这些研究活动所累积而成的有关非洲的各种知识成果汇集而成的一门综合性国际性交叉学科。换句话说,这是一门在特定时空维度上将研究目光聚焦于非洲大陆这一空间区域,对这块大陆的自然与人文现象进行综合性、专门化研究的新兴学科。这门学科对创造中非共享知识,完善当代中国学术体系,助推中非命运共同体建构,都有重要的意义"。⑪

那么,区域国别学作为一门面向新时代与国家重大需求的"新文科",它"新"在哪些方面呢?从我们这些年建设有特色的"非洲区域国别学"实践来看,建设单位或依托平台必须有一些"标准配件与门槛",应该有如下方面的持续努力:其一,有一个实体化长期稳定存在的专门机构;其二,有一支高水平能力强的科研与管理队伍;其三,有特色鲜明品牌化的重点领域优势方向;其四,有多元多维的财政来源与足够经费投入;其五,有设施齐备运作有效的现代化办公环境;其六,有在对象区域国别的紧密合作伙伴平台。

除此之外,还应该有一些建设学科的必备平台与软硬要件:一是有专门化的博物馆、翻译馆、影像馆、资料馆、数据库和接待馆;二是有专门的出

---

⑩ 参见刘鸿武:《非洲学发凡:实践与思考六十问》,人民出版社2019年版,第4页。

⑪ 刘鸿武:《非洲学发凡:实践与思考六十问》,人民出版社2019年版,第6页。

版文库、期刊杂志、档案中心、多语种开放网站和运营的品牌;三是有在对象区域对象国的前方研究基地、有在对象区域对象国的国际化合作队伍、有研究成果的转化途径、有相应的媒体发布平台等。

这些所谓的"标准配件与门槛",并非一日建成,规模与层次也可因地制宜,但总的原则就是能用、管用、可用,这些都是需要花大力气并且具有专业化的人才来建设和管理的。以往那种"一张纸一支笔,一篇文章一辈子"的传统手工作坊式的国际问题研究,作为个体的科研人员与教师,当然还可以继续延续下去,保持学术研究的个体自由空间,但对一个学科的建设而言,对一个服务国家发展战略的新兴学科建设而言,就需要在上述方面作出持续的努力,形成共同的知识平台与创新空间,方可取得实质性、根本性的突破。

形象地说,只有具备了坚实有力的"一流人脉、一线体验、一手资料"的平台支撑与资源滋养,当国家和社会提出需求的时候,我们的区域国别研究机构与学者们,才能够在对象区域对象国别"摸得到路,找得到人,说得上话,办得成事",是"可信赖、靠得住、能管用"的,是"政府信得过、部委离不开、企业愿合作"的学术机构与人才培养机构。这些,都是这门新文科之"新"的学科特征所在,也是其建议内容所在。

第二,智库服务为功用:济世之学当有新气象、新格局、新作为。学术当为天下用,惠及民生方为高。今后我们评价中国的区域国别研究学科建设得好不好,是不是一流的,标准是什么,一个重要方面就是看它能不能解决中国现实中的问题,能不能解决中国与世界各区域各国家合作中面临的问题,这是区域国别学作为新增交叉学科的一大特征和重要使命。因此,提供广义上的智库服务是区域国别学的题中之义。我们说"学科建设为本体",但不是"本位",不是自己为自己服务,这个"体"要能为天下所用,为天下人服务。目前,区域国别学建设存在的一个明显短板是普遍缺乏政、企、社、学、商之间的整体协同与统筹安排来提升成果的实际效用。

经世致用是中国传统地理学、区政学的核心精神,今日中国区域国别学科建设也应该紧密围绕"国家关心、企业关心、社会关注、百姓关心"的主线来开展研究、评价成果、奖励贡献,目前国内许多区域国别研究还是停留在自己体制内作学者间的微循环,自说自话,所谓的"影响因子"其实只是学者小圈子的相互引用,对国家、社会、大众能产生的影响或关联很小,在对象国的影响就更小了,这种自我封闭的状态需要做出实质性的调整改变。

笔者认为,区域国别学建设其实是给高校提供了一个机会,即由专业学科拓展为特色智库,将一流学科与高端智库的建设结合起来,借此推进高校的供给侧结构性改革,从而延伸大学的知识、思想、人才的价值链,努力让智库的"想法"变为领导的"说法",让智库的"文章"变为上级的"文件",让智库的"谋划"变为组织的"规划",让智库的"言论"变为社会的"舆论",让智库的"对策"变为政府的"决策",这一智库服务国家、服务天下、服务人民的过程,其实也是当代中国国家治理的专业化、科学化和民主化的过程。

第三,媒体传播为手段:建构起当代中国知识的全球战略传播新渠道。区域国别学建设是一个与国家对外合作密切相关的领域,它不应再是学者们坐在书斋里喝茶聊天的文人自赏,它的建设过程与建设成果,一开始就面临一个如何有效地推进与对象区域对象国家进行紧密沟通、独立自主的国际传播的问题,学科建设与智库功能的发挥都必须在对外交往的平台上来实现,对外传播就成了区域国别学建设的题中应有之义。区域国别学开展的媒体传播就是国际传播,由于区域国别学本身包含了对不同地域、不同国家、不同群体受众的研究,有助于提升国际传播的区域化表达、分众化表达,有助于探索更为精准的传播方式,增加国际传播的有效性和影响力。

"学而不传则怠,传而不远则虚。"对外传播之所以重要且特殊,与中国学术和中华文化的传统特点有关。我们知道,中国学术是一个由汉语汉字建构起来的特殊体系，进行国际传播首先要突破汉语汉字的“瓶颈”，因而需要借助外语学科尤其是翻译学科来推进中外知识的内外转换，于是国际翻译学对中国区域国别学之发展就起着特殊的支撑桥梁作用，这正是区域国别学一开始设置在外国语言文学一级学科下的原因。

第四，扎根非洲为前提：将新学科建设根基深深扎在对象区域大地上。区域国别学是对象国家的学问，无论是做学科、建智库还是做传播，要想做得真、建得实、传得开，就不能坐在“沙发”上，守在“书斋”中，只在“象牙塔”里做研究，而必须扎根于研究对象区域与国家。具体而言，区域国别学不是从书本到书本、从概念到概念的研究，而是要做成扎根中国大地、扎根对象区域国别大地的研究；不是拾人牙慧、照搬照抄、小圈子自说自话的研究，而是起而立行、知行合一、脚踏实地、解决实际问题的研究；不是要做接轨西方、依附跟随、学人言语的模仿抄袭研究，而是要做自尊自立、自主创新的开拓性研究。因此，在建设非洲学科和培养人才的过程中，我们特别强调中国的非洲研究者在去欧美留学前，最好能先去非洲对象区域和对象国家留学、调研、考察，获得“一手体验、一线资料、一流人脉”以后，再去欧美国家交流学习。事实上，重视调查研究、扎根田野、实事求是，重视文明发生发展的地域制约性和时间影响力的观察认知思维，本是中国学术的传统，中国区域国别学应继承这一传统并发扬光大，走扎根对象区域国别生活大地之路。

区域国别研究，往往具有冷门、绝学的特点，在这样的研究领域，人才的成长、成果的积累、学科的建设，是需要日积月累的，赶时髦、追热点、急功近利，不可能成得大事。在我看来，大体上10年是一个基本的区域国别学科建设的基础单位。这些年，根据培养非洲区域国别研究人才的经验，我们提出了区域国别研究人才成长的“十年十个‘一’计划”。第一个“一”，去一个非洲国家留学、进修、调研1年以上，而且最好是反复去，长期跟踪一国一地。只有长期扎根对象区域对象国，去除偏见而对非洲历史文化怀有赏析关爱之情，以自己的经历去观察研究非洲，知己知彼，才能开展客观公正的研究。第二个"一"，翻译出版一本研究对象的经典性、代表性著作。这本著作最好是请对象国的一流学者来推荐，最好是对象国本土的学者所撰写的著作，能原汁原味地反映对象区域国别的真实情况的。在翻译这本著作的过程中，自然需要广泛查找相关的背景资料、熟悉专业词汇与特殊知识，理解感受研究对象的精神特质，积累起最基本的也是比较全面的研究对象的基础知识。一般来说，最好是研究对象的历史地理方面的通史性著作，以求得对研究对象的登高远望的宏观把握。在此基础上，以后可以根据研究的实际需要选择翻译第二本、第三本著作，领域也可以适当扩大。翻译的目标是了解研究对象的基本情况，对前人他人的研究有辨识能力，知道自己应该从哪里起步，方向大致如何。第三个"一"，建立一个自己的专题数据库。第四个"一"，组建一个自己的小学术团队。第五个"一"，在非洲拥有一个学术合作朋友圈。第六个"一"，主持完成一个国家社科基金项目。第七个"一"，发表一组论文及一部代表性的著作。第八个"一"，为国家提供一份管用的咨询报告。第九个"一"，搭建一个自己的学术创新平台。第十个"一"，成为一个优秀的非洲研究学者。

第五，中非合作为路径：以人为师，双向建构，形成知识共生形态。今天中国的区域国别学还有一个特殊使命和时代担当，就是要与研究对象区域对象国家进行知识与思想、学科与学术的双向建构。这种双向建构进程需要中非学者的相互合作和共同努力来完成：一方面，中国学者在非洲学者帮助下开展中国的非洲研究，建立"中国的非洲学"；另一方面，中国学者也应到非洲去，帮助非洲国家的学者开展基于非洲视角、非洲需要、非洲特色的非洲的中国研究，建立"非洲的中国学"。通过中非学者紧密合作和双向建构来创造中非共享的新知识，形成中非共通的新话语形态和概念体系，改变以往通过美西方文献观察描述非洲和中国的偏颇局面。

笔者一直认为，就对非洲的了解来说，没有谁比非洲人自己更了解非洲,我们做非洲研究,就要拜非洲人为师,向非洲人学习,非洲人就是我们的“先生”。离开了非洲学者的帮助,离开了非洲人民的支持,我们不可能真正懂得非洲。中国的非洲研究要真正成长起来,一个关键前提是今后我们必须有一批年轻学子直接到非洲的大学去留学,在非洲导师的指导下开展研究,读非洲人自己撰写的著作,倾听非洲人民自己的心声,中国学者也应该经常去非洲的高校和科研机构进行长期的驻点研究、合作研究。

第六,协同创新以赋能:政、学、研、商、企、智、媒需多方合作,集成而建。区域国别学作为交叉集成化学科,能不能交叉得起来,如何集成化,很大程度上取决于我们从事学科建设的人是否具有开阔心胸与气量基础上的协同协调能力、沟通互动能力,及相应的动用各种资源、动员各种人才的组织才干。中国古人常讲,做学问需“才、学、识、德”融一体方可成大事、成大识。跨学科交叉学科的本质就是协同基础上的创新、合作基础上的共赢。近代以来,学科建设总体上是依对象而立的,大学分专业而建,学者依学科而行,大学之墙也越建越高,形成相对封闭内环的所谓“学术共同体”。应该说,高校学科“分科而治”,有其精深之优势,但若要实现“综合而立”,尤其是在交叉融合中实现突破,则必须推动各学科各要素相互协同,形成概念互补、资料互补、方法互补、平台互补、人才互补的聚合网络,方能塑造新结构、发挥新功能、产生新效用,更好地聚焦和解决当今时代面临的重大问题。

协同创新与集成化说起来简单,但做起来不易,因为涉及复杂的体制机制上的创新变革,更需有开阔心胸、高远视野、包容情怀,能“各美其美,美人之美,成人之美,美美与共”,方可协同、融合、共享、共建、共赢。我们需要把高校内部的学科建设和人才培养工作,放置在中非合作的时代大潮中,努力打破行业壁垒,通过资源共享、优势互补,增强协同效应,实现学科内外、学校内外、领域内外、国内国外的“大循环”“大协同”,将学术研究、人才培养、资政服务、舆论引导、公共外交等集成起来而融合推进,以取得明显的成效。

最后,我们对推进中国区域国别学建设,提几条操作性的建议。

第一,把“区域国别学”提升到服务国家发展重大战略的支撑学科的高度,作为“特色学科”列入新一轮国家“双一流”大学和学科建设体系中,给予专门化支持。以切实举措加强专业学科基础建设,形成专门化的“区域国别学”的学科、学位、师资、课程、教材建设平台。建议尽早出台政策,使“区域国别学一级学科”可以直接授予博士硕士学位,其下设二级学科,建立专门化的教学指导委员会、学位学科评审组,努力培养专门化师资,编撰专门化教材,建设专门化课程,培养专门化人才。

第二,大力推进专业化的区域国别学的科研条件建设,包括专业数据库开发,世界各大区综合博物馆、专题博物馆、特色语言文字和文献档案馆建设。区域国别研究是具有古典气质的基础研究,许多专题领域研究具有冷门、绝活、秘传的特点,没有专业化、系统化的知识积累和基础条件建设将很难实质性地推进。建议各高校和科研机构努力建设非洲博物馆、亚洲博物馆、拉美博物馆、中东博物馆,以及专题领域如古典文明博物馆、东方语言文字博物馆、丝绸之路博物馆、亚非人类学博物馆等。目前在培养相关专业的硕士博士方面,一些特色工具手段不足,应努力补上短板。

第三,采取切实可行而特殊的举措,制定一个系统推进中国区域国别研究人才培养的国家方案与国家标准,努力培养复合型、跨学科、专业化和外语能力通用型区域国别人才。制定基本的目标与方向、原则与框架,由各高校和科研机构根据自己的区域国别研究对象特点来细化方案,包括在本科、硕士、博士、博士后阶段的对于不同专业的阶梯式人才培养方案。本科阶段采用通识型的人才培养方案,从世界文明史与古典学术层面系统学习“文史哲 + 外语”通识型专业,获得广博知识积累;硕士生和博士生阶段,则偏向于区域国别专业化的深化学习,如非洲研究、拉美研究、亚洲研究、欧洲研究、美洲研究、亚太研究等,毕业时分别授予区域国别学专业的学士、硕士、博士学位。

第四,审慎而积极地引进研究对象国家的高级专业人才,尤其是需要启动一个专门面向非洲、拉美、亚太国家的各类区域国别专业研究人才与师资队伍的培育引进专项,实现我国区域国别研究人才队伍的国际化改造,逐渐形成中国学者与对象国学者紧密合作、相互学习、共同创造知识的局面。建议启动"国家社会科学基金外国学者特殊专项",主要为非洲、亚洲、拉美、亚太地区的发展中国家学者申报,也可面向在中国学习的相关国家留学硕士生和博士生。启动诸如"非洲学者论非洲""拉美学者论拉美"丛书撰写项目,由亚非拉和中国学者合作重新撰写世界与本国的著作,改变以往通过欧美西方学者著作来看世界的缺陷。

第五,重视跨学科跨领域的专业人才整合,建立一批具有综合实验、数据处理、信息加工、智能服务的文理工交叉的"区域国别学综合实验室",开发编辑相关专题数据库,制定人才培养与成果转化的指南,形成以我为主的话语形态与概念体系。分区域、分地域、分主要国家和组织推进相关专业数据库、信息库、实验室、文献收藏室的建设,并且通过与研究对象国的国家档案馆、博物馆合作,双向培养中方人才与对象国人才,支持研究对象国也相应地建设中国博物馆、中国研究中心等机构,形成诸如"中国的非洲学"与"非洲的中国学"的双向建构与知识共享,最终建立起中外共建、共通、共享的知识体系,为建设人类命运共同体提供知识与思想准备。

六、结语

"读书不作儒生酸,跃马西入金城关。"习近平总书记指出,"历史表明,社会大变革的时代,一定是哲学社会科学大发展的时代。当代中国正经历着我国历史上最为广泛而深刻的社会变革,也正在进行着人类历史上最为宏大而独特的实践创新。这种前无古人的伟大实践,必将给理论创造、学术繁荣提供强大动力和广阔空间。这是一个需要理论而且一定能够产生理论的时代，这是一个需要思想而且一定能够产生思想的时代”。⑫当今世界正经历百年未有之大变局，国内正处于实现中华民族伟大复兴的关键时期，国际力量对比深刻调整，单边主义、保护主义、霸权主义、强权政治对世界和平与发展的威胁上升，逆全球化思潮上升，世界进入动荡变革期。面对复杂严峻的国际形势和前所未有的外部风险挑战，我们必须牢牢把握新时代工作大局，紧扣服务民族复兴、促进人类进步这条主线，高举和平、发展、合作、共赢的旗帜，一如既往地以世界眼光关注人类前途命运，从人类发展大潮流、世界变化大格局、中国发展大历史正确认识和处理同外部世界的关系。⑬

“文章千古事，得失寸心知。”书生自古以天下为己任。中国特色区域国别学是应时代之需而推动建立的一门“经国济世之实学”，一门行走世界、认识寰宇、服务天下的大学问，也是一门实践性、操作性突出的新兴学科，它既是综合的、跨学科的，又是个体的、经验的、实践的，其建设路径尚有赖今日中国学界根据自身实际及研究对象特点而做多元化、多方位的探索，有赖于中国学术思想界努力形成自尊、自信、自立的治学精神去实践，并在努力走向外部世界的过程中，与世界各国家各区域各民族的学者一起，共同创造人类共建、共通、共享的知识体系。

举高慕远，躬身力行，求实创新，见远行更远，中国特色区域国别学必能走上开阔大道！期待我们编纂的这套领域广泛的非洲区域国别学系列丛书，为此大道之推进起到铺设砖瓦、架桥砌基之作用。

刘鸿武

⑫ 习近平：《在哲学社会科学工作座谈会上的讲话》，人民出版社 2016 年版，第 8 页。

⑬ 参见《中共中央关于党的百年奋斗重大成就和历史经验的决议》，载新华网，http://www.news.cn/2021-11/16/c_1128069706.htm。

非洲法律翻译及研究丛书总序*

发展同非洲的友好合作关系，是我国一以贯之的基本政策和坚定不移的战略选择。① 自20世纪中叶中华人民共和国成立和大批非洲国家纷纷独立以来，中非双方在半个多世纪的治国理政实践中都积累了丰富经验；自1978年中国改革开放，尤其是2000年中非合作论坛成立以来，中非双方在近几十年的互利合作实践中也积累了丰富经验。这两方面的丰富实践经验，在中非共建"一带一路"携手打造更紧密命运共同体的当下，需要我国学术界作出理论上的回应，从而为中非更好开展治国理政经验的交流互鉴和更好发展各领域的互利合作提供更具解释力和前瞻性的思想智慧与知识工具。②

在此背景下，近年来，非洲研究在国内逐渐得到重视和加强，其研究领域和方向不断拓展和延伸，日益成为当代我国学术研究的"新边疆"。③ 不仅如此，2020年8月27日，以浙江师范大学非洲研究院为建设主体的"非洲学"等交叉学科经教育部认可和批准设立，这是全国高校第一次直接冠

---

* 本序原为陈钊、吴卡的《中国非洲法研究的时代意义与推进建议》一文，载《外国法制史研究》2021年，此处有改动。

① 参见《杨洁篪在结束访问非洲三国之际接受新华社书面采访》，载新华网，http://www.xinhuanet.com/world/2019-12/21/c_1125373359.htm。

② 参见刘鸿武：《论中非关系三十年的经验累积与理论回应》，载《西亚非洲》2008年第11期。

③ 参见刘鸿武：《非洲研究：中国学术的"新边疆"》，载《光明日报》2009年11月9日，第8版。

以“非洲”名称的学科,这一“正名”为我国非洲研究学科建设与人才培养开创了新历史。2022年9月13日,国务院学位委员会、教育部发布新版《研究生教育学科专业目录(2022年)》,“交叉学科”正式成为新设的第14个学科门类,“区域国别学”(编号1407)则成为“交叉学科”下设的9个一级学科之一,并明确“可授经济学、法学、文学、历史学学位”,我国非洲学在内的区域国别学被国务院学位委员会、教育部正式确认。

在我国对非洲的研究中,非洲法研究是不可分割的组成部分。“法律是治国理政最大最重要的规矩”④,非洲国家自独立以来如何推进法治建设以实现治国理政目标?“国际合作,法律先行”,中非各领域合作自开展以来如何运行在法治轨道上以行稳致远?这两大方面的法律问题,即“当代非洲法律发展”与“新时期中非合作法律问题”,随着中非共建“一带一路”以构筑更紧密命运共同体不断拓展广度与深度,也需要我国法学界作出理论上的回应,从而为非洲国家治国理政和中非各领域互利合作提供中国法律智慧与法律方案。

一、非洲法研究的时代意义

基于上述时代背景和重大需求,非洲法研究在当下已经日益凸显其重要的时代意义,这体现在学术和实践两个方面。

就学术意义而言,首先,学术具有时代性与中国性。在中非共建“一带一路”以构筑更紧密命运共同体的当下,法律是助推这一策略行稳致远的重要利器。“文章合为时而著,诗歌合为事而作。”开展非洲法研究,有助于拓展我国对非洲法律的认知从而完善中国的法学学术体系,在此基础上推动构建中国的非洲法学术理论、提炼中国的非洲法学术话语、产生中国的非洲法学术影响。其次,学术具有共享性与互鉴性。构建中非命运共

---

④ 中共中央文献研究室编:《习近平关于协调推进“四个全面”战略布局论述摘编》,中央文献出版社2015年版,第100页。

同体,应有支撑、解释和服务这一命运共同体的中非共建共享共通的知识体系。开展非洲法研究,有助于夯实中国的非洲法律知识基础,拓展中国法学的学术视野,并积累中非共享知识,为中非治国理政法治经验的交流互鉴提供学术保障和智力支持,助推中非命运共同体建设。再次,学术具有专业性与交叉性。2020 年 8 月,“非洲学”交叉学科已被教育部认可和批准设立。我国对非洲法律问题的研究,既涉及法学的专业性研究,又可结合“非洲学”的交叉性研究,从而使研究既更具动力与活力,又可增添特色与优势。最后,学术也强调实践性与参与性。法学是实践知识、实践学问,它总是通过实践来获取知识,并把法学知识应用于解决法律实践问题,为此提供答案。⑤ 开展非洲法研究,既有助于我国学者进一步开展对非洲法律的理论研究,又可推动其深入非洲社会生活和中非各领域合作的具体实践开展调研,进行应用研究。

就实践意义而言,首先,开展非洲法研究,有利于推动形成中非间以法治为核心的营商环境。“水深则鱼悦,城强则贾兴。”好的营商环境犹如阳光和空气,可促进中非经贸关系健康成长,而“法治是最好的营商环境”⑥。开展非洲法研究,可以更畅通地获取对非合作法律信息,推动中非法治化营商环境的形成,进一步提升中非企业在对方经商投资中的信心。其次,有助于防控对非经贸投资法律风险与纠纷。大量实践案例表明,中国企业在非洲遭遇法律风险和法律纠纷,在很大程度上是因为对非洲当地法律不了解。开展非洲法研究,提供及时准确有效的非洲国家法律信息,有利于我国企业了解非洲国家的宏观与微观法律环境,从而使其有效防控和解决相关法律风险与纠纷。最后,有助于推动中非法律外交,推进中非法律共享互鉴以更好开展治国理政经验交流。法律外交,是以法律为基础、形式、

---

⑤ 舒国滢:《并非有一种值得期待的宣言——我们时代的法学为什么需要重视方法》,载《现代法学》2006 年第 5 期。

⑥ 2019 年 2 月 25 日,习近平总书记主持召开的中央全面依法治国委员会第二次会议深刻阐述了这一重要论断。

内容、目的或手段的外交。[7] 在深入研究非洲法的基础上,可以夯实、丰富、增强中非法律外交的基础、内涵和特色,增进中非以法治为核心的治国理政经验的交流。

二、我国非洲法研究的概况

我国对涉非法律问题的研究,主要聚焦于两个方面:一是非洲法律的历史与现状;二是中非关系尤其是经贸关系中的法律问题。

对非洲法律历史与现状的研究,肇始于20世纪90年代末。当时,湘潭大学在国内最早成立了非洲法研究所,组建了非洲法相关研究团队,开始了非洲法律的翻译与研究工作。20多年来,以洪永红教授为主要负责人的该团队相继出版了《非洲法导论》(2000年)、《非洲法律发达史》(2006年)、《非洲投资法概览》(2012年)、《作为一门独立学科的非洲法》(2017年)、《埃及法专题研究》(2019年)、《非洲实用商事法教程》(2023年)等力作。这些成果聚焦非洲法律的历史积累尤其是当代发展,并注重与区域国别研究紧密结合,既开了我国非洲法律研究之先河,又为我国开展非洲法研究奠定了良好基础。此外,夏新华的《非洲法律文化史论》(2013年)、孙谦和韩大元的《非洲十国宪法》(2013年)、韩良的《非洲商事法律制度精析》(2015年),以及朱伟东的《非洲经济一体化的法律问题》(2018年)、《非洲商法协调组织》(2018年)、《非洲大陆自由贸易区法律文件汇编》(2020年)等专著、译著,对非洲宪法、法律文化、商事法律制度等做了梳理与分析,这些成果也都属于对非洲法的基础性研究。

对中非关系尤其是经贸关系中法律问题的研究,主要是随着近10多年中非经贸关系的发展而开展的。这方面的专著或译著主要有:朱伟东的《非洲涉外民商事纠纷的多元化解决机制研究》(2013年)、《中非争议解决:仲裁的法律、经济和文化分析》(2017年)和《中非双边法制合作》

---

⑦ 谷昭民:《法律外交》,中国法制出版社2018年版,第45~50页。

（2019 年），张泽忠的《新时期中非经贸合作机制研究》（2013 年），吴卡的《中非产能合作国际法律保障机制研究》（2019 年）等。此外，韩秀丽、胡充寒、刘阳、郭彤荔、赵文杰、乔慧娟等学者在其著述中也就中非经贸关系所涉各领域法律风险防控和争议解决等问题做了研究。这些研究，旨在为我国提供非洲法律尤其是经贸领域法律发展现状的最新资料，并试图为中非经贸关系中的前沿性法律问题提供对策建议。

虽然我国的非洲法研究随着近年来中非各领域合作关系的发展而大有勃兴之势，但总体而言，我国的非洲法研究仍然处于初步探索阶段，还存在几个方面的明显短板：一是研究机构和人员偏少，成规模的研究团队则更少；二是研究成果偏少，非洲国别法与非洲区域组织法等研究成果更是缺乏；三是国内协同、中外协同尤其是中非协同研究较少，跨国内外高校的有组织性的科研力量极其薄弱；四是研究成果的影响力尤其是国际影响力偏小。总之，相较于非洲在政治、经济与外交等方面对我国的重要性，我国的非洲法研究现状与之不甚相称，有待提升。

三、我国非洲法研究的实践进路

鉴于上述研究现状与短板，需从研究思路与原则、研究机构和团队建设、研究内容、研究方式方法和研究目标等方面，进一步廓清我国非洲法研究的实践进路。

（一）研究思路与原则

1. 研究思路

以“当代非洲法律发展”与“新时期中非合作法律问题”两大研究主题为导向，以理论与实践两方面目标为引领，坚持国际化、协同化和交叉性等原则，进一步加强中非协同创新团队建设，采用社会调查、历史分析、比较研究、跨学科等多元研究方法，依循翻译—解读—研究—建议—数据库建设的路径,扎实推进非洲法研究,为中非各领域合作和中非法治经验交流提供既有理论深度又切合实需的意见建议。

2. 主要原则

一是国际化与协同化相支持原则。研究非洲法,既不能闭门造车、自说自话,又不能故步自封、妄自尊大,中非双方应互以平等开放的心态,组建以中非法学学者为主体、其他领域学者为补充的国际化研究团队,对非洲法开展协同研究。

二是基础性与前沿性相结合原则。聚焦“当代非洲法律发展”与“新时期中非合作法律问题”两大主题,前者主要就非洲国家和国际组织法律的历史沿革、当代发展及其在非洲治国理政中的效能等基础性问题进行研究;后者重点对中非合作尤其是经贸合作中的前沿法律问题进行研究。

三是理论性与应用性相促进原则。与非洲法研究两大主题相对应,在研究方法上应实现理论性与应用性相互促进。就“当代非洲法律发展”,需要对非洲法律开展系统化的翻译与研究,因此以理论研究为主;就“新时期中非合作法律问题”,需要在翻译与研究非洲法律的基础上,具体对中非关系中的法律问题进行调研与分析,因此以应用研究为主。

四是专业性与交叉性相协调原则。开展非洲法研究,既要重视对非洲法自身的研究,也不能脱离非洲特殊的政治、经济、文化、传统和历史等因素以及中非之间独特的政治、外交、经济等各领域合作关系,因此开展跨学科研究实属必要。

(二)研究机构和团队建设

目前,我国从事非洲法研究的机构和团队还很少,这既对我国非洲法研究成果的数量与质量造成了严重制约,又不利于在国内外开展非洲法的协同研究。鉴于此,中国法学会、最高人民法院等我国法学法律界的权威机构可根据中非合作战略需要,选择有条件的法科院校或涉非科研院所,合作设立非洲法研究机构,组建非洲法研究团队。我国有条件的法科院校或涉非科研院所也可根据实际需要,自行设立非洲法研究机构,打造非洲法研究团队。设立非洲法研究机构可以采用两种形式:一是设立非洲法学术研究机构;二是设立非洲法查明研究机构。这两种机构在功能上有所侧重,前者偏向对非洲法的学术研究,后者偏向对非洲法的社会服务。但总体上,任何一个非洲法研究机构,无论其名称如何,都应兼具科学研究和社会服务等功能。

鉴于我国没有专门的非洲法人才培养机制,所以非洲法研究团队的建设,首先,可以吸纳国内从事法学研究尤其是国际法研究的人员参加。这是因为,非洲法研究,特别是中非关系中的法律问题研究,大量涉及国际法问题。但是,非洲法研究也必须吸纳国内法研究人员,因为非洲法研究涉及对非洲各国各领域国内法的研究。其次,由于非洲法研究既不能脱离非洲特殊的政治、经济、文化、传统和历史等因素,又需要结合中非之间独特的政治、外交、经济等合作关系,所以非洲法研究还可以吸收上述领域的中外研究人员,这不仅有助于在中外开展非洲法的协同研究,也有利于形成跨学科研究的特色与优势。最后,非洲法研究团队建设,不能没有来自我国涉非实务部门人员的参与。涉非实务部门,如我国驻非使领馆、涉非企业、法院、律所等,是开展非洲法研究的我国自己的“一流人脉”资源,可以为我国非洲法研究提供必要的课题、案例或资料,从而使我国的非洲法研究更“接地气”、更具实用性。

特别值得一提的是,非洲法研究机构和团队的建设,离不开和非洲机构与人员的合作。在首届中非法学院院长论坛上,尼日利亚大学法学院院长伊费奥马·埃纳莫(Ifeoma Enemo)教授发言指出,中非法学院校间的交流尚未开展,中非在经济、政治、贸易、金融、文化等领域的合作都需要有法律的支持,中非法学院校间的合作有利于促进这些领域的进一步合作。[8] 鉴于此,当前亟须加强中非法学院校间的交流合作,特别是建立中非法学院校间的师生交流学习机制,不仅支持非洲国家法学院校师生来华访学交流,而且更重要的是,中国法学院校应积极引导和支持师生到非洲开展访学、交换、攻读学位等活动。[9] 在此交流合作基础上,将非洲法学院校及其人员吸收进我国的非洲法研究机构和团队,从而搭建我国非洲法研究在非洲的“一流人脉”资源,进而形成更紧密和有效的合作关系。为加强中非间协同研究,还可与非洲知名高校法学院校合作,在非洲设立非洲法研究机构。[10]

总之,我国的非洲法研究首先应加强机构建设,在此基础上形成一支以我国法学研究人员为主体,各涉非领域的中非研究人员为重要补充,我国各涉非实务部门人员为基本依托的研究队伍。

(三)研究内容

“当代非洲法律发展”与“新时期中非合作法律问题”是开展非洲法研究的两大主题。前一主题,主要涉及如何提升当代非洲法律在治国理政中的效能问题。亦即法律作为“治国理政最大最重要的规矩”,在非洲国家半个多世纪的治国理政中究竟发挥了怎样的作用?影响和制约非洲国家法律的治国理政效能的历史与现实、国内与国际、主观与客观等方面的因素是什么?中国如何与非洲国家开展法治经验交流互鉴以共同提高治国理政能力和水平?因此,“当代非洲法律发展”这个主题要解决的是,在非洲这样一个发展中国家最集中的大陆,法律如何才能成为推进非洲各国主

---

⑧ 《中国法学院院长代表团赴南非开普敦参加“首届中非法学院院长论坛”》,载中国法学创新网 2013 年 4 月 7 日,http://www. fxcxw. org. cn/dyna/content. php? id = 3129。

⑨ 吴卡、田峰:《中非产能合作国际法律保障机制研究》,社会科学文献出版社 2019 年版,第 73 ~ 74 页。

⑩ 例如,2019 年 5 月,浙江师范大学法政学院与达累斯萨拉姆大学法学院合作共建的“中非法律研究中心”在达累斯萨拉姆大学孔子学院进行了揭牌仪式,这是目前为止,国内高校与非洲知名大学共建的为数不多的几个法律研究中心之一。

权安全、政局稳定、政府有效、经济发展、社会进步、民族融合和民生改善的基本工具。后一主题,涉及法律如何为中非合作保驾护航问题。亦即既然"国际合作,法律先行",那么如何让中非各领域合作运行在法治轨道上?第三方介入中非关系,会产生哪些法律问题?应如何解决?因此,这个重要命题要解决的是,中国这个最大的发展中国家和非洲这个发展中国家最集中的大陆,法律如何成为助推双方互利合作关系行稳致远的利器。

这两个主题中,前一个更多的是基础理论研究,后一个则以应用对策研究为主。中国非洲研究的前途在于深耕基础理论研究,如果基础理论研究"立不住",那么应用对策研究难能"用得上"。[11] 据此,中国的非洲法研究,首先应更多重视和开展对前一个主题的研究,才能为后一个主题的研究提供坚实的理论支撑。但从现有非洲法研究实践来看,对前一个主题的研究显然不够。

围绕这两大主题,中国的非洲法研究可具体开展以下工作。

1. 非洲国家法律文本的翻译

这是最基础的工作。根据中非共建"一带一路"和产能合作布局需要,可以首先在非洲各区域各选取几个重点国家,就这些国家的贸易、投资、金融、税收、劳工、环保等领域的法律文本开展区域性、国别性与专题性翻译,在此基础上,翻译这些国家的其他相关法律文本,并逐步将范围扩大到所有非洲国家。须注意的是,这里所指的翻译,并非目前常见的对非洲法律的"走马观花"式的零散粗浅的翻译,而应是旨在产出翻译精准且成体系法律文本的"下马观花"式的翻译。

2. 非洲法律发展与中非法律比较研究

在对非洲法律进行精准和成体系翻译的基础上,可重点开展三方面研究:一是对非洲法律进行历时性研究,考察其产生、发展与规律。二是对非洲法律进行共时性研究,比较研究非洲各国不同的法律制度,分析它们的

---

⑪ 张宏明:《中国的非洲研究70年述评》,载《中国非洲学刊》2020年第1期。

性质、特点以及相互关系。[12] 三是中非法律的比较研究,通过比较研究中非法律,可发现其差异,对此提出协调方案,从而构建中非法律协调机制。通过这三个方面的研究,可为中非间开展治国理政法治经验交流和非洲国家法治建设提供建议。目前,我国对非洲法律文本的翻译成果已有一些,但对非洲法律发展和中非法律比较研究的成果还不多,而且这方面的研究属于基础理论研究,因此这方面的研究亟待加强,从而为应用对策研究提供更好的理论支撑。

3. 中非合作法律问题研究

这主要属于应用对策研究。这方面的研究内容也主要有三:一是研究中非经贸关系法律问题,这是当前研究的重点。对此,可与我国涉非实务部门尤其是在非中资企业合作,深入非洲,“驻马种花”,开展实地调研,获取一手资料,并结合非洲国家的法律文本,就非洲国家的经贸投资法律环境进行全面深入地解读与分析,为在非中资企业预防和解决经贸投资的法律风险与争议提供建议。二是研究中非其他合作领域中的法律问题,如政治、外交、军事、科技、人文等领域。三是对第三方介入中非合作关系时所涉法律问题的研究。

4. 非洲国际组织法律文本的翻译与研究

这也属于基础理论研究。鉴于非洲国际组织在非洲各领域的作用日益凸显,也需要对其相关法律开展研究。首先可选取非洲联盟、非洲经济共同体、非洲商法协调组织等非洲区域性国际组织,其次选取东非共同体、西非国家经济共同体、南部非洲发展共同体等非洲次区域性国际组织,就其相关法律文本进行翻译研究。在此基础上,逐步将范围扩大至非洲所有国际组织。在对非洲国际组织法律文本翻译研究的基础上,可进一步开展应用对策研究,为我国深化与这些组织的合作提供针对性的建议。

---

⑫ 张文显主编:《法理学》(第5版),高等教育出版社2018年版,第5页。

5. 非洲国家与地区法律文本的数据库建设

就上述非洲国家与地区的法律文本,可以逐步分地区、分国家、分领域、分主题地开展数据库建设,该数据库不仅储存并及时更新法律文本及其译文,而且附以相应介绍或解释。鉴于非洲国家和法律的数量众多,且数据库建设需要长期、持续、大量的投入,这将是一项长期的工作。

(四)研究方式方法

根据非洲法研究的上述原则和内容,我国开展非洲法研究应采用国际化、协同化、应用性和交叉性等方式方法。一方面,开展非洲法研究,宜采用国际化和协同化的方式,即在中外尤其是中非间开展协同研究。对此,可将翻译“一带一路”重点非洲国家的重要法律文本作为起点,由我国涉非机构尤其是驻非使馆和在非中资企业委托我国法科院校组成中非联合课题组开展协同翻译。另一方面,非洲法研究在方法上应把理论研究与应用研究结合起来,既要“下马观花”,对非洲国家和国际组织的法律文本进行精准且成体系的翻译与研究;又要“驻马种花”,深入非洲一线进行调研,拿到一手资料,拿出一流成果。为此,可由驻非使馆或在非中资企业提供必要的协助,并与中非法科院校开展协同研究。为形成我国的非洲法研究特色与优势,在方法上还可融合领域学、区域学、国别学和专题学,并结合非洲独特的政治、经济、文化、传统和历史等开展跨学科研究。

(五)研究目标

非洲法研究的目标有四个方面:一是从“小船出海”到“集群共生”,这是研究队伍方面的目标;二是从“个小体弱”到“量多质优”,这是研究成果方面的目标;三是从“低端集成”到“智能制造”,这是研究创新方面的目标;四是从“本土品牌”到“国际品牌”,这是研究影响方面的目标。

具体而言,这四个方面的目标可以投射到学术和实践两个维度上。一方面，在学术上，通过对非洲国家和国际组织的法律文本协同开展分领域、分区域、分国家、分主题的系统化的翻译研究和相应数据库建设，我国的非洲法研究机构与团队得以发展壮大，中外协同研究能力得以提升，我国非洲法研究成果的数量和质量得以提高，我国非洲法研究的理论基础得以夯实，我国法学界对非洲法律的认知得以拓展。在此基础上，我国的非洲法学术体系得以构建，我国的非洲法学术话语得以提升，我国的非洲法学术影响得以扩大。另一方面，在实践上，我国对相关非洲国家和地区法律文本的翻译成果与研究成果真实可靠、切合实需，我国对非合作法律信息获得途径基本通畅，对非法治化营商环境得以优化，我国企业预防和解决对非经贸投资法律风险与争议的能力得到提升，中非官方与民间尤其是法学院校间的法律交流合作实现常态化，中非间以法治为核心的治国理政经验的交流互鉴得以广泛深入开展。

四、结语

我国的非洲法研究，历经 20 余年的发展，随着中非共建“一带一路”以构筑更紧密命运共同体的日益推进，已进入提质增效的新阶段。如今，“非洲学”作为交叉学科已被教育部正式确认，这也将为我国的非洲法研究注入新动力、激发新活力。我国法学界尤其是非洲法学界，理应顺势而为，奋发有为，扎实推进非洲法研究，为中非合作和非洲发展提供中国法律智慧与法律方案。

2023 年 7 月修订于金华芙蓉峰下

非洲石油和天然气法的当地成分

本书研究了石油和天然气行业的当地成分法规和政策,以尼日利亚的案例为主,同时将其规制方法与其他在石油和天然气行业适用当地成分法规的国家,如巴西、挪威等进行比较研究。在考察上述国家石油和天然气行业适用的当地成分法规和政策中的各个方面时,本书审视了各石油生产国当地成分政策制定的深层因素,以及他们落实这些政策的各项举措。本书也分析了一些反对石油和天然气行业适用当地成分要求的观点。这些观点从国际贸易、投资法,以及自由市场经济理论等视角,反对石油和天然气行业当地成分要求的全国适用。本书聚焦石油和天然气行业的重大问题,如行业规制、国有石油公司、小弱企业待遇,以及政策的制定和执行等。

普瑞欧维·苏白(Pereowei Subai):尼日利亚巴耶尔萨州尼日尔三角洲大学法学高级讲师。

Routledge 能源法律法规研究

欧洲电力部门的规制

马切伊 · M. 索科洛夫斯基(Maciej M. Sokolowski)

法律与绿色能源政策

罗伊 · 帕尔特(Roy Partain)

核能法规,风险与环境

阿卜杜拉 · 奥 · 法鲁克(Abdullah Al Faruque)

非洲石油和天然气法的当地成分

尼日利亚等国的启示

普瑞欧维 · 苏白(Pereowei Subai)

东道国政府的协定和能源领域的法律

阿塞拜疆和土耳其的案例

哈坎 · 沙欣(Hakan Sahin)

谨以此书献给我的父亲，是他挽救了我，托举我脱离泥泞的土地；献给我心爱的妻子塔穆诺迪耶皮里（Tamunodiepiriye），感谢她不懈的支持和无尽的关爱；献给我可爱的孩子们，多蒂米（Dotimi）、奥因米耶比（Oyinmiebi）、奥因卡耶比（Oyinkariebi），和我的侄女奥因泰妮德（Oyinteinade），感谢他们的关爱和鼓励；也献给我敬爱的母亲，玛丽·佩雷克贝娜·丰博（Mary Perekebena Fombo）夫人［后改名为恩佩蕾（Empere）］，是她，让我的人生洒满阳光。

图　表

* 此处表格部分所用页码为英文原版书页码，即本书正文侧边标示的页码。——译者注

案　　例

---

* 此处案例部分所用页码为英文原版书页码,即本书正文侧边标示的页码。——译者注

法律法规

尼日利亚

* 此处法律法规部分所用页码为英文原版书页码，即本书正文侧边标示的页码。——译者注

他国法规

安哥拉

国际法规

致　谢

为使本书不留缺憾，此处对在我的学术生涯中产生重大影响的尊长、恩师以及好友、至亲致以诚挚的感谢。

尼日尔三角洲大学的历任和现任副校长对我帮助很大。琼·C. 布塞里（John C. Buseri）教授引领我进入学术殿堂，他不苛求我许下好听的诺言，只要求我竭尽全力。克里斯·伊皮里皮（Chris Ikporukpo）教授的热心鼓舞支持着我最终获得博士学位。塞缪尔·G. 埃杜米耶库莫（Samuel G. Edoumiekumo）教授批准了我的科研假期，使我能全力以赴完成本书。

特别感谢尼日尔三角洲大学法学系的同事们。约翰逊·F. 福库莫（Johnson F. Fekumo）教授，我的父亲、老师、导师，也是法学系的前系主任。所罗门·T. 埃伯布拉（Solomon T. Ebobrah）教授，现任系主任，总是能带给我学术灵感和思想火花。西尔瓦努斯·阿比拉（Sylvanus Abila）博士，我的学科组领导，曾兼任法学系系主任。丹费波·K. 德瑞（Damfebo K. Derri）博士在我学术起步阶段给予莫大的支持。西蒙·阿玛杜波哈（Simon Amaduobogha）博士，对我无比信任。谢谢奥鲁瓦里·格蕾丝·波波拉（Oruwari Grace Popoola）女士一直以来的关心、鼓励。我的好搭档迈克·阿玛克罗姆（Mark Amakoromo）先生，感谢你在本书写作中给予的热心鼓励。吉娜·埃里维斯·伊莫（Gina Elivis-Imo）女士，我的灵感启发者。塔里基耶·安加耶（Tarikiye Angaye）女士，前法学系职员，感谢你的支持。伊库鲁莫·奥鲁安（Ikuromo Oruan）女士，我文静的妹妹，一直在默默默地支持着我。

感谢我的学生多年来的爱戴和支持。感谢尼日尔三角洲大学法学系，联邦奥图科大学历史学院，圣奥古斯丁大学法学院的我的学生们。特别感谢埃尼耶·伊格巴尼波（Eniye Igbanibo）小姐，她是本书手稿的首位读者，提出了许多宝贵意见。

感谢我的老朋友，尤苏安兹奥·泰米尔（Uzuazo Etimire）博士对我的鼓励与支持，感谢坦桑尼亚圣奥古斯丁大学法学院的菲奥娜·巴茨（Fina Batts）博士对我学业的一贯支持。费斯特斯·O. 艾米瑞（Festus O. Emiri）启发了我出版本书的念想，哈科特港的壳牌俱乐部，为我提供了静谧、舒适的写作环境。在此，特别感谢壳牌俱乐部管理员斯特拉·伊洁玛·奥努玛格布（Stella Ijema Onumaegbu）小姐的支持和帮助。感谢我的岳父帕斯特（Pastor）及岳母拉撒路·约翰逊（Lazarus Johnson）夫人长期以来默默地关爱和支持。

特别感谢路特雷奇编辑团队。尤其是布莱恩纳·阿彻（Briana Ascher），尼古拉·夏普（Nicola Sharpe），西沃恩·普尔（Siobhan Poole），汉娜·洛夫洛克（Hannah Lovelock），茱莉亚·汉尼（Julia Hanney）和希瑟·琼斯（Heather Jones）等，他们都热忱、耐心地参与本书编辑、出版的始末。最后，感谢我的妻子、贤内助，也是本书的“体验读者”，塔姆诺迪耶皮里耶·苏白（Tamunodiepirye Subai），她通读书稿，挑出错误，提出有用的建议，在我彷徨、迷惘时帮我重拾自信。

序　言

世界各国都拥有大量不可再生的自然资源。它们中的一些储藏在海底、陆地或蕴含在岩石中，价值数十亿美元。① 这就足以解释为什么对巨量自然资源的勘探、开发自然会引起人们的乐观情绪，即有助于经济转型、发展以及减少贫困。② 然而许多资源丰富国家（resource rich countries，RRCs），尤其是非洲发展中国家和南美洲一些国家和地区的经验表明，拥有丰富的自然资源是一回事，把它转化为国家持续繁荣和市民更高的生活水平完全是另一回事。尽管资源开采几乎确定会增加资源丰富国家的财政收入，但问题是如何有效管理这些流入资金。对许多国家而言，由于孱弱的领导力，以及促进资源收入管理的问责制、透明度等可持续的制度框架缺失等因素，创建自然资源和经济繁荣之间的关键联系成为一项艰难的任务。

对自然资源的管理不善及此种管理下产生的收益，可能为资源丰富国家带来不利后果。首先，可能导致这些国家全面依赖资源收入，从而坠入一个常见的陷阱，即对同样重要的其他经济部门的忽视。其次，不能建立资源收益和国家其他经济部门、市民生活水平之间的直接联系，可能导致经济停滞，引发所谓的"荷兰病"③。对自然资源和资源收入管理不善最坏

① 除非另有说明，本书中的 dollars 指美国美元，pounds 指英国英镑。

② See Kakonge, 2011.

③ See Polterouich and Popov, 2005.

的情形是陷入“资源诅咒”现象，表现为腐败、战争、冲突、贫困、政治动乱等各种形式。④

然而资源管理的情形并非在所有资源丰富国家都如此暗淡。一些国
2 家已经建立起自然资源和市民生活之间的可持续性联系。通过审慎管理和针对性领导，挪威、卡塔尔、科威特、沙特阿拉伯等国政府已经让其市民过上了最高水平的生活。此外，一些资源丰富国家还创建了主权财富基金，以储蓄和投资来自资源的收入，充当市场价格波动时的经济缓冲器，使单一的资源依赖转变为经济多元化，以保障子孙后代的利益。还有些国家加强法律规制，以确保自然资源的可持续性开采。近年来，一些石油储备特别丰富的国家，将法规的当地成分要求作为进一步优化自然资源规制的途径。⑤

在一些非洲石油生产国（petroleum producing countries，PPCs），如尼日利亚、加纳、安哥拉、肯尼亚、乌干达、坦桑尼亚、赤道几内亚，还有一些非洲之外的石油生产国，如巴西、沙特阿拉伯、印度尼西亚、阿曼和约旦等国，石油和天然气的当地成分政策较为突出。其中一些国家已经诉诸立法，要求在其辖区运营的石油公司购买本地的产品和服务，另一些国家则主要依赖于合同，或合同与法律相结合的方式，来促进当地成分策略的实施。本书以尼日利亚石油行业（Nigerian petroleum idustry，NPI）的上游产业为主要案例，研究了非洲石油和天然气法律中的当地成分。为了达到这一目的，本书分析了尼日利亚石油和天然气政策和法律中的当地成分。在此过程中，为了更好地吸取教训，根据需要，也研究了安哥拉、加纳等其他非洲国家，以及非洲以外的挪威、巴西、马来西亚、沙特阿拉伯等国家的相关制度规定，以便更深入地了解石油产业当地成分法的运作方式。

以尼日利亚当地成分法相关事实作为本书的主要研究案例有以下原

④ See Idemudia，2012；see also Kurtz，2011.

⑤ 石油资源管理进一步阅读资料，see Al-kassim，2006。

因。首先,尼日利亚石油业在非洲石油工业中具有突出地位。尼日利亚位于西非海岸,就原油的储量和产量而言,是一个区域大国。该国是非洲最大的原油生产国,也是仅次于利比亚的第二大非洲储油国,原油储量约为 370 亿桶。在天然气储量方面,尼日利亚是世界天然气储量大国。该国天然气储量为 192,065 万亿立方英尺*,排位世界第九。[6] 其次,尼日利亚是个经验丰富的石油生产国。该国 1958 年就开始出口石油,石油工业积累了多年经验,非洲其他新的石油输出国,如加纳、坦桑尼亚、乌干达等,可以从尼日利亚发展中汲取宝贵的经验。再次,尼日利亚作为非洲最大的经济体,是非洲的主导力量,是非洲人口最多的国家。[7] 最后,由于尼日利亚独 3
特的当地成分政策。该国在当地成分立法编纂和当地成分监管机构组建方面都标新立异,不同于该国原有的石油工业规章制度和监管机构。

本书分为 10 章。第 1 章勾勒了各石油生产国实施的各类当地成分要求的政策、策略的理论框架,并梳理了支持和反对当地成分要求的主要观点。第 2 章主要研究促进当地成分发展的法律框架和机构。第 3 章概述了尼日利亚当地成分观点发展的历史。第 4 章至第 7 章研究了 2010 年《尼日利亚油气行业内容发展法》。分别研究了该法的宗旨、法条、缺陷及其实施和完善等,并从国际贸易法视角检视了该法的合法性。第 8 章分析了国家石油公司在当地成分发展中所发挥的作用。第 9 章以尼日利亚尼日尔三角洲地区为例,研究了当地成分专业化在石油生产国资源丰富地区发展中的作用。最后一章是全书总结。

参考文献

Al-Kassim F, *Managing Petroleum Resources*: *The ' Norwegian Model'*

---

* 约为 5438.675 万立方米。——编者注

⑥ British Petroleum, 2017.

⑦ 依据国内生产总值数据,尼日利亚是非洲最大的经济体,也是目前非洲人口最多的国家。

in a Broad Perspective (Oxford Institute of Energy Studies, Oxford, 2006).

British Petroleum, 'BP Statistical Review of World Energy' (2017), https://www.bp.com/content/dam/bp/en/corporate/pdf/energy-economics/statistical-review-2017/bp-statistical-review-of-world-energy-2017-full-report.pdf, accessed 11 March 2018.

Idemudia U, 'The Resource Curse and the Decentralization of Oil Revenue: the Case of Nigeria' (2012) 35 *Journal of Cleaner Production*, 183.

Kakonge JO, 'Challenges of Managing Expectations of Newly Emerging Oil and Gas Producers of the South' (2011) 4(2) *Journal of World Energy Law &Business*, 124.

Kurtz MJ, 'Conditioning the "Resource Curse": Globalization, Human Capital, and Growth in Oil-Rich, Nations' (2011) 44 (6) *Comparative Political Studies*, 747.

Polterovich V and Popov V, 'Resource Abundance, Globalization, and Economic Development' (2005) *New Economic School, Research Project* 2005-2006, https://pages.nes.ru/english/research/projects/proposal/2005-2006/PolterovichPopov.doc, accessed 9 January 2016.

目录

1　石油生产国的当地成分:策略和方法

4

1.1　石油生产国当地成分要求萌芽的背景

石油资源通常深埋地下或海盆中。[①] 为了便于管理和开采,将这些储油区分为地理区域和区块。勘探和开采这些区块的权利许可通常由石油生产国经自由裁量或竞争性招标等程序,授予石油勘探和生产(exploration and production, E&P)公司或国家石油公司(national oil companies, NOCs)。[②]这些取得许可权的勘探和生产公司被称为"特许经营者"[③],或者某些情况下被称为运营商或承包商。然而这些特许经营者并非单独开展工作。自勘探到开采、提炼、运输,以及最后的结束特许权,特许经营者需要许多服务、供应公司协助,这些公司在其协调下作为分包商运营。[④]

也就是说,即使壳牌、美孚等大型特许经营公司,它们专注于石油和天然气生产的核心产业,也必然需要服务、供应公司提供制造、建筑、工程等外部支持。这就要求它们作出重大投资、运营决策时与这些供应和服务公司签订合同。比如为了勘探一个石油区块,特许公司在收集地震数据、钻探、现场评估等方面,都需要外部支持。离岸公司铺设电缆和管道时,也需

① 本书中的石油还包括矿物油,相关碳氢化合物和天然气。参见尼日利亚 1969 年《石油法》第 15 条。

② See Dam,1965,at p. 58.

③ 本书中,"特许经营者"指被主权国家赋予开采、加工原油权利的自然人或公司。

④ Heum,2003,at p. 5.

要漂浮、提炼、储存和卸货设施(floating, production, storage, and offloading facilities, FPSOs)等方面的外部支持。⑤ 陆地操作和生产服务,如钻井服务,设备租赁、操作和维护等,可能也需要第三方提供支持。⑥ 特许经营者在运营中需要的其他辅助服务包括:银行、法律、保险、餐饮和运输。在必需的服务、制造和设备方面,需要支付给这些分包商数十亿美元。⑦ 因此不难理解,石油生产国为使石油产业相关利益最大化,会谋求确保绝大部分此类合同由本地公司在本地实施。

具有讽刺意味的是,一些来自欧美的国际石油公司(international oil companies, IOCs),尤其是壳牌、道达尔、美孚和雪佛龙等,主导了许多非洲石油生产国的石油工业。比如,它们在安哥拉、尼日利亚、赤道几内亚和加蓬等国广泛占据主导地位。而且,上游项目所需的最关键的供应和服务外包给了以欧美为基地的服务和供应公司,如斯伦贝谢、威尔布罗斯、越洋、贝克·休斯、韦瑟福德国际和哈里伯顿等公司。⑧ 降低外国控股公司对发展中石油生产国石油和天然气行业控制力所面临的主要问题是这些国家国内市民参与度很低。对于许多这样的石油生产国,下面将要谈到的殖民、金融以及技术因素,是降低石油工业中当地成分的主要原因。

也许第一因素首推"殖民",它确定了大多数石油生产国和国际石油公司在二战后直至独立前的关系。实际上,非洲每个石油生产国都至少被欧洲国家殖民过一两回。比如尼日利亚和苏丹被英国殖民过,安哥拉和赤

---

⑤ See Easo and Wallace,2014.

⑥ See Hewitt,2008,at p. 179.

⑦ 例如,仅在2016年,尼日利亚国家石油集团这方面的资金开支就高达85.5亿美元。这一数字还不包括其产量分成合同中合作伙伴的支出,也不包括尼日利亚石油行业中独资运营商的支出。See NNPC, 'Monthly Financial and Operations Report' (January, 2017), http://nnpc-group. eom/Portals/0/Monthly%20Financial%20and%200perations%20Data/Full%20Reports/NNPC%20Monthly%20Financial%20&%200perations%20Report%20for%20the%20month%20of%20January%202017. pdf, accessed 24 April 2017.

⑧ 之后,中国、韩国、印度公司也进入非洲。其中一些公司,如三星和现代,也在非洲各地的石油工业中发挥着关键作用,挑战曾经由欧美公司几乎独占的主导地位。

道几内亚曾经沦为葡萄牙殖民地,阿尔及利亚和加蓬曾是法国殖民地。虽然中东石油生产国没有像非洲国家那样被殖民,但它们中的许多国家在一战中被奥斯曼帝国击败后,实际上处于国际联盟监督下的授权管理状态中。[9] 在殖民时期,非洲的石油资源受到宗主国,主要是英国、葡萄牙、法 6
国的广泛掠夺和控制。这些宗主国赋予其拥有或管理的国际石油公司对殖民地自然资源的广泛支配权,却很少顾及殖民地的利益。由于这些公司在很大程度上被视为其母国的延伸,它们可能自然成为母国权利的继承人,它们特许权的期限与他们在这些殖民地上发现的任何石油的所有权几乎相同。例如,1937 年英国政府授予壳牌公司、英国石油公司的特许权覆盖了整个尼日利亚领土,而且特许权期限很长。[10] 这些特权使壳牌公司、英国石油公司对尼日利亚石油产业拥有绝对控制权,并确保了在尼日利亚 1960 年政治独立后仍然对其具有约束力。英国在尼日利亚独立后继续对其石油产业拥有支配权。[11] 同样,阿尔及利亚与法国殖民者进行了长期艰苦卓绝的独立战争,只有在签署特许协议,确保法国石油公司的利益后才获得独立。[12] 这些公司当时已经在阿尔及利亚运营。[13]

第二个因素是,非洲石油生产国缺乏并且至今仍然缺乏为大型石油项

---

⑨ 比如叙利亚被置于法国监管之下,伊拉克由英国代管。See generally Haas, 1952. See also Stansfield, 2013.

⑩ 二战前中东的特许权范围特别广泛,赋予国际石油公司实际控制权。例如,国际石油公司与伊朗、伊拉克、科威特、沙特阿拉伯签署的特许权平均期限为 82 年。范围也很广泛,以上 4 个特许权使国际石油公司几乎平均控制了这 4 个殖民地 88% 的区域,包括控制伊拉克和科威特全境。并且这些特许权没有撤销条款。这些公司可以坐拥土地,无须付出而尽享收益。最后,特许协议的财政条款只要求这些公司向殖民地国政府交纳微量资金。See also, Hossein, 1979, p. 5.

⑪ See Joffe, 2009.

⑫ 除另有说明外,本书中的“石油公司”,指参与石油工业的所有公司,包括海上作业、生产、勘探、下游或服务性公司。

⑬ 后来,当胡阿里 · 布迈丁发动军事政变推翻政府就任总统后,拒绝承认阿尔及利亚与法国人的特许协议。See Sueur, 2013.

目提供资金的经济实力,以及勘探、开采和加工其石油矿藏的技术能力。[14]这就是为什么一段时间以来,很多人都满足于外国公司的公司税和对这些公司一些无关紧要的社会倡议。问题在于,国际石油公司及其在非洲和其他地方开展供应和服务业务的同行,将其大部分来自运营国的利润汇回母国,这竟被认为是可以理解的。然而这意味着石油行业关键工作的外流,导致石油生产国的收入损失。比如,尼日利亚每年石油合同投资约 180 多亿美元,仅有 20% 的收益留在国内。[15] 此外,据报道,由于尼日利亚 1956
7 年至 2006 年在石油行业中当地成分很少,该国资本外逃约 3800 亿美元,同时丧失了创造 200 万个就业岗位的机会。[16] 除收入损失外,外国公司的垄断还剥夺了非洲本地企业通过实践获得发展能力和专业知识的机会,也使这些本地企业丧失了获取技术转让的机会。

但是国际石油公司的主导地位并非永远不可挑战。二战结束后,越来越多的人呼吁发展中国家加强对自然资源的控制。新独立的非洲国家与中东、南美资源国加强合作,共同呼吁各国对其自然资源拥有永久主权。联合国决议的一些规定,特别是 1962 年《联合国 1803 号决议》和 1966 年《联合国 2158 号决议》,给他们很大的鼓舞。[17] 世界主要石油生产国在委内瑞拉、伊朗、伊拉克、科威特和沙特阿拉伯的领导下(这些国家共同控制并仍控制着世界上绝大多数石油储区),以 1960 年成立的石油输出国组织(Organization of Petroleum Exporting Countries, OPEC)为"旗帜"安排他们

---

⑭ 如果一家公司有幸与政府签署了石油和天然气勘探与生产合同,则该公司将从事石油和天然气生产。而服务公司涉及石油和天然气生产过程的各个阶段,如防震作业、管道制造、仓储设施建设和油库建设等。See generally, Raymond and Lefler, 2006.

⑮ See Balouga, 2012.

⑯ Wabote, 2018; Okafor, 2011; see also 'Nigerian Content Act: Stakeholders Share their Experience 3 Years On' (2012) NCDMB, http://www.nedmb.gov.ng/index.php/public-relations/news-updates/134-nigerian-content-act-stakes-holders-share-experience-3years-on, accessed 21 November 2012.

⑰ 《联合国 1803 号决议》承认国家对其自然资源拥有永久主权,《联合国 2158 号决议》建议东道国通过加快对生产经营,管理和销售的完全控制,保障其最大效用地利用自然资源。

的生产活动。

石油输出国组织的主要目的就是保护成员国的利益,控制石油产业。[18] 它争取与国际石油公司签署的合同中更有利的条款,并维护石油价格的稳定。[19] 石油输出国组织的兴起,削弱了国际石油公司对全球石油产业的控制。在石油输出国组织的鼓励下,一些石油生产国征收了其国内国际石油公司运营的资产。[20] 另一些石油生产国正在与国际石油公司谈判,以缩短合同期限,提高特许权费和能源税。[21] 在石油输出国组织的指导下,其许多成员国已经通过国家石油公司直接参与石油行业。[22] 8

国家石油公司的增长有效地挑战了国际石油公司的主导地位,并使石油生产国在世界石油行业拥有更大的发言权。如今,国家石油公司控制着全球75%以上的石油资源,虽然大多数石油公司继续与国际石油公司合作。[23] 尽管有这些发展,但在全球范围内发展中石油生产国关键工作的外包仍在持续。从本质上讲,外国服务和供应公司继续在全球许多石油生产国的石油产业中发挥主导作用,随之而来的是石油生产国收入的损失,提高技术能力和创造就业机会的丧失。

为了阻止石油行业中关键工作的外包,一些石油生产国已通过制定当地成分政策来推动本地相关行业的发展。最初,这些政策仅限于通过技术

---

⑱ See Johnston, 2008 at p. 34.

⑲ See Adelman, 1972.

⑳ 例如,1938年,墨西哥通过征收欧美公司的资产建立了墨西哥派美克斯石油公司,而伊朗在20世纪50年代将英国石油公司的资产国有化。See Samples and Vittor, 2011. See also Joffe et al, 2009, p. 5.

㉑ 例如,受到国有化威胁的加利福尼亚-阿拉伯标准石油公司(后来的沙特阿美公司)同意与沙特阿拉伯政府对半分享利润。See Citino, 2002. 许多石油生产国开始要求更好的财政条款、特许权使用费,并主张分享国际石油公司利润的权利。此外,石油生产国和国际石油公司之间执行了新的合同,如合资经营合同,产量分成合同和服务合同等。See Seymour, 1980.

㉒ 石油输出国组织的《参与总协定》要求其成员国在石油产业中获得"合理的"分成水平,从25%开始,并逐步提高到51%。See Parra, 2005; see also Columbia Centre, 'Local content: Angola' 2014, http://www.cisourccbook.org/cms/December%202015/Angola%20 Petroleum%20Local%20Content%20Aiialysis.pdf), accessed 12 May 2017.

㉓ See Pinto, 2013.

转让，创造就业机会和增加本地所有，创建后向型链接以促进本国经济的发展。最近，一些石油生产国寻求建立前向型链接，如在出口之前也加工石油产品。[24] 为此，他们中的许多国家已经建立了炼油厂和石化工业，并冒险生产化肥。另外一些国家现在仍在制定当地成分政策，欲在石油和天然气部门价值链之外，推动石油产业实现多元化。[25]

近年来，一些非洲石油生产国，如尼日利亚，安哥拉和赤道几内亚等，对其境内经营的石油公司有意施加更多当地成分要求（local content requirement, LCR），以鼓励本地企业参与。为实现这一目的，他们制定政策，提出倡议，或通过合同或立法要求国际石油公司遵守最低限度的当地成分规定。新的石油工业国家，如加纳、坦桑尼亚、乌干达、肯尼亚也很欢迎当地成分运动。这些国家要么已经制定了当地成分政策，要么正在制定。[26] 那么当地成分是什么？它采取什么形式？

简言之，它是指一国允许特定主体在其境内生产商品和/或提供服务时，必须以使用本地商品和/或接受本地服务为条件。[27] 当地成分的范围从政府采购合同的招标中对本地行业的有意支持，到要求在东道国境内运营的公司在其运营中使用指定比例的本地商品和服务。此外，当地成分发
9 展可能需要政府制定程序，阻止外国公司涌入，促进本国产业发展。就石油行业而言，当地成分范围广泛，涵盖了国际石油公司在特定国家石油行业中使用和利用石油生产国所提供的人力、物力资源以及所提供的服务等

---

[24] See White, 2017.

[25] See Tordo, Racy and Arfaa, 2011, at p. 8; see also Auty, 2001.

[26] 有趣的是，石油行业当地成分措施的增加并非非洲独有。中东国家以及巴西和俄罗斯最近也试图提高当地成分。See Olawuyi, 2017.

[27] See Hestermeyer and Nielsen, 2014, at p. 565.

各个方面。[28] 因此,石油生产国可能要求在其域内运营的特许公司或服务公司达到最低当地成分目标,该目标可以用投资比例、工作时间、所提供设备或行业创造工作岗位等指标来衡量。此外,石油生产国可能要求其境内运营的外国公司在本地建立子公司,或将在该国运营所需产品就地生产。

石油生产国制定的当地成分要求可以通过政府相关措施或包含当地成分要求的法规或合同来实施。一些当地成分要求全面涵盖了石油行业的重要方面,目的是优化价值链中的衍生产品。[29] 它们通常涉及的领域比较宽泛,如就业、本地公司的发展以及本地供应和服务行业的促进和利用等。

例如,当地成分在就业方面,要求特许经营者或服务公司从其东道国招募相当数量的雇员,以促进东道国市民融入经营者的石油行业。还要求这些公司制定有关人员发展、培训和工作继任等方面的内部政策。[30] 石油生产国除了确保公民就业以外,还积极推动本土公司直接参与本国石油工业资本和技术密集型领域。因此,在这方面当地成分需要制定旨在促进本地供应、服务公司以及勘探和生产公司发展的政策。

因此,石油生产国政府应当选择与本地石油和天然气勘探和生产公司签署特许权协议,或者在特许权协议中拟定对本土企业更加有利、优惠的条款,鼓励他们积极参与。例如,1991 年,尼日利亚开始酌情向本地勘探

㉘ 同样,《尼日利亚油气行业内容发展法》第 106 条将其定义为"有意利用尼日利亚石油和天然气行业中的本地人力,物力资源和服务,通过增加尼日利亚经济总量或为之创造机会,以推动其经济体量和能力的系统性发展"。See also reg. 49 of Ghana's Petroleum (Local Content and Local Participation) Regulation, 2013. See Accenture, 'Developing local content Programs' (2009), http://www.criticaleye.com/insights-ser\^file.cfm? id = 833 accessed 28 October 2017.

㉙ Ovadia, 2015.

㉚ See s. 28 of NOGICDA.《尼日利亚油气行业内容发展法》第 28 条要求政府拟定有关培训、就业和国内投资等方面的本地内容计划。同样,安哥拉 2004 年《石油活动法》(2004 年第 10 号)第 86 条规定,只有在安哥拉公民不具备必要的资质和经验的情况下,方可雇佣外国人。安哥拉 2009 年《石油部门工人招募、协调、培训和发展规则》(2009 年第 17 号)第 4 条规定,只能通过以下方式雇佣外国工人:……事先获得石油部的授权。

10 和生产公司授予石油特许权。尽管当时大多数特许权获得者都缺乏获得石油特许权资格的必要经验,但这项政策仍得以执行。尽管尼日利亚有意向本地公司授予石油特许权的政策后来一度被滥用,但它昭示着本地勘探与生产公司进入了国家石油产业的核心领域。几十年来,该领域一直被国际石油公司所独占。此外,尼日利亚以相对宽松的条件将边际油田特许权授予本土勘探、生产公司,使其能够参与那些资本或资金密集度不高或对国际石油公司商业吸引力不大的油田的运营。[31]

石油生产国鼓励外国供应和服务公司与本土相应公司签订合作合同,以鼓励后者参与其石油行业中至关重要的项目。例如,2013 年,一家本地物流公司拉多尔被授予一项特许权,为道达尔在其埃吉纳的油田建设和安装漂流、提炼、储存和卸货设施,价值约 35 亿美元。此外,石油生产国可以单独为本土供应和服务公司在石油行业中保留某些工作,以鼓励他们参与。这样,特许经营者可能在某些方面只能与本地公司合作。例如,阿尔及利亚 2005 年《碳氢化合物法修正案》将为国际石油公司索纳特拉赫运输石油的工作留给本土石油公司或本国政府拥有 51% 股份的任何公司。[32]

当地成分发展的第三方面因素是要求石油公司在国内采购一定比例的所需材料和服务,以促进本地产业发展。为此,石油生产国会通过减免税收的形式对遵守其指令的公司给予奖励。遵守指令也可能被视为授予

㉛ 近来,尼日利亚联邦政府已经把约 30 块边际油田的特许权授予本土公司。See Department of Petroleum Resources, 'Oil and Gas Annual Report' (2016), https://dpr. gov. ng/index/wp-content/uploads/2016/01/2016-Oil-Gas-Industry-Annual-Report, pdf, accessed 6 March 2016; see also Ezeani and Nwuke, 2017. See also Ezeani and Nwuke, 2017. See also 'FG Kicks off Second Marginal Fields Bid Round... Assures of Transparency and Accountability in Bid Process', http://www. nnpcgroup. com/PublicRelations/NNPCinthenews/tabid/92/articleType/ArticleView/articleId/479/FG-Kicks-off-Second-Margi-nal-Fields-Bid-Round-Assures-of-Transparency-and-Accountability-iirBid-Process. aspx, accessed 28 October 2017.

㉜ See Krotoff and Bonnefoy, 2006.

特许权、工作项目的基础条件。[33] 此外,石油生产国政府也可能对违约者施加制裁,禁止这些特许公司和服务公司将来参加石油行业竞标或撤销其石油行业营业执照,或者对违规者处以高额罚款。[34]

综上,不仅非洲石油生产国的政策、法律中有当地成分要求,世界上其 11
他资源丰富国家的相应法规中也有。当地成分要求的兴起,是因为许多石油生产国认为,优化本地公司参与本国石油行业的制度,能给本国经济发展带来一定的利益。下面将详细探讨其中一些感知利益。

1.2 当地成分带来的感知利益

当地成分措施实施出于这样的初衷:如果该措施被适当履行和遵守,就能给石油生产国带来巨大收益。例如,在石油行业雇佣数量可观的当地居民,就能把相当资金留在国内,就能有更好的个人所得税收入和更好的人力资源开发效果等,因此该举措可望对更多石油生产国民众产生倍数效应。采取当地成分措施的国家认为,本地公司参与本国石油行业,会将数十亿美元的利润留在国内,并增加政府的税收。而且,本地公司可望为石油生产国居民创造大量就业岗位,这些岗位原来可能流失国外。例如,丹格特集团目前正在建设的日产650,000桶原油的炼油厂,预计将为尼日利亚创造约4000个工作岗位。[35] 这些岗位,显著地提高了本地的就业率,不仅增加了居民个人收入,也增加了州和联邦政府的税收。这些新就业者绝大多数住在尼日利亚,他们的收入会在国内消费,从而又会促进本地其他部门的发展。

---

[33] See s. 48 of NOGICDA. See also s. 13(i) of the Petroleum Profits Tax Act 1958 (PPTA). 实际上,该法不允许特许权人就某些本来可以在尼日利亚购买的商品的进口索取资本补贴。根据安哥拉2009年《石油部门工人招募、协调、培训和发展规则》第12、14、20条的规定,如果某些资金捐款符合当地成分的规定,则可以抵扣公司税款。

[34] 比如《尼日利亚油气行业内容发展法》第68条规定,不遵守尼日利亚当地成分要求的公司,政府可以终止其石油产业特许经营权。

[35] Yusuf,2018.

有力的当地成分措施可望增强相关经济部门的联系,促进后者的发展。因为石油产业属于资本、技术密集型产业,可观的当地成分参与,经长期积淀,通过对可持续投资研究,技术转让等途径,会促使石油生产国整体技术能力的提升。这将必然推动石油生产国其他相关行业和金融部门的发展,如惠及规模制造业、海运业、运输业、建筑业和创新制造等行业。[36]这些行业的公司产生的技术和生产能力可能会出口到国外,从而为其母国增加税收,这些公司也会将其利润汇回国内。[37]

12 除了上述感知利益,石油行业有效的当地成分措施还有助于开发人力资源。凭借此措施创建的人力资源库,可以提供富有实践经验的学者和决策者。[38] 充满活力的人力资源库能确保由合适的人才来管理至关重要的监管机构,从而有效解决监管空白。[39]

谋求改善当地成分措施以收获上述感知利益的石油生产国如果要取得成效,就应当设计适宜的策略。他们必须深思熟虑,制定适宜政策时要与可行的法律框架相结合。当地成分政策是石油生产国坚定意志的宣示,用以指导其实现当地成分目标的实践和程序。此类政策应阐明政府行为及原则等重大问题,并且释明政策如何实施及由谁实施。[40] 没有明确适宜

㊱ Neff,2005.

㊲ 比如,撒哈拉能源公司是尼日利亚的一家本土公司,业务遍及非洲、加勒比海地区、亚洲和欧洲。Sahara Energy,'About Us' http://www. sahara-group. com/abouCus. html, accessed 29 January 2018; 塔拉维拉斯公司也在赤道几内亚和科特迪瓦经营石油业务。M Nsehe, 'Nigerian Energy Group Televeras and ExxonMobil Win Oil Blocks in Equatorial Guinea' *Forbes* (7 June 2017), https://www. forbes. com/sites/mfonobongnsehe/2017/06/07/nigerian-energy-group-taleveras-and-exxonmobil-win-oil-blocks-in-equatorial-gui-nea/, accessed 29 January 2018; 同样,阿特拉斯－奥兰多石油公司也在赤道几内亚、加纳、南苏丹、贝宁、塞内加尔、圣多美和普林西比以及乌干达开展业务。See Oranto Petroleum, 'Portfolio', http://atlas-oranto. com/portfdlio/, accessed 29 January 2018.

㊳ 一个很好的例子就是凯西耶·辛比·沃博特,他在被任命为尼日利亚当地成分开发监管委员会现任执行秘书之前,是尼日利亚壳牌石油开发公司的最高执行官。

㊴ See also Amanze-Nwachukwu, 2012.

㊵ University of Sydney, 'What is a Policy', http://sydney. edu. au/legal/policy/what/index. shtml, accessed 16 June 2013.

的政策,即便可能达到衡量措施成功的确切标准,也会相当艰难。也就是说,石油生产国实现其政策目标的难易程度可能是评估其在实施当地成分议程方面是否成功的基点。

当地成分政策必须清晰、全面、可行,而且应当充分考虑以下因素:石油矿藏的位置(陆上、沼泽、近海或深海),本地企业的投资能力和技术能力,政府预算资金依赖石油的程度,以及石油储备的规模等(其他石油生产国在制定其石油行业当地成分政策时可能会考虑的因素)。

各国落实当地成分政策的措施一般各不相同。一些政策倾向于保护主义,严格地自上而下贯彻,有些则比较温和,自下而上协作性实施,比较灵活;另一些石油生产国仍努力采取保护主义和自由主义措施相结合的实施方式。正确理解贸易保护主义和自由主义政策的特点和区别很重要,因为适用于尼日利亚的政策措施可能不适用于埃及或俄罗斯,政策要因地制宜。以下着重分析这两种政策措施的适宜性和可采纳性。

1.3 当地成分发展的路径

1.3.1 保护主义路径

顾名思义,保护主义是指旨在保护本地石油公司和部门免受外国同行
竞争的政府措施。这类措施有几种形式:政府可能会限制外国公司参与其 13
石油行业的程度,或者可能设定较为强势的、内容广泛的本地目标,要求特许经营者、承包商和其他运营商必须遵守。这些措施可以通过严格的、自上而下的法规来实施,违反者将受到严厉的制裁。[41] 其他保护主义措施如对进口商品征收税收及关税,以及实施严厉的劳动法禁止或严格限制外国人在石油生产国经营或工作。

保护主义措施的批评者认为,该措施阻碍了石油生产国石油行业的发

[41] See Takechi and Kiyono, 2005. See also Gu and Yabuuchi, 2003.

展,并导致石油生产国对外国投资者失去了吸引力。[42] 此外,为了规避僵化的、有时甚至"不可能实现的"保护主义措施,一些国外公司(也有国内公司)可能会弄虚作假,或者贿赂监管机构。有学者在经合组织(Organization for Economic Co-operation and Development, OECD)论坛上评论道:"随着规则技术性和复杂性的增加,不甚严谨的参与者搜寻规则漏洞,弄虚作假、参与'创造性遵守'的可能性也在增加。"[43]除了使监管者容易受到腐败的影响外,保护主义措施通过为国家石油公司、本地供应和服务公司、本地勘探与生产公司保留某些权利,可能会导致它们的竞争力和效率低下。如果这些公司把国家授予的利益当成一种权利"享受",那么上述学者的观点便极有可能成为事实。尼日利亚、巴西、印度尼西亚等石油生产国均采取保护主义措施。下面讨论巴西保护主义当地成分措施的一些条款,尼日利亚相关内容在后面章节讨论。[44]

巴西,和绝大多数南美洲国家一样,一直具有强烈的民族主义传统。该传统体现在其石油行业保护主义政策中。该国 1939 年首次发现了商业意义上的大量石油。1953 年颁布了《组建巴西石油公司法》(1953 年第 2004 号),排除了国内外私人投资者参与绝大部分巴西石油行业,把石油行业上游产业垄断经营权排他性地授予国家石油公司——巴西国家石油公司(Petrobras)。该垄断权后来扩展到巴西石油行业下游产业的大部分分支部门。因此,巴西国家石油公司取得了该国石油行业上游产业的垄断经营权 40 多年。但是,在 1995 年至 1997 年,巴西开放了其石油行业,以

---

[42] See Nwaokoro, 2012. See also Atsegbua, 2012.

[43] OECD'Reducing the Risk of Policy Failure: Challenges for Regulatory Compliance' (2000), http://www.oecd.org/gov/regulatorypolicy/1910833.pdf, accessed 4 January 2017.

[44] 尼日利亚当地成分措施主要体现在 2010 年《尼日利亚油气行业内容发展法》中,本书将在第 5 章中详细讨论。

应对当时面临的流动性资金短缺难题。[45] 巴西废除了该第 2004 号法，取 14
消了巴西国家石油公司对石油上游产业的垄断权，并于 2000 年实施部分私有化，巴西石油行业进一步向国内外私人投资者开放。这些公司首次被允许参与公开竞争的拍卖程序，通过竞拍取得石油特许经营权。紧接着，巴西建立国家石油、天然气、生物燃料管理局（National Agency for Petroleum Natural Gas and Biofuels，ANP），作为能源行业独立的监督管理机构。

这些改革并未消除巴西对其石油资源的贸易保护主义态度。由国家石油、天然气、生物燃料管理局发布的当地成分要求非常明显地支持在巴西石油行业中运营的本地公司。[46] 而且，巴西国家石油公司仍然在石油行业保持着事实上的垄断地位，尽管有壳牌、雪佛龙等新加入者。所谓的自由化尝试于 2007 年经受了考验，当时巴西发现了深埋海盐层下的巨大海上油田。[47] 对这一发现人们非常欣喜，巴西重返石油垄断时代。2010 年，巴西对其大部分盐层下油田实行独特的生产共享制度，颁布了《产量分成合同行政管理法》（2010 年第 12.351 号），规定盐层下油田根据生产共享协议开采、运营，不再遵守 2010 年以前约束特许经营者的优惠特许经营框架。

该法第 10 条授权巴西矿产和能源部在国家石油、天然气、生物燃料管理局监督下通过拍卖程序与石油公司签订产量分成合同（production

---

[45] 1995 年《第 9 号宪法修正案》修改了巴西 1988 年《宪法》的一些内容。1988 年《宪法》和 1953 年《组建巴西石油公司法》一样，将巴西在二十世纪七八十年代与外国公司订立的某些服务合同定为非法，认为它们违反了巴西法律禁止外国公司参与本国石油行业的规定。1995 年《第 9 号宪法修正案》为巴西石油产业对外、对私开放铺平了道路。该修正案在 1997 年《石油法》（1997 年第 9478 号）颁布后，于 1997 年生效。See also Ribeiro, 2009.

[46] CMS Law-Now, 'Reforms to Brazilian Local Content Policy' (2016), http://www.cms-lawnow.com/ealerts/2016/02/reforms-to-brazilian-local-content-policy, accessed 28 October 2017.

[47] 盐层下油田是指估计有 500 亿至 1000 亿桶原油的巨型海上油田。虽然发现的油田储量没有那么大，但按照保守的估计，它 3 倍于巴西目前的石油储量，目前的石油储量超过 100 亿桶。See Cortes, 2011. See also Millard, 2011.

sharing contract, PSC)。此类合同的平均期限为 35 年。巴西国家石油公司在与勘探、生产公司的所有产量分成合同中,至少要拥有 35% 的股份。该公司也被确定为所有盐层下油田的排他性经营者。[48] 同年,巴西颁布《重大项目分配法》(2010 年第 12. 276 号)(“巨额转让法”),该法专断地
15 分配给巴西国家石油公司石油区块,据估计,其储量占盐层下油田中的 50 多亿桶。尽管该项转让不是无偿的,转让费为 430 亿美元,但绝大部分为债券。

这些政策转变使巴西在盐层下油田发现之后,放弃了巴西石油行业一切自由化主张。然而,巴西国家石油公司独家经营权及其繁重的特许经营任务阻碍了该公司的发展。公司业务过度扩张使其应接不暇,广阔的盐层下油田和其地方繁重的开发、经营任务,使公司不堪重负。为了解决巴西国家石油公司在盐层下油田业务中捉襟见肘的窘境,巴西政府于 2016 年颁布了《12. 351/2010 号法修订法》(2016 年第 13. 365 号),规定该公司是盐层下油田产量分成合同的首选运营商,删除了强制性运营的内容。这就为其他经验丰富的石油勘探与生产公司参与盐层下油田业务铺平了道路。[49]

除了巴西国家石油公司在盐层下油田经营中面临的挑战外,巴西严苛

---

[48] 巴西 2010 年颁布《产量分成合同行政管理法》,为盐层下油田产量分成合同规定了合作框架。有趣的是,在产量分成合同之前,巴西的公司都是通过特许权制度或通过将权利转让给巴西国家石油公司的制度来运作。依据《产量分成合同行政管理法》,巴西现有三类规范石油公司运营的独立制度。See PPSA, ‘PPSA’s Roles in the New Regulatory Regime for the Brazilian Pre-Salt’ (2014), https://www. braziltexas. org/assets/files/oswaldo%20Bratecc%20Workshop_PPSA_Oswaldo%20Pcdrosa_May%207%202014_vl. pdf, accessed 6 January 2017.《产量分成合同行政管理法》第 10 条授权巴西矿产和能源部在国家石油、天然气、生物燃料管理局的监督下完成拍卖程序后,与石油公司订立产量分成合同。据此,巴西脱离了其传统的产量分成合同和特许合同。该产量分成合同平均期限 35 年。See Millard and Lima, 2013. 然而,该法律被认为阻碍了公司发展的脚步,而公司在广阔的盐层下储油区所承担的责任令其不堪重负。政府为此颁布《12. 351/2010 号法修订法》(2016 年第 13. 365 号)以应对这些挑战。新法使巴西国家石油公司成为首选运营商,外国石油公司可以选择在盐层下油田经营中与其合作,而不再是强制性合作。

[49] See generally, Subai, 2018.

的当地成分法也使其石油行业对外国投资者失去了吸引力。在石油生产国全球争取有限投资资金的时代,巴西发现其盐层下油田开发项目举步维艰。为扭转这一趋势,巴西迫于压力进行改革,从 2017 年起,开始修正保护主义的当地成分政策。在 2017 年举行的第 14 轮石油行业招标中,巴西取消了当地成分标准,以吸引外国投资者。同时放宽了石油政策中的本地要求,并将该放宽追溯到 2005 年的某些石油区块。[50]

当地成分的保护主义在一些发展中石油生产国比较流行。尼日利亚、加纳、印度尼西亚、巴西、安哥拉、坦桑尼亚等国对保护主义措施表现出强烈的喜好,将其作为促进国内投资者参与本国石油工业的直接战略。还有乌干达、肯尼亚等国也拟采取类似的政策框架。[51] 然而,在石油生产国决定是否采取保护主义措施之前,应该考虑几个因素:国家的技术水平和财政承载能力,石油储备程度和位置以及保护主义对国际贸易的影响等。由于本地性和国际化几乎同等重要,这就需要寻求采用保护主义当地成分的国家决策者进行深入评估。下面讨论决策者必须考虑的一些因素。

首先要考虑技术水平和财政承载能力。石油产业属于技术和资金密集型产业,需要先进的钻探技术,以及较高的科技综合实力。此外,该行业 16
还需要拥有数千万亿美元的强大的金融机构的资金支持以及充满活力的服务、供应、精密制造、建筑和批量生产的配套机构。这使发展中国家的石油行业在较长时期内不可避免地依赖国外技术和资金。不仅发展中石油生产国如此,有些发达石油生产国早期也是这样,如挪威、英国和澳大利亚。这意味着资金短缺、技术能力相对较弱的发展中国家,可能至少一定程度上不得不依赖外国公司和资金来开发其石油资源。因此,在石油行业中实施严格保护主义措施可能不太合适,也许等到他们拥有强大的制造

---

[50] CMS Law, 'Brazil Proposes Relaxation of Local Content Requirements' (2017), http://vw. cms-lawnow. com/ealerts/2017/02/brazil-proposes-relaxation-of-local-content-requirements, accessed 5 September 2017.

[51] See Ovadia, 2016.

业、充满活力的本地供应和服务公司以及高效的本地勘探与生产公司时才可能适合。

尽管一些拥有相对实力的石油生产国,如俄罗斯、中国、巴西,或美国、英国、澳大利亚等发达石油生产国,可能更适合采取保护主义措施,但实际上他们仍然依靠外资和外国技术来开发和提炼自己的石油资源。需要指出的是,如巴西这一实例所示,排除外国参与或采用非常严格的当地成分措施可能会事与愿违。与巴西类似,阿尔及利亚有段时间决定在其石油行业实行“独自开发”的政策。因此,他排除外国公司在其域内经营,并将其石油开发的所有希望寄托于国有石油公司索纳特拉奇。尽管该公司具有相对竞争力,但由于该国的财力有限,技术薄弱,排除外国公司参与的政策很快就难以为继。[52] 这一现实最终迫使阿尔及利亚于2005年开放其石油行业。[53]

其次需要考虑自身拥有的石油储量及油田地质条件。从本质上讲,石油储量少的国家较易采取保护主义措施,而石油储量丰富的国家想以其资源获利,就不得不依靠外国投资加快开发。维护排他性或非常严格的保护主义政策只会扼杀沙特阿拉伯或委内瑞拉等石油生产国的经济增长,这两个国家的原油储量均超过2000亿桶。这些国家的政策与科特迪瓦(原油
17 储量不足2亿桶)或突尼斯(原油储量估计有4亿桶)形成鲜明对比。[54] 这就解释了为什么巴西1953年实施排他性保护主义政策,因为当时仅发现了约1500万桶原油;而挪威在一开始就“被迫”对外国参与者开放,因为

---

[52] See Alvarez,2010.

[53] 尽管如此,2006年阿尔及利亚总统阿卜杜勒阿齐兹·布特弗利卡通过2006年法令(《碳氢化合物法令》)修改了2005年法令的部分内容,仍将所有上游和下游石油公司的多数股权重新分配给索纳特拉奇。此外,只有索纳特拉奇和其他至少拥有51%股份的本地公司才能从事石油行业的运输或炼油活动。For more on this, see Subai,2018.

[54] Source: British Petroleum, 'BP Statistical Review of World Energy', https://www.bp.com/content/dam/bp/en/corp-orate/pdf/energy-economics/statistical-review-2017/bp.statistical-review-of-world-energy-2017-full-report.pdf, accessed 11 March 2018.

挪威首次发现的原油储量是10亿桶。[55]

再次需要考虑的是石油储量的位置或地质条件因素。拟采取保护主义政策的石油生产国必须确定油田是在陆地还是海中。本质上讲,油田的地势越险峻,地质构造越复杂,开采的技术难度就越高。对于发展中国家而言,通过其国有石油公司或本地公司开采陆上石油可能比较容易,但他们可能难以在海上或超深海盆作业,这些作业需要漂流、提炼、储存和卸货设施,也需要地下电缆和管道铺设技术以及先进的钻井技术。实际上,海上作业通常需要使用高度专业化的设备,因而成本更高。如果本地无法获得上述设备或技术,那么严格的保护主义规则可能会延迟并显著增加这些项目的成本。[56]

在大多数情况下,离岸石油项目的技术只有壳牌、雪佛龙、埃尼等经验丰富的国际石油公司以及他们的长期合作伙伴威尔布罗斯和贝克·休斯等少数公司拥有,或者由历史悠久、实力强劲的巴西国家石油公司、挪威国家石油公司等国有石油公司拥有。因此,在确定是否采取严格保护主义政策或是否向国际石油公司和外国服务公司开放本国石油产业之前,石油生产国应考虑油田处所及其周边地质构造。例如,挪威几乎所有油田都位于海上。发现石油时,挪威既没有国有石油公司又无充满活力的勘探与生产公司,在1969年挪威石油工业诞生之时就实行保护主义政策是不可能、不切实际的。[57]

复次,在确定是否采取保护主义的当地成分措施时,还应考虑石油对石油生产国国内生产总值的贡献程度。这是因为采用保护主义政策肯定会对经济发展造成影响。例如,该政策可能减缓石油生产,特别是其严苛

---

[55] Norway, 'Norwegian Oil Production through 35 Years', http://www.ennergybc.ca/cache/oil2/www.norway.org/ARCHIVE/business/businessnews/oilproduction/index,html, accessed 14 March 2017.

[56] See Pereira, Gergio and Amorium, 2017, where the authors note cost and time implications of Brazil's local content laws in its pre-salt regions.

[57] 在水电行业拥有丰富经验的挪威海德罗公司当时只是初涉石油业务。

性会“吓跑”外国投资者,或降低石油公司的运营效率。这必然会影响政府的收入。与石油依赖型经济体(如沙特阿拉伯和科威特,其石油收入贡献了国内生产总值的50%)相比,石油消费收入对国内生产总值贡献不足3%的石油生产大国(如美国和英国),可能更容易实施石油保护主义政策。

18 最后还应考虑此类措施是否违反国际贸易法。如本书第7章所述,世界上大多数国家都是某种形式的多边或双边自由贸易协定的签署国,这些协定都禁止贸易保护主义措施。违反这些规定可能导致他国制裁和报复性措施。因此,在当地成分措施方面采取保护主义政策前,必须考虑国际贸易法因素。

1.3.2 自由主义路径

与保护主义相比,当地成分发展的自由主义更加灵活,自下而上,并且本质上没有强制性。采取这种方法的国家寻求通过促进本地公司与外国公司之间自愿合作来逐步发展当地成分。这些国家通常会努力为国内外公司创造一个自由经营、公平竞争的环境。这样,石油生产国不再依靠严苛的当地成分要求,而是希望通过合作来发展其当地成分,这可能会鼓励外国石油公司投资本地的供应和服务公司,或与其建立合作伙伴关系。此外,石油生产国会努力为这些公司创造友好、有吸引力的环境,鼓励它们在国内开展业务或建立子公司。许多拥护自由市场的西方石油生产国,如加拿大、挪威、澳大利亚和英国,在其当地成分发展方面更加倾向于与外国公司合作。这就是为什么这些国家没有强制性本地要求。而且,除挪威外,也许采用这种方法的国家通常不通过国家石油公司而是直接参与其石油行业。

尽管这些国家也会支持本地公司,但自由主义最显著的特征可能是,较少依赖禁止性措施,更加重视互利、和谐的方法。因此,这些国家通过增强本地公司的竞争力来鼓励本地供应商,同时邀请外国公司在国内投资。有人可能会说,挪威和英国等发达石油生产国之所以采取这种自由主义方法是因为他们负担得起,因为他们有能力发展充满活力的勘探开发公司、强大的制造业以及发达的服务和供应部门等。这样就确保了本地产业拥有足够的能力与外国公司相互竞争,这些国家在“保护本地产业免受外国竞争”中承受的压力较小。那么我们现在来回顾英国当地成分发展的轨迹,探索其选择自由主义路径的原因。

英国是个石油生产国,其绝大部分油田都位于北海海底。或许因其发达国家的身份,英国在当地成分发展方面没有采用保护主义,而将其石油产业向欧美公司开放,允许这些公司完全自由地在北海经营和竞争。尽管如此,英国政府还是通过其拥有部分股份的英国石油公司(British Petroleum,BP)和成立于 1975 年的英国国家石油公司,在某种程度上参与 19
了该行业的发展。英国政府没有颁布严苛的当地成分规定,但是,在北海石油经营的重要方面,英国供应和服务公司被实力强劲的美国公司排挤。该事实被 20 世纪 70 年代初的一项研究所证实。为应对该现象,英国政府于 1973 年成立了离岸供应处(offshore supplies office, OSO)。[58] 该机构主要目的是通过“充分和公平机会”政策将英国石油行业中当地成分从大约 30% 提升到 70%,确保在平等基础上,英国控股公司获得与外国公司公平竞争的机会。

但是,离岸供应处并没有依靠制裁实现目标,而是着手评估英国石油行业的当地成分,随后制定了提升本地企业竞争能力的措施,以解决公认的缺陷。接着着手监督和审核在北海上运营的石油公司的采购程序,要求这些公司提交季度报告,报备他们拟签署的合同,打算合作的承包商清单,

---

[58] International Management and Engineering Group of Britain Limited, 1972. See also, Smith, 2011.

以及竞标失败的公司名单等。[59] 这样,离岸供应处能够确定在签约过程中,英国公司是否被不公正地排挤。同时采取其他配套措施,刺激英国新供应公司的发展,促进本地公司与外国公司合作,促进石油出口,并激励技术研发。经过离岸供应处的长期努力,英国石油行业的本地成分稳步回升,从最初 1973 年的约 30%,上升到 1977 年的约 60%,再到 1988 年的约 87%。[60]

英国事例表明,能力建设举措是那些对当地成分采取自由主义方法的国家的标志。这些国家在基础设施建设、科学研究以及制造、建筑及与技术相关的子行业等方面进行了大量投资,为石油工业的发展创造必备的条件。美国、加拿大、挪威以及澳大利亚都采取了类似的发展思路。

问题是这种方法是否适合发展中国家,他们缺乏发达国家的财力和科技水平。有学者认为,虽然加蓬和苏丹等石油生产国缺少强大的国有石油公司、活跃的制造业和建筑基地及资金雄厚的银行等配套机构,但在理想状态下,为增强本地公司的技术和生产能力,在提高本地成分方面应选择自由主义路径。因为这些国家迫切需要外国"支持"其开发石油资源,直
20 到本地工业能够应对更大的挑战。而严格的本地成分要求会妨碍此类投资。所以,这些国家应在特定时期内,力求通过持续投资来发展人力资源,提高国内服务业和制造业的能力。在此期间,应避免采取保护主义措施。[61] 但是,加蓬、苏丹等发展中国家选择自由主义的风险在于,不受限制的自由主义可能会扼杀本地公司的增长,使其无法与更具活力的外国公司竞争。

---

[59] See Klueh et al, 2009.

[60] Oxford Analytica, 'The Impact of Pre-Salt: a Long Term Perspective' (2010), a report prepared for Petrobras, http://www.oxan.com/.../cr/.../OxfordAnalyticalPetrobrasPreSalt.pdf, accessed 19 November 2017.

[61] See the Draft Local Content Policy for the Tanzanian Oil and Gas Industry (2014), https://mem.go.tz/wp-content/uploads/2014/05/07.05.2014local-content-policy-of-tanzania-for-oil-gas-industry.pdf, accessed 30 June 2017.

1.4 保护主义和自由主义方式之间的平衡

那么,对于非洲发展中石油生产国来说,最为关切的问题是:哪种方法更适合国内当地成分发展?尼日利亚、加纳和安哥拉等国是应该向本地和外国公司开放其石油产业以鼓励自由竞争,还是应该采取保护主义?答案尚不明确。保护本地公司免受强大的外国公司竞争的意愿并非没有好处,这解释了为什么许多发展中石油生产国和新兴经济体不仅在其采掘业中,而且在航运、汽车制造、组装、建筑等领域均采取某种形式的保护主义。因此,保护主义有其缺点,也有其相应的优点。

保护主义帮助巴西国家石油公司发展成为石油巨头,但几乎在其后几年中又导致巴西石油产业瘫痪。值得一提的是,一些自由市场的拥护者均不同程度地从其过去的保护主义措施中受益。例如,挪威国家石油公司(最近更名为 Equinor ASA)从 1972 年开始从国家补贴中获得巨大利益,直到挪威于 1994 年加入欧洲经济区(European Economic Area, EEA),才被要求开放其石油行业以保护欧洲经济区成员自由竞争。保护主义措施也为尼日利亚带来许多积极好处,本书随后将述及。[62] 保护主义在解决国家间贸易明显不公方面的潜力促使美国前总统唐纳德·特朗普明确表示,要“抛弃”北美自由贸易协定(North American Free Trade Agreement, NAFTA)。[63] 最后,值得注意的是,大多数拒绝采用保护主义的国家并不是出于对自由主义所带来的好处的完全信赖,而是为了自由贸易利益及其附带的好处而“被迫”这样做。也就是说,自由主义也有优点。它“迫使”本地公司依靠自身竞争力,而不是国家补贴和保护发展,这提高了国内企业的效率。而且,自由主义有利于各国引入外国投资,同时确保它们不违反国际自由贸易义务。

---

[62] 尼日利亚的当地成分策略的影响将在本书第 4 章和第 5 章详述。

[63] Wingrove and Olorunnipa, 2018.

然而,毋庸讳言,保护主义确有缺点。自由市场的拥护者根据国际贸易法反对保护主义利益说及其合法性,并且指出,保护主义实际上可能对自由贸易国家产生负面经济影响。此外,保护主义政策也令外国公司不堪重负,使他们感到苛刻且不切实际。也有学者认为,本地成分要求存在违反国际贸易法、投资法之忧。接下来讨论反对保护主义的主要观点,关于保护主义当地成分措施的合法性问题将在本书第7章中详细讨论。

1.5 反对保护主义当地成分措施的主要观点

尽管贸易保护主义很受欢迎,但自由贸易的拥护者和一些学者对其并不看好。一种观点认为,保护主义措施加大了商业交易的经济成本,降低了商业效率,而其总体经济影响仍不确定。例如,格罗斯曼说:"……内容保护和内容偏好可能无法实现决策者的非经济目标。"[64]有学者认为,当地成分要求试图通过强迫石油产业利用本地制造的商品和服务来实现本地经济发展,而不是允许石油产业根据质量和成本选择供应商,这些措施给石油产业带来巨大负担。[65] 也有学者认为,当地成分要求向本地生产者提供的支持是多变且不透明的,而且政府官员可能很少或根本不了解保护主义措施所产生的实际社会效应。[66] 同时,将本地公司与外国竞争者相隔离,当地成分措施可能会导致技术更新方面的滞后,最终破坏了培育高科技新兴产业的目标。[67]

还有一种观点认为,当地成分要求可能在质量和价格方面对下游产业产生不利影响,[68]并且容易受到腐败和政策偏好的影响,特别是在本地产业富有活力的公司相对较少的情况下。学界还有一种论点,认为多年的经

[64] See Grossman, 1981.

[65] See Hestermeyer and Nielsen, 2014, at p. 554.

[66] Cimino, Hufbauer and Schott, 2018.

[67] Cimino, Hufbauer and Schott, 2018.

[68] Hestermeyer and Nielsen, 2014, at p. 591.

验已经表明，当地成分要求很好地诠释了这样一种风险，即低收入国家有可能以巨大的福利成本建设低效的民族工业。[69] 实际上，政客们吹嘘的当地成分要求的诸种好处正受到越来越多的学者们的质疑。学者们认为，当地成分要求为了保护本地毫无竞争力的公司和服务，牺牲了质量优先的目标。[70] 并且当地成分要求可能会使商业交易成本不断飙升，使项目实施拖 22
沓冗长，使公司管理成为僵化的官僚主义，从而使公司合规变得困难。[71]

自由主义的倡导者们并不看好保护主义，而是主张石油生产国应该加强本地产业，并使其国内环境对外国石油公司具有吸引力。[72] 以市场为导向的本地采购应以经济、可行的方式进行，创造适合本地公司积极参与的环境，而不宜以政策衍生出的法规强行推行。这方面，挪威通过增强国内知识基础、创新科技、增强产业活力等来发展本地工业，学者们视其为当地成分发展的理想模板和成功范例。[73] 因此，石油生产国不应依赖于当地成分方面的目标和强制性规定，而应逐步扩展、增强国内产业的实力、能力，从而提高其竞争水平。[74] 还有学者认为，各国应重新集中精力，充分发挥自然资源优势，创造基础广泛的经济发展机会，以代替当地成分措施。[75]

尽管上述论点听起来很可信，但这些论点与许多石油生产国的经验相悖。首先，面对不受限制的外国竞争，构建本国企业长期竞争力通常比较困难，本地公司几乎不可能在没有一定程度政府保护的情况下经营和发展。如前所述，如果没有政府的优惠政策和倾向性保护，备受赞誉的挪威当地成分措施的成功就不会长久。其次，尽管挪威在1969年并不一定具有石油行业经验，但当时其已经是一个相对发达的国家，已经有充满活力

---

[69] See Pursell,2001.

[70] See Kolstad and Kinyodo, 2017.

[71] Valle, 2015; see also Tordo, Racy and Arfaa, 2011, at p. 9.

[72] See Kolstad and Kinyodo, 2017, at p 5; see also Ramdoo, 2015.

[73] Ramdoo, 2015, at p. 3.

[74] Heum, 2008, at p. 4.

[75] See Besada and Martin, 2015.

和竞争力的本地公司从事水资源行业或航运业。例如，挪威海德罗公司自1905年就开始涉足水力发电业务，在该领域拥有丰富的经验，该公司于20世纪60年代后期进入石油行业。[76] 因此，这种背景使挪威能够依靠保护主义和自由化方法相结合的路径，在很短的时间内提升本地企业的竞争能力，建设自己强大的国家石油公司。所以，尽管在服务业实行自由主义措施，但挪威仍授予国家石油公司在石油上游产业某种特权。例如，在二十世纪七八十年代授予外国公司的所有特许权中，该公司均占有50%的股份。[77] 最后，尽管不得不承认当地成分政策的设计和实施方面存在缺陷，比如它可能导致商业交易成本增加，延误并不可避免地影响国家财政收入，但如果正确设计和实施该政策，比如谨慎考虑具体国家或地区的特殊情形等因素，它也有可能带来可衡量的收益。

23 而且，尽管英国的石油产业运营在很大程度上已经自由化，但仍采取了初步的措施来支持英国的特殊利益。例如，与挪威一样，在20世纪50年代和60年代，英国政府运用其自由裁量权，在授予石油特许权时，偏爱本地公司以及与英国有直接或间接联系的国家公司。例如，在分配北海石油许可证时，与英国有联系的公司受到青睐。授予的石油区块中有30%保留给与英国有联系的公司，有10%授予与加拿大有联系的公司。很自然，这意味着构成自由市场意识形态基石的公平和平等待遇的考虑服从于更为客观的“国家利益”考量。因此，英国的政府并不会不顾及国内产业的利益，将石油许可证授予最有效率和竞争力最强的公司。[78]

需要重申的是，与挪威和英国不同，尼日利亚、加蓬、南苏丹和加纳等许多发展中石油生产国尚不具备技术能力，因此，他们“保护国内工业”的政策尚不具备参考价值。但是，这种保护政策应与提升本地公司竞争力的

[76] Norsk Hydro, ‘Our History’, http://www. hydro. com/en/about-hydro/Our-histoty/, accessed 30 June 2017.

[77] See Cameron, 1984 – 1985.

[78] Dam, 1965, at p. 66.

坚定承诺“相匹配”。

不得不承认,不适当的、严苛的当地成分政策的实施可能会扼杀本地市场竞争或导致低效的国内垄断。但同样,这些后果可能仅发生在加蓬、加纳、坦桑尼亚和苏丹等发展中石油生产国中,他们没有可与外国同行竞争的富有活力的石油公司。相反,保护主义的当地成分措施不一定会削弱石油生产国的竞争力,如美国、中国、巴西、印度或印度尼西亚等国,他们拥有能够参与国际竞争的大型石油公司。其中,美国除了人口众多之外,还拥有全球最具竞争力的国际石油公司、石油产业供应及服务公司。因此,即使美国石油产业受到当地成分措施的“保护”,其本地石油产业公司之间为争夺石油许可证和合同仍将不得不彼此竞争。

也应当承认,在不通过竞争程序任意授予石油许可证和签署相关合同的国家中,当地成分措施也可能会提高本地石油公司的竞争力。然而,实践中,采用当地成分措施的国家可能会立法规定,许可证或合同应当通过公平、透明和竞争的程序授予有能力的本地公司。需要提醒的是,此类要求也为外国竞争者留有参与空间。但是,如果本地公司拥有称职的人员并显示出足够的能力,并且本地生产的商品和服务符合国际标准,则他们将是首选。另外,本地公司仅在其投标超过既定的最低门槛,又未超过其外国同行报价的情况下才有机会享受优惠,获得授权或缔约。[79] 这些要求实质上意味着没有发展到一定水平的国内石油公司可能“输给外国公司或 24
本地竞争对手”。[80] 因此,鼓励国内石油公司提升自身竞争力,并利用当地

[79] 比如《尼日利亚油气行业内容发展法》第 16 条规定,尼日利亚公司必须有能力在尼日利亚石油产业中完成一定工作任务,才有权要求享受优惠待遇。此外,他们的竞标价不得超过竞标者最低竞标价的 10%。安哥拉 2004 年《石油活动法》第 26 条第 1 款也规定,索南戈尔公司及其附属公司,以及与其合作开展石油业务的其他实体,应购买国内生产或提供的设备、机械和消费品,与国际市场产品或服务质量相同或近似,可以按时出售和交付,价格不超过进口产品或服务的价格(包括运输和保险费以及应缴纳的海关费用)。赤道几内亚《产品分成示范法》第 23 条第 1 款也有类似的规定。

[80] See s. 3(2) of NOGICDA, See also *Arco v NAOC and others*, FH/PH/CS/02/2015. 更多讨论见本书第 3 章。

成分政策给予他们的优惠和机会，以确保他们在石油行业立足并长远发展，而不是“使他们丧失活力”。

此外，保护主义的当地成分措施可能适合发展中国家，因为长期以来，发展中国家的石油公司一直受到国际石油公司及其外国服务业同行的主导地位的抑制。如本书稍后部分所述，尼日利亚的经验表明，从事石油工业的外国公司可能不会自然地倾向加强本地公司或提高国内石油产业的能力。这就是在尼日利亚政府制定当地成分政策并采取措施付诸实施之前，尼日利亚的本地石油产业长期处于较低水平的原因。[81]

1.6 小结

本章意在为本书以后各章节奠定基础。本章阐明，由于石油工业金融和技术密集性的特点，一些发展中石油生产国不可避免地广泛依赖外国石油勘探和生产公司及其服务和供应同行，这导致大多数石油生产国本地石油公司长期孱弱。为了扭转这种趋势，一些石油生产国依赖当地成分要求的政策设计，以促进国内公司参与石油开发，并建立其与国外同行间广泛的经济联系。本章还尝试从一般术语的角度廓清“当地成分”的概念，同时强调其带来的直观的好处。本章还研究了当地成分发展的两种路径：贸易保护主义和自由主义，分析了二者的优缺点，以及各自应当适用的情形及环境。最后，分析了一些反对当地成分措施的论点，也讨论了挪威、英国、巴西当地成分措施发展的经验。

上述国家当地成分发展方面的重要经验是，有必要对石油生产国的具体国情进行具体分析，在此基础上致力于他们所采取的任何策略的实证分析。首先，在深思熟虑的基础上制定政策，然后再制定战略性法律和制度框架，以指导政策的实施。例如，在制定法律框架时，石油生产国必须确定
25 是依赖法定框架还是意定框架。然后，再构建适当的制度框架来推动当地

[81] 详情参见本书第4章，该章梳理了尼日利亚当地成分政策发展的历史脉络。

成分政策的实施。一些石油生产国优先选择国家石油公司,而另一些石油生产国几乎完全依赖政府监管机构,还有一些石油生产国则依赖于国家石油公司和政府监管机构共同组成的机构,来推动当地成分政策的实施。石油生产国不管采取何种落实措施,都必须是在全面、充分考量该国面临的具体情况后,所选择的现实、有效的方法。这些需要考虑的因素应包括:对石油生产国历史的正确理解,对该国建立当地成分框架时特殊国情的正确把握,国内相关石油公司的实力,以及整个政策体系的总体目标等。因此,必须认识到,某一措施可能会给 A 国带来积极成果,但是如果将其移植到 B 国,则不一定适合或成功。为进一步发展、深入讨论该主题,本书第 2 章将评估当地成分发展的法律和制度框架。

参考文献

Adelman MA, *The World Petroleum Market* (Johns Hopkins University Press, Baltimore, 1972).

Al-Kassim F, *Managing Petroleum Resources: The 'Norwegian Model' in a Broad Perspective* (Oxford Institute of Energy Studies, Oxford, 2006).

Alvarez AM, 'Reintierism in the Algerian Economy Based on Oil and Natural Gas' (2010) 38(10) *Energy Policy*, 6338.

Amanze Nwachukwu C 'Why DPR Can't Efficiently Regulate Oil Sector', *Thisday* (13 December 2012), http://www.thisdaylive.com/articles/why-dpr-can-t-efficiently-regulate-oil-sector/104909/, accessed 9 September 2017.

Atsegbua LA, 'The Nigerian Oil and Gas Industry Content Development Act 2010: an examination of its Regulatory Framework', (2012) 36(4) *OPEC Energy Review*, 479.

Auty RM, *Resource Abundance and Economic Development* (Oxford

University Press, Oxford, 2001).

Balouga J, 'Nigerian Local Content: Challenges and Prospects' (2012) (Third Quarter) *International Association of Energy Economics*, 23, http://www.iaee.org/en/publications/news letterdl.aspx? id = 176, accessed 11 November 2012.

Besada H and Martin P, 'Mining Codes in Africa: Emergence of a "Fourth Generation"?' (2015) 28(2) *Cambridge Review of International Affairs*, 263.

Cameron P, 'North Sea Oil Licensing: Comparisons and Contrasts' (1984 – 1985) 4 *Oil & Gas L. & Tax. Rev.*, 99.

Cimino C, Hufbauer GC and Schott JJ, 'A Proposed Code to Discipline Local Content Requirements' (2014) *Policy Brief No. PB*14-6, Petersen Institute for International Economics, https://piie.com/publications/pb/pbl4 – 6.pdf, accessed 18 June 2018.

Citino NJ, *From Arab Nationalism to OPEC: Eisenhower, King Saud, and the Making of U.S.-Saudi Relations* (Indiana University Press, Bloomington, 2002).

Cortes K, 'Brazil to Auction Pre-Salt Oil Fields after Royalties', *Bloomberg* (7 January 2011), http://www.bloomberg.comlnews/2011-01-07/brazil-to-auction-pre-salt-oil-fields-after-roalties-updatel-.html, accessed 17 January 2017.

Dam KW, 'Oil and Gas Licensing and the North Sea' (1965) 8 *Journal of Law and Economics*, 51.

Easo J and Wallace A, 'Understanding Local Content Policies in African's Petroleum Sector' (2014), http://www.worldlawgroup.com, accessed 28 October 2017.

Ezeani EC and Nwuke C, 'Local content and the Marginal Fields Programme: Challenges for Indigenous Participation in the Nigerian Oil Industry' (2017) 15(1) *OGEL*, 1. 26

Grossman GM, 'The Theory of Domestic Content Protection and Content Preference' (1981) 96(4) *Quarterly Journal of Economics*, 583.

Gu W and Yabuuchi S, 'Local Content Requirements and Urban Unemployment' (2003) 12 *Inti. Rev. Econ. &Fin.*, 481.

Haas E, 'The Reconciliation of Conflicting Colonial Policy Aims: Acceptance of the League of Nations mandate system [Analysis of the Franco-British Motivations Leading to the Acceptance of the Mandate System after the First World War]' (1952) 6 *International Organization*, 521.

Hestermeyer HP and Nielsen L, 'The Legality of Local Content Measures under WTO' (2014) *Journal of World Trade*, 553.

Heum P et al, 'Enhancement of Local Content in the Upstream Oil and Gas Industry in Nigeria: A comprehensive and Viable Policy Approach' (2003) *SNF Report No.* 25/03, SNF: Institute for Research in Economics and Business Administration, http://extrayendotransparencia. grupofaro. org/wp-content/uploads/2014/12/Enhancement-of-LC-in-the-upstream-oil-and-gas-industry-in-Nigeria. pdf, accessed 12 November 2016.

Heum P, 'Local Content Development: Experiences from Oil and Gas Activities in Norway' (2008) *SNF Working Paper No.* 02/08, https://brage. bibsys. no/xmlui/bitstream/handle/11250/166156/1/A02_08. pdf, accessed 22 November 2016.

Hewitt T, 'Who is to Blame: Allocating Liability in Upstream Project Contracts' (2008) 26 *J. Energy Nat. Resources L.*, 177.

Hossein K, *Law and Policy in Petroleum Development: Changing*

Relations between Transnationals and Governments (Nichols, Dubuque, 1979).

Idemudia U, 'The Resource Curse and the Decentralization of Oil Revenue: the Case of Nigeria' (2012) 35 *Journal of Cleaner Production*, 183.

International Management and Engineering Group of Britain Limited, *Study of Potential Benefits to British Industry from Offshore Oil and Gets Developments* (HMSO, London, 1972).

Jofle G et al, 'Expropriation of Oil and Gas Investments: Historical, legal and economic perspectives in a New Age of Resource Nationalism' (2009) 2(1) *Journal of World Energy Law & Business*, 4.

Johnston D, 'Changing Fiscal Landscape' (2008) 1(1) Journal of World Energy Law & Business, 31.

Kakonge JO, 'Challenges of Managing Expectations of Newly Emerging Oil and Gas Producers of the South' (2011) 4(2) *Journal of World Energy Law & Business*, 124.

Klueh UH et al, 'Policies to Improve the Local Impact from Hydrocarbon Extraction: Observations on West Africa and Possible Lessons for Central Asia' (2009) 37 *Energy Policy*, 1128.

Kolstad I and Kinyodo A, 'Alternatives to Local Content Requirements in Resource-Rich Countries' (2017) 45(4) *Oxford Development Studies*, 409.

Krotoff K and Bonnefoy N, 'Hydrocarbons Legislation in Algeria: Back to Square One?' (2006), http://www.la.utexas.edu/users/chenry/oil/2006/syll-2006%20Hydrocarbons%20Law%20Algeria.pdf, accessed 8 August 2017.

Kurtz MJ, 'Conditioning the "Resource Curse" Globalization, Human Capital, and Growth in Oil-Rich, Nations' (2011) 44 (6) *Comparative Political Studies*, 747.

Millard P, 'Brazil Oil Fields May Hold More Than Twice Estimates' Bloomberg (19 January 2011), http://www. bloomberg. com/news/2011-01-19/brazil-oil-fields-may-hold-more-than-twice-estimated-reserves, accessed 9 March 2017.

Millard P and Lima MS, 'Brazil's Debt Crunch Buoys Exxon's 27
Prospects in Brazil' *Bloomberg* (12 April 2013), http://www. bloomberg. com/news/2013 – 04 – 11/petrobras-debt-crunch-buoys-exxon-s-prospects-in-brazil-energy. html, accessed 8 April 2018.

Neff S, 'Memorandum on International Best Practice in Development of Local Content in the Energy Sector' (2005) Presented to the Nigeria National Stakeholders Working Group, http://www. neiti. org. ng/sites/default/files/page/uploads/local-content-5-9-051. pdf, accessed 6 February 2018.

Nwaokoro JE, 'Signed, Sealed but will it Deliver? Nigeria's local content Bill and Cross-Sectoral Growth' (2012) 4 (1) *Journal of World Energy Law & Business*, 56.

Okafor C, 'Local Content: Nigeria Loses $380 Billion to Expatriates' *Thisday* (21 December 2011).

Olawuyi DS, 'Local Content Requirements in Oil and Gas Contracts: Regional Trends in the Middle East and North Africa' (2017) 36(1) *JERNL*, 30.

Ovadia JS, 'Local Content Policies and Petro-Development in Sub-Saharan Africa: A Comparative Analysis' (2016) 49 *Resources Policy*, 27.

Ovadia JS, 'The Role of Local Content Policies in Natural Resource-based Development' (2015) Austrian Development Policy, 37, http://www.oefse.at/fileadmin/content/Downloads/Publikationen/Oepol/Artikenl2015/Teill-03-Ovadia.pdf, accessed 4 June 2018.

Parra F, Oil Politics-A Modern History of Petroleum (Tauris & Co Ltd, New York, 2005). Pereira EG, Gergio F and Amorium L, 'The Brazilian presalt case: Governmental Interference and Challenges for Potential Joint Ventures' (2017) 35(4) *Journal of Energy & Natural Resources Law*, 456.

Pinto GE, 'Upstream Oil and Gas Legal Frameworks: Brazil and the United States Compared' (2013) 115 *W. Va. L. Rev.*, 999.

Polterovich V and Popov V, 'Resource Abundance, Globalization, and Economic Development' (2005) New Economic School, Research Project 2005-2006, https://pages.nes.ru/english/research/projects/proposal/2005-2006/PolterovichPopov.doc, accessed 9 January 2016.

Pursell G, 'The Australian Experience with Local Content Programs in the Auto Industry-Some Lessons for India and other Developing Countries' (2001) 35(2) *Journal of World Trade*, 379.

Ramdoo I, 'Unpacking Local Content Requirements in the Extractive Sector: What Implications for the Global Trade and Investment Frameworks?' (2015) E15 *Expert Group on Trade and Investment in Extractive Industries, Think Piece*, http://el5 initiative.org/wp-content/uploads/2015/07/Extractive-Ramdoo-FINAL.pdf, accessed 9 January 2017.

Raymond MS and Leffler LF, *Oil & Gas Production in Nontechnical Language* (3rd edn, Penwell Books, London, 2006).

Ribeiro MR, 'Sovereignty over Natural Resources Investment Law and Expropriation: The case of Bolivia and Brazil' (2009) 2 *Journal of World Energy Law & Business*, 139.

Samples TR and Vittor JL, 'Energy Reform and the Future of Mexico's Oil Industry: The Pemex Bidding Rounds and Integrated Service Contracts' (2011) 7(2) *Texas Journal of Oil Gas &Energy*, 215.

Seymour I, *OPEC: Instrument of Change* (Macmillan, London, 1980).

Smith NJ, *The Sea of Lost Opportunity: North Sea Oil and Gas, and the Offshore Supplies Office* (Elsevier, 2011).

Stansfield G, 'The Unravelling of the Post-first World War State System? The Kurdistan Region of Iraq and the Transformation of the Middle East' (2013) 89(2) *International Affairs*, 259.

Stevens P, 'National Oil Companies and International Oil Companies in 28
the Middle East: Under the Shadow of Government and the Resource Nationalism Cycle' (2008) 1(1) *Journal of World Energy Law &Business*, 5.

Subai P, 'Petroleum Sector Liberalisation and direct state participation: lessons from Brazil' (2018) 6(1) African Nazarene University Law Journal, 92.

Sueur JDL, *Algeria since* 1989: *Between Terror and Democracy* (Zed Books, London, 2013).

Takechi K and Kiyono K, Local Content Protection: Specific-Factor Model For Intermediate Goods Production and Market Segmentation (2005) 15 *Japan and the World Economy*, 69.

Tordo S, Tracy BS and Arfaa N, 'NOCs and Value Creation' (2011) *World Bank Working Paper No.* 218, http://siteresources. worldbank. org/INTOGMC/Resources/9780821388310. pdf, accessed 2 January 2016.

Valle S, 'Brazil's Local Content Rules to be Eased to Spur Oil Projects' *World Oil* (2015), http://www. worldoil. com/news/2015/5/12/brazils-local-content-rules-to-be-eased-to-spur-oil-projects, accessed 8 March 2018.

Wabote S, 'Eight Years of Local Content Act' *The Nation* (23 April 2018), http://thenationonlineng.net/eight-years-of-local-content-act/, accessed 9 June 2018.

White S, 'Regulating for Local Content: Limitations of Legal and Regulatory Instruments in Promoting Small Scale Suppliers in Extractive Industries in Developing Economics' (2017) *The Extractive Industries and Society*, 262.

Wingrove J and Olorunnipa T, 'Trump Repeats He'd Quit NAFTA and May Seek Separate Talks' *Bloomberg* (8 June 2018), https://bloombcrg.com/news/articles/2018-06-08/trump-says-he-ll-quit-nafta-if-countries-can-t-reach-new-deal, accessed 15 August 2018.

Wu G and Yabuuchi S, 'Local Content Requirements and Urban Unemployment' (2003) 12 *Intl. Rev. Econ. & Fin.*, 481.

Yusuf Y, 'Dangote Refinery to Create 4000 Jobs, Crash Prices' *Leadership* (14 December 2017), https://leadership.ng/2017/12/14/dangote-refinery-create-4000-jobs-crash-prices/, accessed 18 August 2018.

2　当地成分发展的法律和制度框架

2.1　法律框架和策略

保护主义的当地成分要求通常包含在合同或法规中。如第1章所述，石油生产国选择自由主义当地成分发展方法，通常不依赖强制性指令和严格的当地成分规定，而是强调为石油公司的经营创造有利的环境，同时鼓励本地公司和外国公司之间的合作。此外，这些国家依靠政府主导的旨在提高本地企业竞争力的举措，激励本地公司在石油行业中扮演挑战外国同行的角色。此外，绝大多数发展中石油生产国更倾向于设定石油公司必须遵守的当地成分目标。这些国家依赖严格、自上而下的当地成分要求，以保护本地产业免受外国竞争。

一个国家无论是采取保护主义还是自由主义，都可能需要战略性的法律和制度框架，作为推进其当地成分政策的手段。如果法律框架是贸易保护主义的话，很可能需要石油公司（本国和外国的）雇用本地居民，并在国内购买设备。此外，石油生产国政府将对违约公司进行制裁或处以高额罚款，或为扶持本地企业而对其生产的商品和提供的服务给予税收减免。以自由主义方式推行当地成分政策的石油生产国较少依赖法律，通常不会应用命令—遵从模式。当然，这些国家也可能利用法律来推动某些事项，如人力资源开发、技术购买以及为本地供应商提供优惠贷款等。另外，政府可能利用法律手段对本地企业进行税收激励，以吸引他们在国内石油行业开展业务。

但是，本章着重分析当地成分的保护主义措施，该措施通常被包含在法规中，如尼日利亚、加纳、坦桑尼亚等国；也有被包含在合同中的，如赤道几内亚、约旦、卡塔尔、黎巴嫩、叙利亚等国；还有以法规或合同条款呈现的，如巴西、安哥拉等国。

30 法律框架(包括合同或法规)可以说是保护主义最重要的方面。因为它以有约束力的书面形式概述在石油生产国运营的公司所应遵从的要求以及违反这些规定的后果。这就解释了为什么希望在石油生产国运营的外国公司不仅要关注海外投资所涉及的财政条款，而且还要关注当地成分要求。下面将详细讨论这类方式中的合同和法规的特征、适用性及性质。

一方面，当地成分的合同法律框架要求在合同中而不是在法规中包含当地成分要求条款。因此，国家石油公司与国际石油公司或其他勘探与生产公司以合资形式合作的国家可以在合资合同或产量分成合同中插入当地成分条款，要求此类石油公司(通常是运营商)及其分包商尽可能采用本地的商品和服务，前提是它们易于获得，不超过一定的价格幅度并符合行业标准。例如，安哥拉国家石油公司——索南戈尔公司与国际石油公司合作中使用的安哥拉《产量分成合同草案》第14条第4款规定，承包商及其分包商应：

> 与本地承包商签约，只要其服务质量和可用性与国际市场上提供的服务相似，并且该服务价格在收取相同税费的情况下，未高于国际承包商相同服务收费的10%；
>
> 采购本国生产的材料、设备、机械和消耗品，只要它们的数量、质量和交货日期与国际市场上可用的此类产品相近。但是，国内该类产品的价格高于进口产品缴纳关税前，扣除运输费、保险费等基础费用后的价格10%以上的情形除外。

同样，赤道几内亚《产品分成示范法》第 23 条第 1 款要求承包商及其分包商优先考虑：

> 赤道几内亚的服务、材料、设备、消耗品和其他商品与国际市场上同类服务和商品的质量和交货时间相似，并且价格不超过后者的 10%。

通过合同条款，石油生产国可能还要求国际石油公司培训和雇用大量本地人员。例如，赤道几内亚《产品分成示范法》第 23 条第 2 款包含了这方面的严格要求。同样，尼日利亚和国际石油公司 1969 年前签订的石油 31
开采、租赁合同均包含一些旨在确保尼日利亚非技术性劳动力就业的条款。[①] 直接通过唯一的风险优惠安排与石油生产国政府签约的国际石油公司无须再与国家石油公司合作，但也可能需要在竞标这些工程时在当地成分方面作出承诺。为了预先具备参与此类合同竞标的资格，投标人可能必须致力于该国的发展，掌握本地专业知识和专门技能。例如，2017 年进行第 14 轮招标时，巴西已将当地成分确定为是否向招标公司授予开采、生产石油许可证的重要标准之一。[②]

另一方面，在当地成分的法规法律框架中，石油生产国可以在主要法规或附属法规中插入当地成分要求。过去，石油法可能包含一些当地成分要求，但是近年来，当地成分要求单独立法成为一种趋势。该法规通常包含在油田或者石油平台上运营的石油公司所要遵守的大多数内容。尼日利亚首先采用该方法，其当地成分要求已编入《尼日利亚油气行业内容发展法》。自尼日利亚中央立法机构通过该法以来，该法之方法似乎对某些

---

① See for instance, Clause 17(1) of OML 92; see also Oguine, 2011, at p. 406.

② CMS Law, 'Brazil Proposes Relaxation of Local Content Requirements' (2017), http://vww.cms-lawnow.com/ealerts/2017/02/brazil-proposes-relaxation-of-local-content-requirements, accessed 5 September 2017.

非洲石油生产国较有吸引力，他们一直试图效仿。③ 与合同方法不同，法规方法不仅适用于特定公司，而且适用于该法域内所有运营商，无论其所有权结构或国籍如何。此外，此类立法对更广泛的参与者具有约束力。例如，《尼日利亚油气行业内容发展法》对尼日利亚境内所有石油公司，包括国家石油公司均具有约束力。④ 法规方法将合同置于法律之后，法律规定高于合同安排，法律可以为石油公司设定具体的当地成分目标，在某些情况下，违背这些目标会导致法律制裁。⑤ 在这一阶段，有必要分析每种方法的优缺点。

合同方法的主要优点是灵活性、多样性以及适合于特定公司的事实。⑥ 因此，选择这种方式的政府可以自由地与承包商签订合同，合同内
32 容充分考虑承包商的独特能力、优势和劣势。与法规方法相反，合同中包含的当地成分要求可以由国家石油公司或政府轻易放弃，以使石油生产国及其合作伙伴能够适时应对形势变化或新的挑战。问题在于，实务中，这种灵活性通常不利于石油生产国，尤其是在其国家石油公司和监管机构力量薄弱且与国际石油公司谈判或沟通中无法坚守立场的情况下。例如，尽管尼日利亚 2010 年前大部分时间都采用合同方法，但其国家石油公司未能坚持要求尼日利亚政府在特许合同中要求承包商采用本地商品和服务。然而，合同方式可能更适合企业和机构充满活力的石油生产国。例如，安哥拉的索南戈尔公司，虽然操作能力较弱，但作为安哥拉石油行业的监管

---

③ 例如，加纳 2013 年《石油（当地成分和本地参与）规范》。乌干达、肯尼亚、刚果（布）和其他非洲国家又模仿了这一立法体例。'Kenya, others to emulate Nigeria's Loal Content Policy'(2015), http://www.ncdmb.gov.ng/index.php/newsupdates/news-updates/6604 – kenya-others-to-emulate-nigeria-s-local-content-policy, accessed 8 November 2017.

④ Ss 1 and 2 of NOGICDA.

⑤ See for instance s. 68 of NOGICDA.

⑥ 实践中，许多石油生产国都有适用于投标公司的示范合同。See Martin and Park, 2010.

者,能力却很强,能够最佳地依赖合同方法来扩大该国的当地成分要求。[7] 实际上,法规性当地成分要求可能更适合国家石油公司力量薄弱的国家,因为这些公司更可能轻易向其国际石油公司合作伙伴屈服,而给予后者不应有的豁免。

依靠合同安排来推广当地成分还具有保密的优点抑或缺点。首先,这意味着公众或利益相关者可能不容易知悉规定这些要求的条款。虽然保密性可能有利于石油生产国及其合作伙伴的利益,但对于公众而言,保密性意味着一般情况下,公众很难质疑当地成分的侵权性。其次,还有效力问题。合同中包含的当地成分条款通常是第三方无法执行的,即使他们是其直接受益人。这是因为合同的合意理念禁止那些并未基于自身利益提出对价的人,反过来通过法庭判决来获得这些利益。[8] 最后,这可能对合同双方当事人都有好处,因为它可以防止烦人的中间人将双方拖入冗长的诉讼。如果政府通过国家石油公司或监管机构执行合同条款,往往会因懈怠而毫无效率,而利益相关者可能会发现他们无法请求法院强制执行此类当地成分要求。与此相反,在某些情况下,法规方法的当地成分要求却可能由第三方通过公益诉讼得以执行。如果法律直接授权或法院认为利益相关者有权通过诉讼促使石油公司履行其法定义务,就会出现这种情况。[9]

与当地成分实施的合同方法一样,法规方法也有其优、缺点。其优点 33
有:首先,它的条款是开放的、可查询的、具有约束力的,并且适用于所有国内外利益相关者。其次,由于法律在废除前效力的持续性,能够确保该制

---

⑦ 尽管该公司在与国际石油公司的互动中广泛依赖合同方式,但安哥拉还有一些含有当地成分的法律,这些法律主要有:2004 年《石油活动法》、2004 年《海关税收法》。还有 2006 年《海关税收法》(其中包含石油行业公共采购竞争的规则和程序)、2008 年《培训法》(涉及当地成分发展能力建设)以及 2009 年《培训法》、2010 年《执行法令》(涉及石油培训基金的运作和管理)。

⑧ See *Thomas Chuhvumn Mahve v Chief Obtinud Nwukor* [2001] 14 NWLR (PT. 733) 356.

⑨ 参见本书第 6 章第 2 节,该节详细分析了私人力量推动《尼日利亚油气行业内容发展法》实施的可能性。

度的连续性和确定性。该方法的缺点是,与公司具体的合同不同,它不会考虑每个公司的特殊情况,所以法规方法可能过于僵化,不易进行必要的修改。尽管如此,法规方式的刚性和不灵活性究竟是优点还是缺点,取决于如何看待它。如果它可以有效防止石油公司恶性竞争,并防止行政机构或国家石油公司为一己私利而改变规则,那将是该方法的一大优点。

但是,从不同的角度来看,如果僵化的立法没有为解决立法者无法预见的因素所必需的变化保留空间,那么它可能会阻碍经济发展。⑩ 因此,这种僵化可能会抑制投资者。例如,2017 年之前,巴西《当地成分法》的严格执行阻碍了巴西石油工业(brazilian petroleum industry, BPI)的发展,这主要是因为该国的国内供应和服务公司实力不强,无法满足该行业的需求。当地成分发展法规中有关损害国家利益的内容,往往主要被包含在国家石油、天然气、生物燃料管理局规则中。依据该规则,依赖外国供应商将会遭受高额罚款。国家石油、天然气、生物燃料管理局唯一的选择就是放弃特许权,这是它极不情愿的事。结果,巴西石油产业对投资者变得毫无吸引力。⑪ 并且,如果法规中的当地成分要求变得过分僵化,监管机构可能被迫寻找其他监管途径或者另行制定当地成分要求。如果当地成分要求法规如同 2010 年《尼日利亚油气行业内容发展法》那样,规定在一个基础法案中,修改当地成分要求可能必须经过昂贵、耗时的法规修订过程。

对于希望采用法规方法推动当地成分发展的国家来说,更好的选择可能是根据立法机构赋予的权力,在行政机构制定的二级或附属法规中增加当地成分要求。这种方法有助于节省时间并有效化解立法的僵化问题。因为行政部门通常都有权修改其规则,而无须依赖立法机关。⑫ 例如,加

⑩ See Rutter and Knigton, 2012.

⑪ See World Oil, 'Cooperation between Libra Consortium Partners Reduces Project's Break-even Price', http://www.worldoil.com/news/2017/5/9/cooperation-between-libra-consortium-partners-reduces-projects-breakeven-price, accessed 21 August 2018.

⑫ 例如,加纳的当地成分法规包含在 2013 年《石油(当地成分和本地参与)规范》中,而没有规定在实体法中。

纳的当地成分规定在该国 2013 年《石油(当地成分和本地参与)规范》中,该规范是当时石油部长依据 2011 年《石油委员会法》第 22 条赋予的权力制定的。同样地,巴西的当地成分要求也不直接被包含在 1997 年《石油法》中,而是被包含在国家石油、天然气、生物燃料监管机构根据该法律制定的法规中。将这些当地成分要求插入行政法规、规章中肯定比尼日利亚 34
规定在基本法规中的模式好。

2.1.1 当地成分规制和发展的制度框架

在为当地成分设计法律框架之后,石油生产国必须建立一个制度框架以监督企业合规性运营,推进当地成分的进一步实施,并提升本地企业的实际能力。法律框架的效力将极大地依赖制度框架的效力。而且,石油生产国在设计法律和制度框架时还应当依赖其他当地成分的主动性。因此,石油生产国政府可能以低利率为本地公司提供资金,为石油区居民职业培训提供奖学金,或者投资石油区人力资源开发研究。但是,需要注意的是,适用于国家 A 的制度框架可能不适用于国家 B。

在构建驱动当地成分发展的制度框架的过程中,石油生产国受到的最大的影响可能来自其所属的地缘政治或意识形态分歧。结果是,像加拿大、挪威、美国、英国、澳大利亚等倾向于市场开放和经济全球化的石油生产国,其经济发展主要依赖市场自身的力量,也依赖其他外在法律动力来推进当地成分发展,并未依赖建立国家石油公司进行监管。⑬ 尽管这些国家或地区建立了正式的监管机构,但他们不愿规定当地成分目标,这意味着其监管机构通常不会通过严格执行当地成分要求来推动当地成分的发展。相反,这些石油生产国可能依赖银行、研究机构和临时政府政策来增

⑬ 实际上,直至 1982 年,除挪威和英国外,几乎所有西方经济体都没有国家石油公司。尽管法国对道达尔公司、意大利对埃尼公司拥有一些股份,但两家公司始终像私营石油公司一样运营,而非国家石油公司。

强地方能力,鼓励其参与石油工业。

相比之下,马来西亚、沙特阿拉伯和安哥拉等石油生产国则几乎完全依赖其国家石油公司来驱动当地成分的发展。这些国家石油公司被赋予监管职位,利用其与国际石油公司的紧密联系,推动当地成分发展并监督当地成分要求的履行。这种方法节省了石油生产国的资金,并且消解了国家石油公司与同样活跃的监管机构并肩履职时可能产生的压力。仅仅依靠国家石油公司的一个弊端在于,这些公司在监督其合作伙伴时可能不够熟练、专业,或者在合作伙伴违反当地成分要求的情况下沦为其同谋。另一个弊端是,如果缺乏对国家石油公司履职的有效监督,国家石油公司本身就可能成为法律问题,并伴随着腐败和滥用权力的风险。

但是,石油生产国中最普遍的做法是将正式监管机构与国家石油公司相结合,以推动当地成分的发展。例如,尽管巴西主要依赖石油、天然气、生物燃料监管机构,但监管机构又与巴西国家石油公司合作推动当地成分
35 的发展。同样,尼日利亚将其国家石油公司与内容发展与监管委员会(Nigerian Content Development and Monitoring Board, NCDMB)的工作结合起来,共同推动国家石油产业中的当地成分发展。通过在上游和下游部门中保持强大的影响力,这些国家石油公司可以在当地成分方面发挥准监管作用。他们被授权督导合作伙伴,并在必要时坚持保护与签约项目相关的本地行业和服务部门。此外,诸如尼日利亚内容发展与监管委员会和石油、天然气、生物燃料管理局等正式监管机构也能够监督合规性,并在必要时对违约公司予以制裁。但是,该方法的一个缺点是,国家石油公司与监管机构之间的过度亲密的关系可能会增加后者被前者及其行业合作伙伴“俘获”的趋势。如果发生这种情况,后果可能是无效的监管和监督不当的豁免,以及对当地成分规定的执行不力。该方法的另一个缺点是,国家石油公司与监管机构之间的关系如果管理不当,可能会引起机构间纠纷,进而会对采用此方法的石油生产国产生负面影响。例如,当尽职的监管者

试图对国家石油公司或其合作伙伴进行当地成分要求履行情况合规性检查时,可能会发生这种情况。

在这一点上,法律,政策和制度框架在推动当地成分发展方面的相互作用值得被进一步关注。为此,我们分析了巴西和挪威的情形——体现保护主义模式和自由主义模式的两个石油生产国典型范例,并对其各自模式的社会效果进行了评估。巴西主要依靠法律法规来扩大其当地成分的发展,而挪威则几乎完全依靠当地成分自身的主动性发展。尽管当地成分发展在方法上存在差异,但两国都能够建立充满活力的国家石油公司,并且随着时间的推移,他们已经能够在本国的石油工业当地成分的发展方面发挥重要的功能。

2.2 一些典型国家的经验

2.2.1 巴西

2.2.1.1 国家石油、天然气、生物燃料管理局

巴西在石油产业政策中的核心目标是实现石油生产的自给自足,减少天然气进口以及增加石油对本地经济发展的贡献。[14] 尽管如下文所述,该国对当地成分开发采用了多种方法,但其当地成分要求本质上是保护主义的。国家石油、天然气、生物燃料管理局是巴西当地成分政策的主要执行者,该局是根据1997年《石油法》第7条建立的。作为巴西石油行业的主要监管者,该局有权制定当地成分法规,与石油公司进行谈判,在公开和竞争性招标后代表政府与中标者签署合同,并履行保护环境职能。[15]

巴西对其陆上和非盐层下油田开采实施优惠政策,但运营安排主要依 36

[14] See Guan, 2010.

[15] See art. 8 of Law 9478 generally.

赖产量分成合同。[16] 在优惠制度下,国家石油、天然气、生物燃料管理局代表国家与勘探和生产公司签订协议,此类协议一般均含有当地成分要求条款,其结果是,特许经营者应在价格、质量、递送时间、服务等方面具有竞争力的情况下,优先选择巴西的供应商和服务公司。[17] 此外,通常要求特许公司及其供应商、服务合作伙伴招聘巴西本地劳动力、采购本地设备、使用本地服务均须满足特定百分比。[18] 对巴西来说,当地成分是如此重要,以至于在2017年举行第14轮招标之前,国家石油、天然气、生物燃料管理局都将当地成分作为授予勘探和生产公司许可证的前提。这意味着只有那些愿意利用较高比例的巴西当地成分的公司才可能被考虑授予石油区块的勘探、开发权。[19]

作为确保遵守当地成分要求的一种手段,巴西国家石油、天然气、生物燃料管理局会对违约公司处以罚款,罚款时考虑以下因素:合同标的额,目标公司被要求的当地成分水平以及其遵守的程度。[20] 该罚款是务实的。如果一家公司未能履行其当地成分义务,则国家石油、天然气、生物燃料管理局的罚款将与其履行中所缺少的价值成正比,而该缺失价值对于满足所涉项目最低当地成分的比例必不可少。随着时间推移,监管机构对违规者

---

⑯ 在优惠制度下,石油生产国可能授予某个石油公司国家石油资源的所有权,以示支持。尽管如此,公司仍需继续支付生产使用费和税金。See Blades, 2011.

⑰ ANP, ‘Resolution ANP No 36. Regulation of Local Content Certification’(2007), http://www. brasil-rounds. gov. br/ar-quivos/diario_oficial/Traduo_de_Resolucao_ANP36. pdf, accessed 7 January 2017.

⑱ EIA Report, ‘Brazil’(2015), https://www. eia. gov/beta/international/analysis. cfm?iso = BRA, accessed 4 February 2017.

⑲ 例如,在里贝拉区块,巴西的当地成分要求在勘探阶段占37%,在开发阶段占55%,到2022年占59%。此外,巴西要求国际石油公司向国内公司购买其商品和服务的65%。如前所述,巴西《石油勘探、开发合同范本》第20条要求所有在巴西运营的公司在其运营中均要达到使用本地商品、服务的议定百分比。关于当地成分,国家石油、天然气、生物燃料管理局还发布了以下法规:第36号决议:《当地成分许可规则》;第37号决议:《当地成分许可实体认定规则》;第38号决议:《认证审核规则》;第39号决议:《本地投资报告规则》。See ANP, ‘Locat Content’, http://www. anp. gov. br/brasikounds/inglcs/conteudo_locaLasp, accessed 3 March 2017.

⑳ See Adilson, 2012.

处以高额罚款的事实众所周知，这是对业界的明确警告，即当地含量执行是该国头等大事。例如，2015 年，国家石油、天然气、生物燃料管理局对巴西国家石油公司的勘探与生产合作伙伴英国石油公司处以创纪录的 7100 万美元罚款，因其在离岸项目中违反当地成分要求。[21] 该局的监管范围也延伸到巴西国家石油公司。因此，尽管巴西国家石油公司与巴西政府关系 37
密切，但仍需要像其他私营公司一样遵守巴西的当地成分要求。[22] 当地成分监控还要求监管机构制定有效的衡量标准，以便他们能够有效地确定监控对象是否实现了当地成分目标。作为其监管职能的一部分，国家石油、天然气、生物燃料管理局于 2005 年开发了名为“卡蒂利亚”小册子的测量方法。[23]

巴西国家石油、天然气、生物燃料管理局的当地成分要求被认为是世界上最严厉的规则。[24] 该要求针对具体公司的差异取决于石油区块的区位、公司运营在石油产业中的区段等因素。[25] 一般来说，巴西的石油特许权受让人除了要满足《特许经营合同范本》附件 4 的规定外，还必须确保在勘探阶段至少达到 37% 的当地成分，在生产阶段至少达到 65% 的当地成分。而且法律还为被特许人的石油开发阶段的当地成分比例规定了渐进式制度。例如，直到 2016 年才开始生产的实体当地成分要求为 55%，

㉑ 英国石油公司预先支付了罚款，由于它没有上诉，接受了罚款，而享受了 30% 的折扣。See ANP, cMultas e Regulariza^oes, http://www. anp. gov. br/wwwanp/multas-e-regularizacoes, accessed 19 June 2017; see also Valle, 2015.

㉒ 例如，2011 年，该公司因违反 44 项特许权中的当地成分发展规定而被罚款 1800 万美元。See ANP Slaps Petrobras with $18 million Fine, Upstream (1 September 2011), http://www. upstreamonline. com/live/article276020. ece, accessed 22 November 2017.

㉓ 就“卡蒂利亚”小册子，本书第 5 章将会进一步讨论。

㉔ See EIA Report ‘Brazil’ (n 18); see also ANP, ‘The local content Reg for Concession Agreements’, http://www. braziltexas. org/attachments/files/401/ANP-Marcelo. pdf, accessed 7 June 2017.

㉕ See Chambriard, 2011. Concessions in Brazil are awarded for fields that are not in the pre-salt area, while PSCs are used in the presalt in pursuance to the Production Sharing Agreement Law, 12. 351 of 2010 (‘PSA law’). See Blades, 2011, at pp. 41 – 45.

2017 年至2019 年开始生产的为 58% ,2020 年开始生产的则为 65% 。[26]

巴西国家石油、天然气、生物燃料管理局的当地成分要求不是一成不变的,而是每一轮都有不同的变化。不过,在前 4 轮的特许经营中,当地成分和现金红利是给竞标企业分配特许经营权的唯一竞标参数。随后,其评标标准权重变更为现金红利和工作计划各占 40% ,当地成分占 20% ,并在勘探和开发阶段之间进行细分。在 1999 年的几轮许可证发放中,也就是 1997 年巴西石油行业自由化后的第 1 轮许可证发放中,勘探阶段的平均当地成分目标为 25% ,开发阶段为 27% ,但在 2007 年举行的第 9 轮许可证发放中,所要求的比例逐渐提高,最终分别达到 69% 和 70% 。[27]

凭借其超过 2 亿的庞大人口,在充满活力的国内供应商和服务公司、先进的离岸技术和巨型国家石油公司等方面的相对实力,巴西似乎准备在其石油产业中实施保护主义措施。但其并非没有自身弱点。[28] 巨大的盐层下油田及其他油田区块使外国的“支持不可或缺”。但这种支持并没有
38 出现,因为巴西苛刻的保护主义当地成分要求,使其石油行业对外国投资者丧失吸引力。[29] 这些因素以及巴西国家石油公司在 2014 年至 2016 年不得不应对的腐败丑闻,加上创纪录的低油价,都对巴西当地成分政策产生了负面影响,使改革势在必行。如第 1 章所述,巴西被迫降低了对当地成分规定的执行力。自 1997 年以来首次在 2017 年举行的第 14 轮竞标中取消了当地成分,以吸引外国投资者。此外,巴西还对 2005 年颁发的许可证

---

[26] Braga and Szklo, 2014, at p. 138.

[27] Tordo, Tracy and Arfaa, 2011, at p. 118.

[28] Adilson, 2012.

[29] 2014 年至 2016 年,巴西国家石油公司陷入腐败丑闻,丑闻源于该公司一些高管与其客户公司及一些政客之间的勾结计划。这些阴谋导致巴西国家石油公司在代表其执行的建筑工作中欺诈性地开高价,从 2004 年到 2012 年,该公司政府任命的高管与巴西执政党工人党的一些高官从每份主要的建筑合同中拿走约 3% 的回扣,造成约 70 亿美元的损失。‘Petrobras Counts Cost of Corruption Scandal as 2014 Losses Exceed S7bn’ *The Guardian* (2015), http://www.theguardian.com/business/2015/apr/23/petrobras-counts-cost-of-corruption-scandal-as-2014-losses-exceed-7bn-dollars, accessed 23 April 2015.

中的部分当地成分要求进行了追溯性放宽,同时也放宽了处罚制度。[30] 此外,巴西还酝酿了一个更低、更现实的最低当地成分制度。[31]

由于这些措施,巴西的第 14 轮竞标被认为非常成功,吸引了巴西石油
产业史上最大的一单投资。[32] 同年 10 月,巴西还将盐层下油田地区的 6 个
高潜力区块拍卖给了本地和外国公司。[33] 从外国和本地公司的热情来看,
拍卖的成功证明了这些变化受到了石油公司的欢迎。除了监管石油公司
外,法律还要求国家石油、天然气、生物燃料管理局促进石油勘探、生产、提
炼和加工新技术等方面的研究和开发。[34] 遵照这一法定职责,国家石油、 39
天然气、生物燃料管理局大手笔投资石油科研,并颁发了诸多与石油技术
有关的奖学金。[35] 这些举措旨在提升国内石油公司的实力和竞争力,使其
有能力竞争巴西石油产业的重要合同。

㉚ Pereira, Gergio and Amorium, 2017; see also CMS Law, 'Brazil Proposes Relaxation of Local Content Requirements' (2017), http://www. cmsJawnow. com/calcrts/2017/02/brazil-proposes-relaxation-of-local-content-requirements, accessed 5 September 2017.

㉛ 酝酿中的最低当地成分制度要求为:陆上石油区块在勘探和开发期阶段为 50%;海上区块在勘探阶段为 18%,建井期间为 25%,集流系统为 40%,固定生产装置为 25%。See Pereira, Gergio and Amorium, 2017, at p. 457.

㉜ 共有来自 8 个国家的 20 家公司参加了竞标。See ANP, 'Brazil's 14th Bidding Round had the largest signature bonus in history' (27 September 2017) http://www. anp. gov. br/wwwanp/noticias/anp-e-p/4052 – brazil-s – 14th-bidding-round-had-the-largest-sign-ature-bonus-in-histoty, accessed 15 January 2018.

㉝ See ANP, 'Pre-salt Bidding Rounds Confirmed the Reestablishment of the Oil and Gas Sector in Brazil' (27 October 2017), http://www. anp. gov. br/wwwanp/noticia s/anp-e-p/4115 – pre-salt-bidding-rounds-confirmed-the-restablishment-of-the-oil-and-gas-sector-in-brazil, accessed 8 January 2018; 'Factbox: Winners of Brazil's presalt oil Round' Reuters (27 October 2017), https://www. reuters. com/article/us-brazil-boil-auction-factbox/factbox-winners-of-brazils-presalt-oil-round-idUSKBNlCW2RA, accessed 11 January 2018.

㉞ Art. 8x of Law 9478.

㉟ ANP, 'What is the ANP' (2018), https://www. google. com. ng/search? q = anp + brazil + scholarships + local + content&oq = anp&aqs = chrome. l. 69i57j69i59j69i65j35i39j 0. 2671j0j4&client = ms-android-tecno&sourceid = chrome-mobile&ie = UTF – 8, accessed 28 August 2018.

2.2.1.2 巴西国家石油公司、盐下石油公司和其他一些巴西石油行业当地成分的推动者

巴西国家石油公司在巴西的整体石油工业战略中发挥着重要作用。该公司在推进巴西的当地成分政策方面具有独特的地位,因为其在巴西石油产业中保持着强大的霸权地位,控制着80%以上的原油生产和输送,并控制着巴西所有石油生产的约50%的分销。[36] 自1997年巴西对石油行业进行自由化以来,巴西国家石油公司与国际石油公司以及巴西石油行业中的私营企业合作,得以利用其在上游的优势地位进一步发展巴西的业务。该公司以监管者身份监督其合作伙伴的采购和合同签订,以确保巴西本地公司得到充分的支持。巴西国家石油公司在2000年进行了部分私有化,巴西政府保留了其控股权。国家控制使巴西不仅在当地成分的实施方面,而且在其他与福利相关的决策方面对巴西国家石油公司施加广泛的影响。国家控制还意味着公司董事会的大多数成员由巴西政府任命,他们更容易接受本公司的投标。这有时意味着巴西国家石油公司在就业以及对本土供应和服务企业的赞助方面优先考虑巴西公民。巴西国家石油公司可以从国家获得广泛的特权,借助其执行政府政策的倾向因而得到进一步加强。[37]

就巴西盐层下油田而言,盐下石油公司是发展巴西石油产业中当地成

---

[36] Anotolin and Cendrero, 2013, at p.710.

[37] 例如,巴西1997年《石油法》第42条规定,巴西国家石油公司与其他私营石油公司竞争的石油特许权竞标,只要不与其他公司联合竞标,就应以有利于该公司的方式解决。同样,巴西2010年《产量分成合同行政管理法》规定,巴西国家石油公司在巴西多产的盐层下油田区域执行的所有产量分成合同中至少占30%的份额。根据该法第3、4条和第20条,巴西国家石油公司有责任履行所有盐层下油田的产量分成合同。See also Blades, 2011, at p.42. 关于这些监管变化对外国投资的影响,see Florêncio 2016。此外,2010年巴西国家石油公司资本化的2010年《重大项目分配法》(正是依据该法建立了巴西国家石油公司)第1条授权巴西政府直接将石油、天然气和其他流体碳氢化合物的研究和生产活动转让给巴西国家石油公司,并给予其适当的补偿,这些活动在石油当量不超过50亿桶的地区进行。See also Zacour, 2012.

分的另一个重要机构。[38] 该公司依据 2010 年《盐下石油公司法》成立,或 40
许是为了限制巴西国家石油公司无孔不入的权力。盐下石油公司获得了巴西大部分盐层下油田,并与巴西国家石油公司和其他勘探、开发公司签订了产量分成合同。盐下石油公司在这些安排中作为运营的资产管理人,这一角色使其最适合推进巴西石油行业中的当地成分。根据 2010 年《盐下石油公司法》,其任务是评估盐层下石油、天然气和其他烃类流体的勘探、评估、开发和生产的技术和经济计划,以及执行与当地成分有关的合同要求。[39] 根据 2010 年《巴西产量分成合同行政管理法》第 23 条和第 27 条的规定,盐下石油公司占所有监督盐层下油田区块产量分成合同业务的"联合作业委员会"席位的一半。在票数相同的情况下,它还拥有决定性投票权。这使其在战略上处于有利地位,可以在经费支出之前对项目进行评估和制裁,并要求其产量分成合作伙伴(包括巴西国家石油公司)遵守预先安排的当地成分目标以及国家石油、天然气、生物燃料管理局的规定。

最后,巴西非常依赖旨在建设本地产业能力的当地成分措施,鼓励外国公司将其机构设置在巴西境内,加大科研投入,促进外国公司和本地公司之间的合作,促进政策推动者和政府机构之间的合作。这些举措与当地成分法规相辅相成,可以灵活地适应各种情况。其中最突出的可能是国家石油行业动员项目。该项目根据 2003 年《建立国家石油行业动员项目法》设立,由巴西矿业和能源部以及巴西国家石油公司负责协调。[40] 还有其他一些旨在为本地工业提供低息贷款的措施,这是由国家经济和社会发展银行推动的,该银行的资助方案旨在发展本地工业。[41] 作为维持相关石

㊳ 我们所说的盐层下油田是指在桑托斯盆地地区发现的巨大油田,该地区距圣埃斯皮里图、里约热内卢、圣保罗和圣卡塔琳娜海岸 300 公里。这些油田中发现的石油被困在海平面之下约 7 公里厚的盐层下,据估计其含量超过 500 亿桶原油。See Millard, 2011.

㊴ Art. 4(1).

㊵ 'About the Program' (2015), http://www. prorninp. com. br/prorninp/en_us/con tent/about-the-program. htm, accessed 2 February 2016; see Furtado, 2003.

㊶ Zurli, 2011; see also Olsen, 2013.

油技术开发、研究的一项措施,巴西1997年《石油法》规定,石油公司支付的特许权使用费的25%将交给科学和技术部。[42]

巴西最近推出的另一项当地成分举措是2016年《组建巴西国家石油公司法》推出的“供应链竞争力激励项目及油气行业供应商的发展和改善”,这是一项由政府主导的计划,旨在缓解巴西严格的当地成分制度的影响。其目的是发展巴西供应链,通过国家工程部门制定激励机制来提高本地工业的整体竞争力,并通过促进创新来提高巴西当地成分竞争水
41 平。[43] 该计划还欲促进石油勘探和开采公司通过新型投资和活动实现其对国家石油、天然气、生物燃料管理局的当地成分承诺。根据该项计划,石油公司可以承诺从外国供应商处购买商品、服务和系统,以促进其在巴西建立分支机构。这些国内石油公司也可以直接投资其国外供应商,以促使后者发展和技术创新,或在巴西购买商品和系统供国外机构使用。遵守规定的公司将获得“当地成分单位”荣誉称号,这些单位的这部分开销可以被用来抵扣国家石油、天然气、生物燃料管理局规定的整体当地成分义务。[44]

2.2.2 挪威

挪威的石油资源管理方法包括建立3个独立的机构,分别负责商业(挪威国家石油公司)、监管(挪威石油局)和决策(石油和能源部)。挪威模式被誉为理想模式,也许是因为挪威在石油行业几个关键领域都取得了全面成功,如环境保护,对石油收入进行有效、透明的管理,发展具有全球竞争力的国家石油企业并保持较高当地成分。

目前,挪威被认为是世界上当地成分最高的国家之一。在新油田的

---

[42] Art. 48.

[43] CMS Law-Now, ‘Reforms to Brazilian Local Content Policy’(2016), http://www.cms-lawnow.com/ealerts/2016/02/reforms-to-brazilian-local-content-policy, accessed 28 October 2017.

[44] See Filho et al, 2016.

开发中,当地成分在 50% 至 60%,如果将维护和运营部分计算在内,当地成分则高达 80%。[45] 挪威石油工业政策是挪威石油工业(Norwegian Petroleum Industry, NoPI)发展的基石,这些政策大部分是在 20 世纪 70 年代初,在挪威埃科菲斯克(Ekofisk)油田发现巨大的石油储量后制定的。[46] 早在 1971 年,挪威立法机构就委托一个委员会为石油工业制定政策框架。该委员会的报告于 1971 年被冠名“十大石油规定”发布,并成为挪威石油工业政策的基础。[47] 此后,在政策和高效公共管理的相互作用下,该行业的发展受到了积极的影响。

从一开始,挪威的石油政策就着眼于石油资源的审慎管理、稳健监管和资源民族共享。[48] 挪威的石油工业政策由其国有石油公司、挪威国家石 42
油公司和其他本土石油勘探和开发公司牵头,与有能力的行业监管者和管理者并肩实施。[49] 挪威加大监管能力建设和投资,并强调可信的监管承诺。此外,挪威还注重创建投资友好型环境,使挪威在吸引外国公司来注册开厂方面颇具竞争优势。[50] 挪威没有为国际石油公司设定具体的当地成分目标,而是将重点放在产量增值上,同时鼓励本土企业的发展。[51] 不过,1972 年《皇家法令》规定,勘探和开发公司有义务在合同授予中优先考虑挪威供应商,条件是他们在价格、质量和交货可靠性方面具有竞争力。[52]

---

[45] Heum, 2008, at p. 4.

[46] 该油田位于斯塔万格西南 320 英里(约 514,990 米)处的挪威大陆架。

[47] 除其他事项外,该政策旨在使挪威在非大陆架作业中占据主导地位,并寻求使挪威在石油方面获得充足的资源,同时考虑环境问题,根据这一政策,除测试期间外,从一开始就禁止天然气燃烧。该政策还确保挪威政府在所有适当层面参与并促进、协调挪威在石油行业的国家利益。为了响应该政策,挪威立法机构于 1972 年一致决定成立挪威国家石油公司作为挪威的国家石油公司。See Gordon and Stenvoll, 2007, Leroen, 2010, and see generally, Thurber and Istad, 2012, at p. 599.

[48] See NPD, ‘A Controlled Success’ (26 January 2012), http://www.npd.no/en/Publications/Norwegian-Continental-Shelf/Nol-2012/A-controlled-success/, accessed 13 April 2017.

[49] Baines, 2009, at p. 48.

[50] Olsen, n. d.

[51] Easo and Wallace, 2014.

[52] Royal Decree of Dec. 8, 1972, § 54.

挪威的监管政策主要由挪威石油局实施,该局是主要的行业监管机构。然而,挪威政府通过挪威国家石油公司直接参与其石油工业。如前所述,国家鼓励新公司的策略是给予挪威国家石油公司在挪威大陆架所有特许权中至少50%的参与权,并可以自主选择增至80%。[53] 与巴西赋予巴西国家石油公司对国内石油行业独家垄断权不同,挪威石油行业向国内外石油公司开放,这些公司大多与挪威国家石油公司合作。例如,挪威国家石油公司与菲利普斯石油公司合作,后者已经在挪威上游站稳脚跟,并在其埃科菲斯克油田打出了第一眼油井。[54] 挪威还鼓励本土勘探、开发公司的发展,并支持本地承包商。为此,挪威制定了一项政策,将特许权授予两家或两家以上的本土石油公司,促使这些公司能够集中资源共同开发某石油区块。[55] 同时,政府还鼓励在挪威大陆架上运营的本地公司和外国公司建立伙伴关系。[56]

通过利用与国际石油公司的合作机会,挪威国家石油公司能够通过技术转让安排来发展技术。作为国际石油公司的主要合作伙伴,该公司又能够通过适当的会计制度和所获利润回馈政府以及促进当地成分发展来促进挪威的经济发展。[57] 到20世纪80年代初,挪威国家石油公司已经成为一个颇具竞争力的唯一运营商,到20世纪80年代晚期,该公司已经成为挪威石油行业的主导力量。[58] 挪威国家石油公司的成功为挪威国内石油
43 服务业的发展树立了典范,今天的挪威石油服务业被认为是充满活力和富

---

[53] See Tonne, 1983.

[54] Tonne, 1983, at p. 734.

[55] See Ryggvik, 2010.

[56] Semikyina, 2010.

[57] Hunter, 2014.

[58] 挪威国家石油公司目前的产油量约占挪威大陆架油田石油总产量的80%,并倡导、贯彻挪威的"当地成分政策"。See Thurber and Istad, 2012; see also US Energy Information Administration, 'Norway' (2012), http://www.eia.gov/countries/cab.cfm?fips=no, accessed 7 July 2018.

有竞争力的。[59] 自20世纪80年代中期起，挪威通过挪威国家石油公司和挪威石油局落实石油政策，当地成分得以迅速发展。因此，当挪威于1994年加入欧洲经济区时，该国已为石油工业的自由化做好了充分的准备。

欧洲经济区的成员资格意味着挪威国家石油公司失去了在挪威大陆架石油区块的所有专属特权，因为欧洲经济区禁止成员国向其国内勘探和开发公司及其服务同行授予特权。[60] 但这时，挪威企业已经在该行业中扮演了主导角色，因此在政府少量甚至没有支持的情况下，挪威企业已经具备自力更生的良好条件。挪威加入欧洲经济区意味着挪威只能依靠当地成分规定，如建设船厂和船坞，建设充满活力的服务公司，以及为外国企业在挪威的本土化经营创造有利环境。回顾过去，如果没有挪威在加入欧洲经济区之前赋予挪威国家石油公司和本地企业的特殊特权，挪威能否将其当地成分发展到今天的程度是值得怀疑的。话说回来，挪威当地成分发展的重要意义是，挪威并没有仅仅依靠法律严格的规定，而是鼓励其国有石油公司积极发展，同时使其石油平台对外国投资者具有吸引力。在成为欧洲经济区成员后，挪威政府对挪威国家石油公司的运作参与较少，该公司开始越来越像一家私营石油公司。这为其最终于2001年部分私有化做好了准备，当然，挪威政府继续保留对挪威国家石油公司的控股权。[61]

挪威和巴西的经验表明，如果执行得当，石油生产国可以依靠适合他们的方法来促进其当地成分发展，并仍然可以实现其政策目标。该经验还表明，这些战略和方法并不是一成不变，而是需要灵活性和适应性。例如，挪威虽然开放了石油业，但并没有像英国那样，将国有石油公司完全私有化。相反，挪威与具有竞争性的、部分私有化的挪威国家石油公司保持着各方面的关系。同样，当严格的保护主义没有产生预期效果时，巴西也准

---

[59] See Spurn, 2009.

[60] See Hanne and Kaare, 2000, see also Charlemagne, 'The Norwegian Option: Those strange countries that have kept out of the European Union' (2004) 373 *Economist*, 50.

[61] See Wolf and Michael, 2009.

备变革。它倾向采用严格的自上而下的当地成分要求，而不是像挪威那样采用自下而上的方法，这也反映出历史和地理方面的因素对国家决策的影响，正如挪威那样的情况。挪威能够迅速适应石油行业的变化，并在必要时“退缩”，也说明该国领导人对变化适应性强，对行业反馈反应迅速。

不少非洲石油生产国实行保护主义的当地成分政策，他们可以从挪威
44 和巴西的经验中得到启示。从挪威得到的经验是，应该集中精力发展富有活力的供应和服务部门，而且不需要放弃本国国有石油公司，但需要建立高效、有活力的监管机构来监督它们运营。从巴西得到的经验是，非洲石油生产国可以保留保护主义，但应该准备好适时而迅速地应变。他们还应当在必要时愿意将法规方法和合同方法结合起来。如本章所述，巴西依靠特许合同和产量分成合同，以及国家石油、天然气、生物燃料管理局发布的监管规定，并依靠盐下石油公司、国家石油、天然气、生物燃料管理局和一些倡议支持，实施其当地成分政策。单纯依靠法律来推动当地成分的发展，不会有太大的效果。相反，需要结合法律、国有石油公司，必要时还需要其他有活力的监管机构，如巴西国家石油、天然气、生物燃料管理局和挪威石油局等。除此之外，非洲石油生产国还应该把石油资源投入到最需要的地方，发展充满活力的国内部门，建立强大的研究机构、基础设施和充满活力的国内供应商。所有这些都需要全面的石油工业政策，对这些政策应不时地进行审查、调整，还应为推动这些政策制定必要的实施细则。

2.3 小结

本章评估了各石油生产国为发展当地成分而采用的法律框架。本章阐明，虽然一些石油生产国在很大程度上依赖合同，但石油生产国依赖法律规定中的当地成分要求的趋势越来越明显，尼日利亚和越来越多的非洲石油生产国就是如此。而挪威、英国等其他石油生产国则依赖并将继续依赖当地成分倡议，而不是合同或法律规定。本章还评估了现有的当地成分

发展的制度框架。巴西和尼日利亚等一些石油生产国更倾向结合国有石油公司和监管机构来推动当地成分落实,而其他一些石油生产国则依靠监管机构或政府主导的举措来落实。后者中值得注意的是加拿大、英国和澳大利亚。还有第三类,如安哥拉、马来西亚和沙特阿拉伯等石油生产国几乎完全依赖国有石油公司来实施或推动其当地成分政策。本章详细分析了巴西发展当地成分的方法,评估了巴西国家石油、天然气、生物燃料管理局、巴西国家石油公司、盐下石油公司和其他当地成分倡议,以及挪威的做法。关于挪威,研究表明,该国在加入欧洲经济区之前,结合了挪威国家石油公司和挪威石油局的优势,发展其当地成分。研究还表明,虽然该国并未实施严格的保护主义,但它受益于法律规定的当地成分要求,这使挪威一直坚持发展和提升国内公司的竞争力和生产实力。

第 1、2 章奠定了本书的理论基础,同时详细分析了挪威和巴西的经验。首先是因为这两个国家在发展当地成分方面有丰富的经验和独到的方法。虽然两国的方法截然相反,但事实证明卓有成效。接下来的章节将集中讨论与非洲石油生产国,特别是尼日利亚当地成分中石油和天然气相 45
关的法律。因此,接下来的 5 章内容将对尼日利亚的当地成分的相关政策和法律进行整体评估,同时在必要时从其他非洲和非洲外石油生产国实务中吸取经验教训。因此,第 3 章首先探讨尼日利亚当地成分发展的历史背景是恰当的,随后将分析 2010 年前影响当地成分增长的某些因素。

参考文献

Adilson V, ‘Brazil’s Local Content Policy Stirs Concerns’ *E&P* (21 October 2012), http://www. epmag. com/Technology-Regulations/Brazils-Local-Content-Policy-Stirs-Concerns_109056, accessed 22 November 2017.

Anotolin MJP and Cendrero MR, ‘How Important are National Companies for Oil and Gas Sector Performance? Lessons from the Bolivia and

Brazil Case Studies' (2013) 61 *Energy Policy*, 707.

Baines I, 'Studies of Regulatory, Corporate and Financial Alternatives for the Exploration and Production of Oil and Gas and the Industrial Development of the Oil and Gas Production Chain in Brazil' (2009), http://www. bain. com/bainweb/images/LocalOffices/BNDES _ Consolidated _ Report_BNDES_eng. pdf, accessed 2 April 2018.

Blades WB, 'Production, Politics, And PreSalt: Transitioning to a PSC regime in Brazil' (2011) 7 *Texas Journal of Oil, Gas & Energy*, 33.

Braga LP and Szklo AZ, 'The Recent Regulatory Changes in Brazilian Petroleum Exploration and Exploitation Activities' (2014) 7(2) *Journal of World Energy Law & Business*, 120.

Chambriard M, 'Brazil's Regulatory Framework Challenges of a Rapidly Expanding Petroleum Industry' (2011), http://www. anp. gov. br/? dw = 60218, accessed 13 November 2017.

Easo J and Wallace A, 'Understanding Local Content Policies in Africa's Petroleum Sector' (2014), http://www. worldlawgroup. com, accessed 28 October 2017.

Filho M et al, 'New Federal Decree seeks to improve the Brazilian O&G local content policy' *Lexology* (28 January 2016), http://www. lexology. com/library/detail. aspx? g = 64829e3e-2117-4334-8206-6baf83e6ca0f, accessed 29 November 2017.

Florencio P, 'The Brazilian 2010 oil regulatory framework and its crowding-out investment effects' (2016) 98 *Energy Policy*, 378.

Furtado TA, 'Institutional Changes and Innovation in the Brazilian Petroleum Industry' International Symposium on 'Energy Reforms and Institutional Development in Latin America' (2003) National Autonomous University of Mexico, University of Grenoble PMF Mexico City, http://www. depfe. unam. mx/p-cientifica/…/10CbAndrefurtadoenglishLtt. pd. , accessed 20 November 2017.

Gordon R and Stenvoll T, 'Statoil: A Study in Political Entrepreneurship' (2007) James A. Baker Ⅲ Institute for Public Policy of Rice University and Japan Petroleum Energy Center, https://www. bakerinstitute. org/media/files/page/9ffcb110/noc_statoil_gordon_stenvoll. pdf, accessed 7 July 2017.

Guan EG, 'Understanding Brazil's Oil Industry: Policy Dynamics and Self Sufficiency' (2010) 2*Journal of Emerging Knowledge of Emerging Markets*, 80.

Hanne MN and Kaare S, 'Adaptation without EU Membership: Norway and the European Economic Area' (2000) 6(1) *The Journal of Legislative Studies*, 125. 46

Heum P, 'Local Content Development: Experiences From Oil and Gas Activities in Norway' (2008) SNF *Working Paper No.* 02/08, https://brage. bibsys. no/xmlui/bit stream/handle/11250/166156/1/A02_08. pdf, accessed 22 November 2016.

Hunter T, 'The Role of Regulatory Frameworks and State Regulation in Optimising the Extraction of Petroleum Resources: A Study of Australia and Norway' (2014) 1 *The Extractive Industries and Society*, 55.

Leroen BL, 'Ten Commanding Achievements' *Norwegian Petroleum Directorate* (15 December 2010), http://www. npd. no/en/Publications/Norwegian-Continental-Shelf/No2 – 2010/10 – commanding-achievements/, accessed 1 November 2017.

Martin AT and Park JJ, 'Global Petroleum Industry Model Contracts

Revisited: Higher, Faster, Stronger' (2010) 3(1) *Journal of World Energy Law & Business*, 4.

Millard P, 'Brazil Oil Fields May Hold More Than Twice Estimates' *Bloomberg* (19 January 2011), http://www. bloomberg. com/news/2011-01-19/brazil-oil-fields-may-hold-more-than-twice-estimated-reserves, accessed 19 January 2017.

Oguine I, 'Nigerian Content in the Nigerian Petroleum Industry: Legal and Policy Issues' (2011) 29(4) *Journal of Energy & Natural Resources Law* 405.

Olsen WH, 'Brazil's Local Content Policy, Strategy and Ambitions' (2013) http://10. 64. 0. 51:2111/usg/NdxICC. htm? IP = 10. 64. 0. 51 & MA = 20107A247174& OS = http://www. intsok. com% 2Fcontent% 2Fdownload% 2F249% 2F1809% 2Fversion% 2F4% 2Ffile% 2FBrazil_Local_Content_Strategy. pdf, accessed 7 January 2017.

Olsen WH, 'Norway-Local Content Lessons Learned' (n. d.), http://www. biee. org/wpcms/wp-content/uploads/Olsen-Norway-local-content-strategy2. pdf, accessed 17 May 2018.

Pereira EG, Gergio F and Amorium L, 'The Brazilian presalt case: Governmental Interference and Challenges for Potential Joint Ventures' (2017) 35(4) *Journal of Energy & Natural Resources* 456.

Rutter J and Knigton W, 'Legislated Policy Targets' (2012) *Institute for Government Briefing*, https://www. instituteforgovernment. org. uk/sites/default/files/publications/Legislated% 20policy% 20targets% 20final. pdf, accessed 20 November 2017.

Ryggvik H, 'The Norwegian Oil Experience: A Toolbox for Managing Resources?' (2010), http://www. handelskampanjen. no/files/documents/

The_Norwegian_Oil_Experience. pdf?, accessed 4 December 2017.

Semikyina IO, ‘Managing Regional Economic Development through Local Content Requirements in Oil and Gas Industry’ (2017) 13 (2) *Economy of Region*, 460.

Spurn C, ‘Oil Regulation in 28 Jurisdictions Worldwide: Norway’ (2009), http://www.kluge.no/arch/img.aspx? file_id = 9084808&ext = .pdf, accessed 15 October 2017.

Thurber MC and Istad BT, ‘Norway’s Evolving Champion: Statoil and the Politics of State Enterprise’ in DG Victor et al (eds.) *Oil and Governance State-owned Enterprises and the World Energy Supply* (Cambridge University Press, Cambridge, 2012).

Tonne T, ‘Energy Policy: A Norwegian Perspective’ (1983) 5(4) *North Western Journal of International Law &Business*, 738.

Tordo S, Tracy BS and Arfaa N, ‘NOCs and Value Creation’ (2011) *World Bank Working Paper No.* 218, http://siteresources.worldbank.org/INTOGMC/Resources/9780821388310.pdf, accessed 2 January 2016.

Valle S, ‘BG Pays $71 Million for Local Content Breaches in Brazil’ *Bloomberg* (2015), http://www.bloomberg.com/news/articles/2015 - 02 - 03/bg-said-to-pay - 71 - million-local-content-fine-in-brazil, accessed 2 February 2017.

Wolf COH and Pollitt MG, ‘The Welfare Implications of Oil 47
Privatisation: A Cost-Benefit Analysis of Norway’s Statoil’ (2009) *Cambridge Working Paper in Economics No.* 0907.

Zacour C, et al, ‘Petrobras and the New Regulatory Framework for the Exploration and Production of Oil and Natural Gas in the Brazilian Presalt Region’ (2012) 5(2) *Journal of World Energy Law and Business*, 131.

Zurli RZ, 'Financing Oil & Gas Projects in Brazil' (2011), http://www. bndes. gov. br/SiteBNDES/export/sites/default/bndes _ pt/Galerias/Arquivos/conhecimento/seminario/Brasil _ Noruega _ BNDES _ OleoeGas _ Zurli. pdf, accessed 7 January 2016.

3　尼日利亚石油行业当地成分发展史概要

48

3.1　尼日利亚石油行业当地成分历史发展概述

与挪威、马来西亚和巴西等国相比,非洲几个石油生产国国内公司石油工业的参与程度较低。这意味着,在大多数情况下,这些国家几乎完全依赖国际石油公司及其对口部门来勘探、生产和加工其石油资源。这些外国公司在很大程度上也提供资金和技术支持,非洲东道国通过其国家石油公司充当非经营者和管理者——这意味着非洲石油生产国石油资源的开采和生产在很大程度上要受制于这些外国公司,本地供应和服务部门很少参与。

对于上述情形,虽然加纳、乌干达和坦桑尼亚等石油业新近发展起来的国家可能有许多理由,但对于尼日利亚、安哥拉及利比亚等有数十年石油业发展经验的国家,这些理由可能并不适用。正是因为希望扭转当地成分过低的局面,非洲一些新、老石油生产国在与本地运营的外国公司的互动中优先考虑当地成分。引领这一趋势的非洲国家就是尼日利亚,它是非洲最大的石油生产国。虽然尼日利亚早在1956年就开始生产石油(远早于挪威和马来西亚,与巴西差不多同一时期),但在1956年至1991年,尼日利亚的上游子行业仍然完全由国际石油公司主导。在这段时间里,尼日利亚试图通过其国有石油公司,即尼日利亚国家石油集团(Nigerian

National Petroleum Corporation, NNPC)* 参与石油工业,但该公司主要是作为非运营商或资产管理者参与的,这一事实并没有转化为可观的当地成分。

49 据估计,2002 年,尼日利亚石油行业中的尼日利亚当地成分不到 5%,[1]这一数字现在被认为低得难以接受。此后,随着《尼日利亚油气行业内容发展法》的通过,以及一些政策指令和举措的实施,情况略有改善。即便如此,一些行业观察家仍认为尼日利亚的石油天然气产业当地成分为 12% ~18%。[2]这意味着,尽管目前有相当数量的尼日利亚人受雇于尼日利亚石油行业担任工程师、地质学家和律师等,但该行业约 70% 的上游部门仍由国际石油公司及其服务和供应同行主导。[3] 尼日利亚石油行业的中下游子行业也不见好转,尤其是在炼油领域,这主要是由于尼日利亚国家石油公司的 4 个炼油厂每天的炼油能力不到其装机容量(44.5 万桶)的 20%。这也是尼日利亚继续进口大部分精炼石油产品的原因。[4]

为了提高国内对石油工业的参与度,尼日利亚于 2010 年出台了《尼日利亚油气行业内容发展法》,这是一部保护主义的当地成分立法,该法的主要条款将在随后 4 章进行研究和分析。本章第一部分将回顾 1956 年至 2010 年尼日利亚油气行业当地成分发展的历史,概述尼日利亚油气行业当地成分发展的各个时期或阶段。第二部分分析了 2010 年以前尼日利亚难以积极参与石油工业的一些因素。这一回顾对于汲取宝贵经验非常重

---

* 前身为尼日利亚国家石油公司,并于 1977 年更名为尼日利亚国家石油集团。——译者注

① See Balouga, 2012, Heum et al, 2003,他们认为 2003 年尼日利亚的当地成分发展为 25%,而 2005 年尼日利亚内务部认为是 20%。See Oguine, 2011.

② See Alike, 2012,虽然尼日利亚内容发展和监管委员会报告说尼日利亚当地成分约占 28%, see NCDMB News Release 'NCDMB to Sue Offenders of Local Content Act' (6 March 2018), https://www.ncdmb.gov.ng/2018/03/ncdmb-suc-offenders-loca1-content-act/, accessed 6 August 2018。

③ See Adeniyi, 2013.

④ Time to Sell off the Refineries' *Thisday* (15 September 2016), http://www.thisdaylive.com/index.php/2016/09/15/time-to-sell-off-the-refineries/, accessed 4 November 2017.

要，不仅可以为尼日利亚政策制定者提供参考，也可以供其他非洲国家参考，有助于观察家及行业利益相关者理解为什么尼日利亚和一些非洲石油生产国越来越倾向保护主义的当地成分措施，而不采用挪威和澳大利亚等国的温和做法。下面首先介绍尼日利亚石油行业发展的背景。

尼日利亚拥有约 370 亿桶原油和约 192,065 万亿立方英尺的天然气储量，油气资源相当丰富。⑤ 对这位非洲“巨人”来说，油气资源在财政收入方面对其具有重要的战略意义，因为它占尼日利亚国内生产总值约 10%，占政府收入约 70%，占外汇收入约 90%。⑥ 石油除了被认为是至关重要的国家安全资产外，也是尼日利亚重要的能源。

尼日利亚石油行业最高领导是石油资源部部长，由尼日利亚联邦共和 50
国总统任命。部长负责协调尼日利亚国家石油公司、石油资源部、石油资源局（Department of Petroleum Resources，DPR）、尼日利亚内容发展和监管委员会以及国家漏油检测监管局（National Oil Spill Detection and Regulatory Agency，NOSDRA）的事务。在某些方面与挪威和巴西类似，尼日利亚石油行业各机构职责也有一定的分工。⑦ 石油资源局是主要的行业监管机构，尼日利亚内容发展和监管委员会负责当地成分发展，国家漏油检测监管局则监管漏油检测和应对。石油资源部制定行业政策，而尼日利亚国家石油公司是尼日利亚联邦政府（Federal Government of Nigerian，FGN）在尼日利亚石油行业中的商业和运营部门。对国家石油工业计划有一定影响的其他机构包括尼日利亚采掘业透明度倡议组织、尼日利亚中央银行和联邦税务局。

国家石油行业是部分自由化的，本土的勘探开发公司，如蒙尼普洛、杜

⑤ British Petroleum，‘BP Statistical Review of World Energy’，https://www.bp.com/content/dam/bp/en/corporate/pdf/energy-economics/statistical-review-2017/bp-statistical-review-of-world-energy-2017-full-report.pdf，accessed 11 March 2018.

⑥ 石油为尼日利亚贡献了约 10% 的国内生产总值，约 70% 的政府收入，并为国家贡献了约 90% 的外汇。See Florence，2018.

⑦ 关于所谓的挪威模式及其对石油行业绩效的影响，see Thunber et al，2011。

布里石油、伦敦上市的赛普拉特和康诺伊石油等,与壳牌、雪佛龙、道达尔和埃尼等成熟的国际石油公司并肩经营。同样,国内外的供应公司和服务公司也在尼日利亚石油行业一起经营。其他亚洲服务企业如三星、现代等,以及一些外国国家石油公司,如中国石油化工集团公司、中国海洋石油总公司、挪威国家石油公司、巴西国家石油公司等也在尼日利亚石油行业运营。在国家石油、天然气产业园区经营的勘探开发企业,有的以独资风险形式经营,有的通过合资企业(joint venture, JV)、产量分成合同等方式与国家石油、天然气公司合作。一方面,这些公司可以通过公开竞争的方式争夺石油特许经营权、供应和服务合同,另一方面,外商投资企业可以通过合资企业、产量分成合同等方式与尼日利亚国家石油公司合作。同时,尼日利亚联邦政府保留了自由裁量权,并不时利用这些权力来推动和指导政府政策实施。

从历史上看,尼日利亚的当地成分发展经历了 4 个时代或阶段。第 1 阶段,即 1956 年至 1968 年,其特点是注重在尼日利亚石油行业为本国人创造就业机会。第 2 阶段是 1969 年至 1990 年,尼日利亚开始通过尼日利亚国家石油公司直接参与石油行业,通过该公司与国际石油公司合作来推进当地成分。第 3 阶段是 1991 年至 2010 年,石油行业本土参与者崛起,合作向产量分成合同形式转变。第 4 阶段是 2010 年开始的《尼日利亚油气行业内容发展法》时代。本章简要回顾前 3 个阶段,接下来第 4 章则集中讨论 2010 年《尼日利亚油气行业内容发展法》阶段。

3.1.1 1956~1968 年:关注尼日利亚人就业

经过数十年的勘探和地震活动研究,1956 年壳牌石油公司在尼日利
51 亚首次发现了具有商业数量意义的石油。⑧因此,可以肯定地说,1956 年是

⑧ 这一纪元性发现的地点在今天尼日利亚南部的巴耶尔萨州的奥洛伊比。

尼日利亚石油行业真正开始的一年。[9]这一阶段，石油公司勘探和生产石油的主要依据是1914年《矿物油条例》。该条例是英国殖民政府的遗产，可以理解为促进了英国及其臣民的利益。[10] 例如，该条例主要为来自英国的石油公司保留了特许权。然而，由于尼日利亚直到1960年才获得独立，英国政府利用其在尼日利亚的行政主导地位，巩固了壳牌石油公司对尼日利亚石油行业的利益。不过，最终壳牌石油公司的独占被其他来自欧美的国际石油公司所分享。[11]

这一时期，尼日利亚政府在石油行业的作用主要限于对国际石油公司小规模监管和征税。例如，要求国际石油和天然气公司缴纳石油利润税，当时由联邦财政部代表联邦政府管理。1959年至1963年，监管责任由内务部承担，此后于1963年由联邦矿业和电力部承担。[12]在这一时期，这个新生国家没有制定旨在促进本地大力参与石油行业的政策，也没有制定任何发展本土石油公司或充满活力的供应、服务公司的战略。同样明显缺乏的是，尼日利亚联邦政府没有设立国家石油公司，没有要求国际石油公司使用本地生产的商品或服务，没有要求在尼日利亚石油行业运营的国际石油公司和服务公司将其业务在国内本土化，也没有要求尼日利亚石油行业使用本地生产的商品。

尼日利亚在该早期阶段没有明确、适当阐述当地成分政策，可能有几个原因：第一，可能是由于尼日利亚作为一个新独立的国家，缺乏与国际石油公司谈判和有效互动所需的政治和行政经验以及深入的专业知识。因此，很难要

---

⑨ 然而，该行业的发展早于第一次世界大战，因为德国沥青公司在尼日利亚发现石油的努力已经进入高潮。See Steyn, 2009.

⑩ 但是，1962年《矿物油（修正案）法》废除了英国注册的公司加入尼日利亚石油行业的专属权利，从本质上对非英国投资者予以开放。

⑪ 实际上，尽管壳牌石油公司最终放弃了对美孚和雪佛龙等非营利组织新加入者的某些让步，但其在整个尼日利亚享有完全的统治权。Etikenrentse, 2004, at p. 266.

⑫ Nwokeji, 2007.

求这些公司在其业务中考虑当地成分。[13]第二,当时尼日利亚缺乏具有石油相关领域专业知识的技术人员,如工程、地质和地球物理学(技术人员)。该国还缺乏新兴的制造业和服务业,基础设施普遍不发达。因此,要求石油公
52 司赞助本地工业在当时看来是站不住脚的。第三,由于当时的经济主要是由农业驱动的,尼日利亚统治者很可能满足于国际石油公司缴纳的微不足道的税收。

即便如此,这一阶段在授予国际石油和天然气公司的石油开采租约(Oil Mining Lease, OML)中还是加入了一些次要的当地成分要求,目的是确保尼日利亚人在石油行业的非技术性就业。例如,要求特许权获得者对合适的尼日利亚人开始并启动技术培训计划,使他们能够在该行业胜任技工和工匠工作。合同还规定这些公司培训尼日利亚人在其业务中发挥监督作用,为尼日利亚专业人员的就业做准备,以期为他们今后担任高级管理职务铺平道路。[14]

20 世纪 50 年代和 60 年代民族主义在南美、中东和非洲发展中国家引发共鸣,推动了石油生产国与国际石油和天然气公司互动的变化。一些新独立的国家急于在自然资源管理中发挥更积极的作用,他们大胆地将国际石油公司的资产收归国有并转为国家石油公司,[15]或者从一开始就建立国家石油公司。[16] 其中一些石油生产国还与国际石油公司重新谈判,以变更

---

⑬ 尼日利亚于 1960 年 10 月 1 日宣布独立。但是,直到 1963 年尼日利亚联邦共和国成立之前,英国元首一直担任其宪法国家元首。

⑭ See for instanee, clause 17(1) of OML 92, see also Oguine, 2011, at p. 406.

⑮ 例如,墨西哥于 1938 年通过对盎格鲁 - 荷兰人和美国公司在墨西哥经营的资产进行国有化和征收来建立派美克斯。20 世纪 70 年代,利比亚对康菲石油公司、英国石油公司和阿莫科公司所经营的特许权进行了私有化和国有化。同样,沙特政府收购了阿拉伯美国石油公司的资产,并将其重命名为沙特阿美公司,See kultgen, 2014。类似地,1975 年,委内瑞拉通过了《保留国家工业和贸易碳氢化合物的有机法》,据此终止了所有与著名国际石油公司的特许权协议,征收了他们所有的资产,并授予国家对石油行业的垄断权。See Cuervo, 2010, at pp. 644 - 645.

⑯ 如今,大多数石油生产国已建立了在石油行业中发挥不同程度作用的国家石油公司。这些国家包括科威特、沙特阿拉伯、尼日利亚、墨西哥、巴西、阿尔及利亚、挪威、俄罗斯、伊朗、伊拉克和卡塔尔等。

他们认为不公平的经营条件，这些条件在很大程度被认为是不利于石油生产国而偏向国际石油公司的。尼日利亚也没有例外。从1969年起，尼日利亚开始对其石油资源行使更大的权力，于同年颁布了《石油法》，并开始通过尼日利亚国家石油公司直接参与石油行业。下文将评估这些发展的意义及其对尼日利亚当地成分增长的影响。

3.1.2 1969～1990年：《石油法》、石油资源局和尼日利亚国家石油公司

1969年，尼日利亚由军政府领导，也是处于内战的第3年。由于战争，该国经济疲软，许多基础设施遭到破坏，迫切需要资金来重建家园，于是该国转向了蓬勃发展的石油工业。尼日利亚对当时的国际石油公司所 53
享有的条件颇为不满，并希望政府在石油行业发挥更积极的作用，尼日利亚借助立法改变现状，颁布了1969年《石油法》，废除了1914年《矿物油条例》，建立了新的制度框架，赋予尼日利亚联邦政府利用石油资源的更大权力。[17] 1969年《石油法》第2条授权石油资源部部长以石油开采租赁、石油探测许可和石油勘探许可等形式授予石油公司特许权。[18]石油资源部部长还被授权制定管理该行业的法规。[19] 该法还保留了尼日利亚政府直接或间接参与授予石油公司特许权的权力或选择权。[20] 为了削弱国际石油公司的影响，该法还缩减了1969年后石油开采租约期限。30年或40年是上一届政权规定的标准，而1969年《石油法》规定最长为20年。此外，石油开采租约的持有者须在最初的10年期后放弃一半的优惠。[21]

---

[17] S. 14(1) and para. 42 of the third schedule to the Act.

[18] S. 2.

[19] S. 8.

[20] Para. 35 of the first schedule to the Act. 尼日利亚第一个参与石油行业的机会是在1962年，当时阿吉普及其合作伙伴菲利普斯石油向尼日利亚提供了购买其33%股权的选择权。此选择权并未使用。See Etikenrentse, 2004, at p. 23.

[21] See para. 12(1) of the first schedule to the Act.

尽管1969年《石油法》并未追溯适用于1969年以前的许可协议,但其影响很大。值得注意的是,它创建了一个制度框架,使政府可以更多地参与尼日利亚石油行业,从而在一定程度上限制了国际石油公司的权力。[22]政府参与权的保留,为其创造了可以进一步发展当地成分的机会。但是,1969年《石油法》一个弊端是似乎只关注当地成分。与1969年前石油开采租约中包含的内容要求类似,当地成分要求仅限于在石油行业确保尼日利亚人的就业与培训。例如,该法第38条第1款第1项规定石油开采租约的受让人在其特许权的管理、技术岗位和监督层等岗位中尼日利亚人人数应达到75%。该款第2项规定,在特许经营的任一工作组中雇用的尼日利亚人应不少于雇员总数的60%。根据该法第38条第2款的规定,所有熟练、半熟练和不熟练的工人都应为尼日利亚人。此外,根据1969年《石油法》制定的1969年《石油(钻井和生产)条例》中也包含一些关于当地
54 成分的规定。例如,该条例第26条规定石油探测许可证的持有人在获得特许权的12个月内,提交招聘和培训尼日利亚人的详细计划,该计划将由石油资源部部长批准。1969年《石油法》的另一个弊端是,尽管授权石油资源部部长在必要时下放权力,但它没有建立任何制度框架来执行下放的权力。[23]

在机构层面,热衷于加强石油行业监管的尼日利亚联邦政府在1970年建立了石油资源局,并使其承担了该行业的监管任务。此外,根据同年的第18号法令,政府于1971年成立了尼日利亚国家石油公司。这些部门构成了尼日利亚石油行业主要政府机构,负责推动政府政策。在职责上,石油资源局与尼日利亚国家石油公司合作,推动石油行业政府相关政策的实施,前者充当监管者,后者充当尼日利亚在该行业的商业代理。尼日利亚国家石油公司的职责包括开采和销售石油资源,以及从事与石油工业有

---

[22] 1969年《石油法》授权石油资源部部长出于公共利益对他认为必要的特许权添加特殊条款,该规定和其他事项一起,使尼日利亚政府有权参与投资与特许权有关的企业,合作条款由石油资源部部长与特许公司之间协商确定。

[23] See ss 4(5) and 12 of the Petroleum Act.

关的所有其他活动。

通过尼日利亚国家石油公司，尼日利亚政府开始获得国际石油公司经营的土地参与性股份，尽管没有获得这些公司的股权。在大多数此类安排中，尼日利亚国家石油公司成为多数非经营性合伙人，而国际石油公司则作为少数合伙人担任经营者和技术、专业知识提供者发挥作用。1975 年，石油资源局升格为石油资源部。尼日利亚国家石油公司随后于 1977 年与石油资源部合并，并更名为尼日利亚国家石油集团。[24] 通过尼日利亚国家石油集团，尼日利亚联邦政府继续通过合作直接参与石油行业。与国际石油公司的合作主要通过合资形式进行，[25]后来以产量分成合同的形式合作。[26] 尽管颁布了 1969 年《石油法》，建立了石油资源局，尼日利亚国家石油公司也 55
直接参与了石油行业，但尼日利亚的当地成分在很大程度上仍然微不足道。

前章述明，挪威和巴西在其石油行业发展伊始就热衷于发展挪威国家

㉔ 1975 年，石油资源局升格为石油资源部。

㉕ 合资企业在许多方面都类似于合伙企业，它由两个或两个以上投资人参与以营利为目的商业组织。在某些情况下，投资合伙人可能会成立公司，并将其用作实现目标的工具。在尼日利亚国家石油集团与国际石油公司之间典型的合资安排中，双方都是石油特许权的共同所有人。区块中发现的石油属于双方。参股人按其投资在企业中所占的比例分享企业利润，承担筹资责任和经营风险。如果合资企业中有超过一个国际石油公司参与，则可以指定其中一个作为特许经营方。双方通常签署谅解备忘录，规定利润分配的方式、责任的承担，并解决税收和特许权使用费等问题。此外，还应签署参与协议和联合经营协议，以提供规范合资企业运营的框架。See Martin and Park, 2010. 1958 年《石油利润税法》第 24 条承认公司、合资企业，以及石油勘探安排计划之间的合伙关系，并授权石油资源部部长制定规则以修改税收协定中的 1958 年《石油利润税法》。

㉖ 尼日利亚由于无法履行其所涉及的各个合资企业的现金催缴义务而转向了产量分成合同。不断出现的违约行为迫使国际石油公司依靠银团贷款为其经营活动提供资金。由于此类贷款需要付息，增加了国际石油公司的运营成本。为了采用一种不太烦琐、风险较低的合作方式，尼日利亚政府从 20 世纪 90 年代初开始越来越多地依赖产量分成合同模式。本书以下章节将详细地讨论产量分成合同。See Ameh, 2007, Adepetun, 1995, and Etikerentse, 2004, at pp. 31, 41 – 43. 自 2017 年以来，尼日利亚联邦政府开始为其合资企业采用替代融资机制。根据这种安排，尼日利亚国家石油集团和雪佛龙之间已经采用了这种模式，合资企业通过保留其运营成本和资本津贴来维持自身业务并融资。公司也能自筹资金，从而减轻了政府支付其年度现金要求的负担。See Okere, 2016. 目前，其他供资安排约占 2017 年尼日利亚原油产量的 13.42%。NNPC Report for January 2018, http://nnpcgroup.com/Portals/0/Monthly%20Financial%20and%20Operations%20Data/Full%20Reports/NNPC%20Monthly%20Financial%20%20Operations%20Report%20for%20the%20Month%20of%20January%202018.pdf, accessed 16 May 2018.

石油公司和巴西国家石油公司的竞争力和经营能力。多年以来,这两个公司通过积极参与石油勘探和生产,进一步推动所在国的石油工业政策。与这两国不同,在当地成分发展的第一阶段,尼日利亚似乎满足于将尼日利亚国家石油集团主要用作部门管理员和"利润收集者"。这解释了为什么尼日利亚国家石油集团没有可行的战略性的定位,以发展成为上游运营商。政府在这方面对尼日利亚国家石油集团的态度可能是由于对其有效处理挑战性上游项目的能力严重缺乏信任。其结果是,尼日利亚国家石油集团在很大程度上沦为资产管理者,没有发展成独当一面的运营商。

然而,从本阶段一些事态发展中可以看出一些积极的因素。尼日利亚国家石油集团主要通过合资公司直接参与,使其能够监督其合作伙伴国际石油公司的支出和经营。但它是否有效地利用了这一地位则是另一回事。尽管如此,石油资源局的成立以及最终并入尼日利亚国家石油集团,也赋予了尼日利亚政府更强的监管职能,并利用尼日利亚国家石油集团在石油行业推进国家政策。因此,尽管尼日利亚没有本土的石油勘探、开发公司,也无本地供应和服务公司,但石油行业从业的尼日利亚人口数量仍在不断增加。这一增长得益于 1973 年第 25 号法令设立的石油信托发展基金(Petroleum Trust Development Fund, PTDF)。该基金的目标是发展人的能力,以使尼日利亚人在石油行业发挥更积极的作用。[27] 该基金一经建立几乎立即向数千名尼日利亚人提供奖学金,让他们在国内外学习石油相关专业,如工程地质学,并向尼日利亚的研究机构提供资金。[28] 这些毕业生中有许多返回尼日利亚,要么作为国际石油公司的雇员,要么作为管理者和监督者,在石油行业发挥积极作用。除了这些发展之外,尼日利亚在石油行业
56 上游方面的内容并没有超出尼日利亚国家石油集团的狭小的上游活动。然

[27] Ch. P. 14 LFN 2004, see PTDF, 'History' (2012), http://www.ptdf.gov.ng/index.php? option = com_content&view = article&id = 40&Itemid = 54, accessed 13 November 2012.

[28] PTDF, 'Local and Overseas Scholarship Scheme' (2013), http://www.ptdf.gov.ng/index.php? option = com_content&view = article&id = 105, accessed 18 March 2013.

而,在下游却参与了石油产品的提炼、运输和零售环节。

3.1.3　1991～2010年:酌情授予石油探测许可证、边际油田和本地石油公司的诞生

临近20世纪80年代末,除了尼日利亚人受雇于国际石油公司外,尼日利亚本土公司在石油行业上游环节依然缺位,人们对这种情况日益不满。普遍认为,像尼日利亚这样一个拥有巨大人力资源的大国,几乎没有充满活力的本土石油经营商,没有颇具竞争力的本土勘探和开发公司,也没有本土供应和服务公司直接参与石油行业,这是不可接受的。这种担忧促使易卜拉欣·巴班吉达政府(1985～1993年)采取行动,制定了一项政策,即以相对优惠和自由的条件,酌情向本土上游公司授予石油开采权。[29]这一战略以及这一时期的其他举措对尼日利亚的当地成分发展产生了不小的影响。被授予上游特许权的本地勘探和开发公司主要是以独资公司的形式运作的,这与和尼日利亚国家石油集团合作的国际石油公司不同。独资公司经营的基础是,石油公司承担与其石油相关活动有关的所有风险,并有权获得在向尼日利亚联邦政府支付税款、特许权使用费和合同签署费之后的所有利润。[30]

除了酌情授予石油探测许可证外,尼日利亚联邦政府还决定将边际油田分包给本国勘探和开发公司,以便让较小的本土公司有机会参与尼日利亚石油行业。边际油田是指已经授予尼日利亚国家石油集团或国际石油公司的部分特许区,自这些油田首次发现原油之日起,经过至少10年依然没有开采行动的区块。[31] 石油开采租约的持有者也有权将生产的边际油田分包给较小的勘探和开发公司。但是,这些分包行为必须首先获得尼日

[29] Etikerentse, 2004.

[30] See generally, Omorogbe, 1997.

[31] See para. 16 A of the first schedule to the Petroleum Act. 更详细的分析,see Oke, 2011; see also Omorogbe, 1999, and Atsegbua,2005。

利亚总统的同意。总统签署同意书时,应当首先确信这样做符合公众利益,而且边际油田的拟受让人也为尼日利亚联邦政府所接受。如果非生产性的边际田地至少有10年没有人打理,也可以垦荒耕种。

尽管有利于支持国内公司发展,但这种酌情将上游许可证授予本国勘探和开发公司的政策也有一些弊端。首先,由于不要求本地公司在竞争机制下竞标石油区块,这为寻租、利益勾兑、腐败和自我交易创造了机会,因为在授予这些特许权时几乎没有规定可供遵循的正当程序。[32] 其次,就当
57 地成分而言,尼日利亚联邦政府似乎只专注于在上游业务中给本国勘探和开发公司参与机会,而没有关注本国供应和服务公司的发展。其结果是,虽然它有利于本地勘探和开发公司的发展,但对外国公司技术支持以及设备、材料供应的依赖仍然持续。最后,由于某些特许权获得者缺乏发展特许权所必需的专业知识和能力,他们未能着手进行石油运营,而是选择将其迅速转售给外国公司,从而在此过程中迅速获利,实际上严重败坏了该政策的初衷。[33]

---

[32] See Wangelow, 2018.

[33] 其中一个案例就是马拉布石油交易案,该案的后遗症继续影响着尼日利亚石油行业。马拉布石油和天然气有限公司是由前石油资源部部长丹·埃特特组建的。1998年,当该公司成立仅仅9日时,就获得了阿巴查政权授予的245号区块石油租约。该区块非常多产,估计含有90亿桶原油。但围绕该区块的争论和丑闻不一而足。首先,据称该区块未经正当程序便授予马拉布石油和天然气有限公司。后来,奥巴桑乔政权于2001年取消了该区块的特许权。在经过一系列诉讼后,马拉布石油和天然气有限公司和联邦政府之间以11亿美元的价格庭外和解。根据一项安排,壳牌石油公司和埃尼公司将向马拉布石油和天然气有限公司支付上述款项,以取得该区块特许权。据称,这笔资金是通过一个英国账户支付给马拉布石油和天然气有限公司的,随后被分配给一些与尼日利亚政府关系密切的人。目前,尼日利亚和意大利正在联合调查一些参与本案的尼日利亚政要和名人,包括前石油资源部部长迪扎尼·马杜克、尼日利亚前总统古德勒克·乔纳森、壳牌石油公司和埃尼公司的相关人员、丹·埃特特(马拉布石油和天然气有限公司总经理)、尼日利亚前司法部部长穆罕默德·阿杜克。See 'Malabu $1.1 billion scandal: Italian prosecutors request trial of Etete, Shell, Eni, others' *Premium Times* (9 February 2017), http://www.premiumtimesng.com/news/top-news/223048-malabu-1-1-billion-scandal-italian-prosecutors-request-trial-etete-shell-eni-others.html, accessed 8 July 2017; see also L Faull et al, 'The Oil Deal, the Disgraced Former Minister, and $800m paid via a UK Bank' *The Guardian* (5 March 2017), https://www.theguardian.com/business/2017/mar/05/the-oil-deal-the-disgraced-minister-and-800m-paid-via-a-uk-bank, accessed 8 July 2017.

尽管有上述弊端,但通过自由裁量权制度发展本国勘探和开发公司,是当时尼日利亚本国企业参与石油行业发生的最好的事情之一。事实上,如果该政策20世纪70年代就启动,可能会更好地增进本土勘探和开发公司的活力,促进其更好的发展,也会对尼日利亚的当地成分发展产生更深远的影响。自由裁量权政策预示着诸如康石油、蒙尼普洛、新尼日利亚开发公司及杜布里等石油公司的诞生和崛起,他们中的一些正在成为石油行业的中坚力量。受益于该政策而发展起来的公司,除了纳税和在其业务领域履行公司的社会责任外,还在石油行业为许多尼日利亚人创造了就业机会。

自由裁量权政策还使新成立的尼日利亚公司能够接触具有挑战性的项目,掌握石油行业相关专业知识。如今,一些新公司能够通过产量分成合同安排与尼日利亚国家石油集团合作,[34]而另一些公司则迄今为止仍为 58
国际石油公司保留的地区经营海上特许权。[35] 除此之外,一些尼日利亚上游公司还能够向南苏丹和赤道几内亚等其他非洲国家输出其专业技术。[36]值得一提的是,在这一阶段,还有两项与当地成分发展有关的成果。一是尼日利亚在与勘探和开发公司的互动中越来越多地利用产量分成合同。二是1995年《石油和天然气管道条例》的公布。

20世纪90年代初,尼日利亚联邦政府在与国际石油公司合作中开始

㉞ 与尼日利亚国家石油集团合作的本土企业有康石油、蒙尼普洛和新尼日利亚开发公司等。See DPR,'2016 Oil and Gas Annual Report'(2016), https://dpr.gov.ng/index/wpcontent/uploads/2016/01/2016-Oil-Gas-Industry-Annual-Report.pdf, accessed 4 July 2018, at p.31.

㉟ 在近海经营的尼日利亚公司有:尼日利亚石油监管公司、蒙尼普洛、康石油和万达等公司。See DPR, '2016 Oil and Gas Annual Report' ibid.

㊱ 例如,撒哈拉能源公司在非洲、加勒比海、亚洲和欧洲都有业务。Sahara Energy, 'About Us', http://www.sahara-group.com/about_us.html, accessed 29 January 2018. 另一家尼日利亚公司塔拉维拉斯在赤道几内亚和科特迪瓦也有业务。See Nsehe, 2017. 同样,阿特拉斯·奥兰多石油公司在赤道几内亚、加纳、南苏丹、贝宁、塞内加尔、圣多美和乌干达也有业务。See Oranto Petroleum, 'Portfolio', http://atlas-oranto.com/port folio/, accessed 29 January 2018. See also S Obasi, 'Nigerian Oil Firm, Oranto Invests $500mn in South Sudan Oil Bloc'.

越来越倾向于采用产量分成合同方法，也开始减少对合资方式的依赖，而该方式从20世纪70年代初开始一直是该国与外方合作的主要方式。这一转变的原因主要是尼日利亚国家石油集团无力履行其对合资伙伴的现金交付义务。这些产量分成合同所包含的当地成分要求超出了1969年《石油法》的制度安排。此外，联邦政府让尼日利亚国家石油集团通过其管理委员会的成员资格来推进石油行业中尼日利亚内容。随后，1995年根据《石油管道法》制定了《石油和天然气管道条例》，根据该条例第2(3)条，石油资源部被授权核准参与尼日利亚石油和天然气管道建设合同竞标公司的资格。实质上，该部有权批准或不批准非尼日利亚公司参与此类合同竞标。[37]

尽管采取了这些发展和措施，但这一时期尼日利亚的当地成分仍然很低。如本章前文所述，据估计，到2000年，尼日利亚石油行业中的当地成分仅约为5%。该行业经营的公司继续进口绝大部分所需设备。制造、工程，以及某些情况下的焊接工作被外包给外国服务公司。石油服务行业的国际油气公司不断炫耀外籍人员配额，服务行业的勘探和开发公司在招聘签约时，尼日利亚人经常被忽略。显然，为了提高尼日利亚人就业率，政府迫切需要做更多的事情。不论是立法、合同还是当地成分倡议等形式，对尼日利亚人来说，很明显，他们在石油合同中的缺席使国家损失了数十亿美元。

59 顺便一提，在这一时期，尼日利亚于1999年从军事统治过渡到公民统治。此后，尼日利亚联邦政府委托进行了两项关于当地成分的研究，2003年向中央立法机构提交了《尼日利亚内容法》，2003年成立了尼日利亚内容部，2006年发布了尼日利亚内容指南。这些发展最终促成了《尼日利亚

---

[37] C Okafor, 'TG Insists on Nigerian Content for Oil Bid Rounds, Licences' *Thisday* (Abuja, 25 June 2012), http://www.thisdaylive.com/articles/fg-insists-on-nigerian-content-for-oil-bid-rounds-licences/118677/, accessed 19 November 2017.

油气行业内容发展法》的通过，这也是本书第4、5、6、7章的重点。此处着重探究这一阶段尼日利亚当地成分薄弱的因素。首先，是殖民因素，如上所述，它奠定了外国利益集团支配尼日利亚石油资源的基础。其次，除了这一因素外，造成尼日利亚当地成分薄弱的其他因素还有没有明确的当地成分政策、监管及监测不力、资金不足、技术及专业知识欠缺、基础设施落后和专业人才奇缺等。另外，其中一些因素继续对尼日利亚当地成分的发展构成挑战，尽管其中一些影响因素已经或正在一定程度上得到解决。这些因素可能使尼日利亚目前的当地成分政策，如《尼日利亚油气行业内容发展法》中的相关规定，无法成功实施，需要对这些因素作进一步分析。

3.2 2010年以前尼日利亚石油行业当地成分较低的原因分析

在《尼日利亚油气行业内容发展法》之前的时代，尼日利亚当地成分发展最大的障碍也许是缺乏一个明确、前瞻性的当地成分政策。可以肯定地说，一个设计得当、表述清晰的当地成分政策是任何决心发展当地成分的石油生产国的起点。当地成分政策的制定必须经过深思熟虑，符合特定的发展阶段，具有可行性。例如，挪威和巴西的当地成分政策最终使挪威国家石油公司和巴西国家石油公司占据了石油行业主导地位，并为所在国发展可行的本地服务和供应公司奠定了基础，这些政策的制定都经过深思熟虑，而且重点突出。[38] 相比之下，尼日利亚的政策制定者似乎没有预见到本地公司会在本国石油行业发挥积极作用，因此没有采取措施促成这种情况的发生。这可能就是为什么该国最早发展当地成分的方式是集中在确保尼日利亚人在石油行业初级和中级岗位就业上，而不是为本地企业创造萌芽、发展的机遇和参与石油行业的平台。此外，这种缺乏政策重点的

---

[38] 例如，据估计，挪威有超过1000家服务和相关公司，年营业额达600亿美元。See Aramco, 'In-Kingdom Total Value Add (IKTVA) Program Launch' (1 December 2015), http://www.saudiaramco.com/en/home/news-media/speeches/IKTVA-Launch.html, accessed 10 May 2018.

情况意味着，即使尼日利亚在1969年《石油法》通过后才开始直接参与石油行业，也主要关注增加政府从合资运营中获得的收益，而不是像挪威那样，利用其参与所产生的机会来促进当地成分发展。

60 这种缺乏当地成分政策的情况最终影响到尼日利亚石油行业的各个方面。首先，这意味着尼日利亚除了通过石油信托发展基金计划向一些尼日利亚人提供出国留学的奖学金外，并没有意识到为发展国内技术而“积极”投资科学研究的必要性。尽管该计划值得称道，但还远远不够。它缺乏加强培育本地企业家的计划或举措，如提供优惠贷款等。即使在20世纪90年代将石油特许权授予尼日利亚人，也不一定能转化为强大的当地成分，而是转化为“本地所有权”，这意味着本地石油公司几乎完全依赖外国的服务和供应公司的情形还将持续。

其次，尼日利亚联邦政府对尼日利亚国家石油公司和后来的尼日利亚国家石油集团发展为石油行业独立自主的经营者态度并不积极。如果有这样的政策，假如尼日利亚国家石油集团从一开始就被赋予一定的上游石油公司的发展前景，政府就会要求国家石油公司与国际石油公司合作经营油田。[39] 一个像挪威国家石油公司和巴西国家石油公司那样有竞争力的国家石油公司本可以对石油行业实施更强有力的控制，也可以作为发展本地产业的跳板，因为其经验和专业知识可以转化为其他本地公司的经验。

最后，没有明确的当地成分政策的原因还有一个是，缺乏一个独立、有力的当地成分监督、管理部门。在《尼日利亚油气行业内容发展法》出台之前，尼日利亚主要依靠石油资源局和尼日利亚国家石油公司监督和管理当地成分。石油资源局颁布了1969年《石油法》和《石油（钻井和生产）条例》，因此负责执行这两部法规中关于当地成分的规定。作为负责谈判和向石油公司授予勘探和开发合同的机构，石油资源局在招标中经常将当地

---

[39] 努克吉观察到，在过去，即使尼日利亚国家石油公司的少量上游勘探活动发现了原油，其特许权也立即移交给了国际石油公司进行开发。Nwokeji, 2007, at p. 36.

成分作为授予石油特许权的一个先决条件。[40]

石油资源局的主要弱点在监督和执行方面，它在这方面的努力只能说是蹩脚和无效的。[41] 首先，它在行使监管方面遇到了困难，它缺乏独立性，与尼日利亚国家石油集团的关系过于密切，因为两个机构都要向石油部部长负责，并最终向尼日利亚总统负责。问题是，尼日利亚国家石油集团是国际石油公司大部分特许权运营的主要合作伙伴，这意味着石油资源局对国际石油公司的任何严格监管都可能转化为对尼日利亚国家石油集团的监管，进而对尼日利亚国家石油集团的部长（国家石油公司董事会主席）进行监管。监管机构与行业之间的这种亲密关系，自然而然地削弱了石油 61
资源局对石油行业的监管能力，难以进行有效、冷静无私的监管。其次，监管机构还面临合法性的问题。令人惊讶的是，这是因为石油资源局履职欠缺法律依据，它是根据1977年《尼日利亚国家石油公司法》第10条设立的尼日利亚国家石油集团的石油监察局的变异物。这意味着，与挪威石油局或巴西国家石油、天然气、生物燃料管理局相比，监管如此重要的行业的石油资源局的运作没有任何全面的法律框架支撑，而该法律框架本应全面规定其制裁违反1969年《石油法》行为的权力，其各项管理权也应当包含它授予石油公司特许权的各项条款。可以理解，由于缺乏全面的法律框架，石油资源局对1969年《石油法》中本就不多的当地成分条款执行不力。

缺乏明确的当地成分政策还意味着，尼日利亚国家石油集团的附属机构——国家石油投资管理服务局（National Petroleum Investment Management Services，NAPIMS）——肩负着在与石油公司的合作中保护尼日利亚人利益的责任——没有优先考虑当地成分。尼日利亚国家石油集团和国家石油投资管理服务局通过其业务委员会的成员资格，能够审查和批准

---

[40] See S Wabote，'Eight Years of Local Content Act' *The Nation* (23 April 2018)，http://thenationonlineng.net/eight-years-of-local-content-act/，accessed 8 August 2018；Edward，2000；see also Okafor，2012.

[41] Amanze-Nwachukwu，2012.

其运营商合作伙伴的预算、支出和工作方案,以确保其合作伙伴能够提供可观的尼日利亚当地成分。原则上,国家石油投资管理服务局可以利用其权力,提议或坚持将尼日利亚公司列入更重要合同的投标人名单。此外,该局还可以利用其在投标委员会中的成员资格,确保在可行的情况下,将某些工作的本地部分由其合作伙伴在本地的子公司或由本国公司完成。[42]但与石油资源局一样,国家石油投资管理服务局在很大程度上无法限制其合作伙伴违反其在产量分成合同或合资协议中的义务将相关工作外包给国外。[43]

事实上,除了无力控制其勘探和开采伙伴外,尼日利亚国家石油集团和国家石油投资管理服务局是否真正致力于发展尼日利亚当地成分也令人怀疑。据称,在《尼日利亚油气行业内容发展法》之前的时代,一些违反尼日利亚当地成分发展的行为在很大程度上是在尼日利亚国家石油集团知情或默许的情况下进行的。[44] 即使现在,也有指控称该公司在其合同中违反了《尼日利亚油气行业内容发展法》。[45] 在该法颁布前的时代,在合资协议或产量分成合同中推进尼日利亚当地成分几乎是尼日利亚国家石油
62 集团和国家石油投资管理服务局的事情,艾克·奥吉内指出,政策制定者、商人和评论家们认为在这方面取得的成果很少,特别是在石油行业中就业

[42] Oguine, 2011, at p.409.

[43] See Balouga, 2012.

[44] Nwaokoro, 2011.

[45] Nwaokoro, 2011, at p.152. 例如,2014 年,尼日利亚联邦高等法院提起诉讼,要求三名会计师对尼日利亚国家石油集团,尼日利亚财政部部长和会计师事务所巨头普华永道提出诉讼。原告罗伯特·阿德·奥迪亚奇、拉迪·史密斯和伊图亚·伊格达洛诉称,委托普华永道会计师事务所对尼日利亚国家石油集团进行审计完全违反了《尼日利亚油气行业内容发展法》第 10、11 条和第 15 条,他们还声称,该合同未经任何本地企业或任何尼日利亚会计师事务所参与的投标就被授予。See 'Missing $20bn: Okonjo-Iweala Disowns Pricewaterhousecoopers, says she didn't hire firm' *Premium Times* (30 April 2015), https://www.premiumtimesng.com/news/headlines/182286-missing-20-billion-okonjo-iweala-denies-appointing-pricewaterhousecoopers.html, accessed 6 March 2018. See also Opeisetain, 2014.

和利用本地货物和服务方面。[46]

对这一状况的深入评估显示,虽然国家石油投资管理服务局在大多数与国际石油公司的合作中仍然是多份额合伙人,但实际上它在与国际石油公司的互动中是较弱的一方,而且经常被迫依赖他们提供的资金、信息和技术。尼日利亚国家石油集团和国家石油投资管理服务局面对持续现金拖欠,自然削弱了他们的监管能力,也削弱了其坚持支持尼日利亚商品和服务的意愿,特别是在其合资运营模式中。事实上,可以说,石油资源局和国家石油投资管理服务局对当地成分监管、规制的效率低下,可能催生了设立尼日利亚内容发展和监管委员会的必要性或合理理由(关于这一点,下一章将详细介绍),尼日利亚内容发展和监管委员会作为一个单独和独立的监管机构发挥作用。

除上述因素外,2010 年以前在石油行业占主导地位的国际石油公司及其服务同行没有采取重大措施加强本地产业或增加本地含量。这些公司在国家基础设施建设中取得了可观的进展,他们本可以制定政策,通过为本地承包商提供资金、将其在该国的业务本土化或与国内公司合作来支持本地产业。这些努力将以某种方式促进尼日利亚内容的增长,从长远来看,最终将使国际油气公司及其服务同行受益,并为他们节省了进口其业务所需的大量货物和原料成本。然而,在大多数情况下,这些国际石油公司仅专注于一些小的社会活动,如发放奖学金、在其行动区建设乡村医院和连接道路,但在采取措施提升本地企业竞争力方面却极力回避。

尼日利亚当地成分发展也受到其薄弱的制造业和工业化程度不高的影响,[47]石油工业的技术密集型特点要求有强大的制造业和工业基础,以发展充满活力的服务和供应公司,这些公司能够执行与石油相关的合同,如制造、建造和钢管集成等业务。实际上,发展强大的当地成分很大程度

㊻ Oguine, 2011, at p. 409; see also Ihua et al, 2009, at p. 165.

㊼ See Okonji, 2014.

上取决于国家在制造业、基础设施和建设方面的强大程度。但尼日利亚不是制造业巨头，也不是工业化国家。截至2003年，制造业在尼日利亚出口中的占比不到5%。[48] 而截至2017年，制造业在尼日利亚国内生产总值中
63 的占比仍不到10%。[49] 尽管尼日利亚有1.7亿多居民，但人均钢材消费量仍在10公斤以内，远低于150公斤的世界平均水平。[50]

从实践角度看，这意味着尽管一些尼日利亚公司在制造方面取得长足的进展，但它们仍然无法为尼日利亚深水油田开发漂浮、提炼、储存和卸货设施。更远一点看，值得注意的是，虽然一个典型的尼日利亚深水油田漂浮、提炼、储存、卸货设施重约11万吨，但目前尼日利亚公司只制造了约8000吨钢材。[51] 即使是在尼日利亚钢铁产地，漂浮、提炼、储存和卸货设施的最终合成也是在尼日利亚境外完成，并重新进口回国。工业化程度不高是尼日利亚公司继续依赖外国合作伙伴的原因，需要他们提供海底系统工程、项目管理、海底圣诞树、生产和干预控制系统、歧管、流线连接系统、安装支持和相关配件。[52]

与制造业薄弱密切相关的是尼日利亚薄弱的基础设施。尼日利亚的公路、铁路和水运系统都亟须整修。这些限制无一例外地影响了尼日利亚当地成分，因为充足的基础设施是本土石油企业发展的基础。该国仍在努

---

⑱ See Heum et al, 2003, at p. 11.

⑲ National Bureau of Statistics, 'Nigerian Gross Domestic Report Quarter Three' (2017), http://www.nigerianstat.gov.ng, accessed 29 October 2018.

⑳ Nastha, 2012.

㉑ '4 Years of Nigerian Content: Challenges Abound despite Relative Successes' *Energy-mix* (14 September 2014), http://energymixreport.com/4-years-nigerian-content-challenges-abound-despite-relative-successes/, accessed 9 November 2017.

㉒ 然而，2016年，一家物流公司拉多尔首次能够在原计划工期2017年3月之前在拉各斯州为尼日利亚石油行业建造一个价值3亿美元的制造和集成堆场。该堆场是为道达尔公司上游产业价值160亿美元的埃吉纳深水油田漂浮、提炼、储存和卸货设施建造的。在道达尔公司耗资33亿美元定制的漂浮、提炼、储存和卸货设施从韩国运抵之前供应急之需。See 'Jadesimi: LADOL's Integration Facility for Egina FPSO is Ready' *Thisday* (25 July 2016), http://www.thisdaylive.com/index.php/2016/07/25/jadesimi-ladols-integration-facility-for-egina-fpso-is-ready/, accessed 9 November 2017.

力解决经常性供电不足的问题,丰沛的电力是发展充满活力的制造业必不可少的要素。[53] 展望尼日利亚的情况,值得注意的是,虽然南非仅有5000万居民,但其发电量却比拥有1.7亿居民的尼日利亚多55%。[54]

最后是人的能力因素。作为一个石油生产国,经过五十多年的发展,
原本众多的人口又翻了一番,尼日利亚骄傲地拥有大量训练有素的工程
师、地质学家、地球物理学家、实验科学家、银行家和律师,其中一些人在世
界最好的机构接受过培训,因此能够在石油行业发挥重要作用。[55] 而且,
有相当多的尼日利亚人在安哥拉、加蓬、赤道几内亚、英国、沙特阿拉伯、美 64
国等国工作。尽管如此,尼日利亚石油行业仍然在为缺少有技能的人才而备受煎熬。表现之一是尼日利亚一直在努力解决人才外流问题,一些最优秀的人才已经移民到世界各地的石油生产国。其结果是,尼日利亚过去和现在都急须合格的、高技能的劳动力。导致尼日利亚石油行业技能短缺的另一个因素是,作为人力资源的主要来源,尼日利亚高等院校却往往设备不足、资金匮乏,且备受罢课困扰。这导致高校难以培训、培养出合格的毕业生以满足石油行业的实际需求,[56]国际石油公司过去,乃至现在继续以尼日利亚技能人才短缺为由,为其聘用外籍人员辩护。据说尼日利亚高校毕业生无法在石油行业就业,因为他们难以满足其基本入职要求。[57]

---

[53] Roads, water, and rail are all moribund. See Vivien and Pushak, 2011. See also Familoni, 2006.

[54] 有关尼日利亚电力挑战及其解决方案的更多信息,see Elo,2018。

[55] 石油信托基金赞助尼日利亚人在尼日利亚境内外研究与石油行业需求相关的战略领域。2007年,石油培训学院升格为联邦石油资源大学,其宗旨是培养有能力的尼日利亚人,使其承担石油行业的重要角色。See Ihua, 2010.

[56] 在2016、2017年的世界大学排名中,没有一所尼日利亚大学进入世界前400名。在时代高等教育排名中,伊巴丹大学是排名最高的大学,在1000名中排名801。See 'The World University Ranking' *Times Higher Education*, http://www.timeshighereducation.co.uk/world-university-rankings/2016-17/world-ranking, accessed 17 March 2018, see also 'Study in Nigeria', https://www.timeshighereducation.com/student/where-to-study/study-in-nigeria, accessed 15 July 2018.

[57] Edukugho, 2012.

3.3 小结

本章从历史视角,分析了尼日利亚石油行业当地成分发展情况,并分析了2010年以前造成尼日利亚当地成分薄弱的诸种因素。第一部分追溯了石油行业发展之初到《尼日利亚油气行业内容发展法》所代表的现行体制下,当地成分发展情况。第二部分分析了该法之前造成尼日利亚当地成分薄弱的某些因素。顺便一提,上述大部分因素在几个非洲国家都有不同程度的存在。其中一些国家的基础设施薄弱,国家石油公司及监管机构能力不足,且缺乏明确的当地成分政策。

一些非洲新石油生产国,如加纳、坦桑尼亚和乌干达,具有尼日利亚所没有的优势。比如后发优势和历史包袱较轻,他们制定了加强当地成分的政策。但问题是,这些国家大多在技术、资金和专业知识方面也面临国内能力薄弱的瓶颈。所有这些挑战都需要非洲石油生产国共同努力来解决,以确保当地成分政策落实,人民受益。

65 热衷于支持当地成分的尼日利亚政府在颁布《尼日利亚油气行业内容发展法》时,采取了更积极的方法来发展当地成分,该法将当地成分从合同领域转为法规领域,并将其纳入国家话语。它还成了若干非洲国家在推进当地成分方面效仿的模板。下文4章将详细讨论《尼日利亚油气行业内容发展法》的规定。

参考文献

Adeniyi S, 'Real Ownership of Oil Blocks Revealed' *Thisday* (14 March 2013), http://www.thisdaylive.com/articles/real-ownership-of-indigenous-oil-blocks-revealed/142113/, accessed 14 March 2016.

Adepetun S, 'Production Sharing Contracts-The Nigerian Experience' (1995) 12 *Journal of Energy & Natural Resources Law*, 21.

Alike E, 'Nwapa: Nigerian Content in Oil Industry Hovers around 18% 5 June 2012' *Thisday* (5 June 2012), https://www.thisdaylive.com/?s=%E2%80%98Nwapa%3A +Nigerian+Content+in+Oil+Industry+Hovers+around+18%25+5+June+2012%E2%80%99+Thisday, accessed 15 November 2016.

Amanze-Nwachukwu C, 'Why DPR Can't Efficiently Regulate Oil Sector' *Thisday* (13 December 2012), http://www.thisdaylive.com/articles/why-dpr-can-t-efficiently-regulate-oil-sector/104909/, accessed 9 September 2017.

Ameh OM, 'The Shift from Joint Operating Agreements to Production Sharing Contracts in the Nigerian Oil Industry's: Any Benefit for the Players?' (2007) The Centre for Energy and, Petroleum and Mineral Law and Policy Annual Review, 27.

Atsegbua L, 'Issues in the Development of Marginal Oilfields in Nigeria' (2005) 25(3) *Journal of Energy & Natural Resources Law*, 323.

Atsegbua LA, 'The Nigerian Oil and Gas Industry Content Development Act 2010: an examination of its Regulatory Framework' (2012) 36(4) *OPEC Energy Review*, 479.

Balouga J, 'Nigerian Local Content: Challenges and Prospects' (2012) (Third Quarter) *International Association of Energy Economics*, 23, http://www.iaee.org/en/publications/newsletterdl.aspx?id=176, accessed 11 November 2012.

Cuervo C, 'The Uncertain Fate of Venezuela's Black Pearl: The Petro State and its Ambiguous Oil and Gas Legislation' (2010) *Houston Journal of International Law*, 637.

Edukugho E, 'Challenge of Producing Unemployable Graduates',

Vanguard (21 July 2012), http://www. vanguardngr. com/2012/07/challenge-of-producting-unemployable-graduates/, accessed 17 March 2016.

Edward V, 'Nigeria Licensing: Notes for Prospective Bidders' (2000) 18(3) *Journal of Energy & Natural Resources Law*, 301.

Elo A, 'Democratisation of Electricity in Nigeria' (2018) 3(2) *The Electricity Journal*, 106.

Etikerentse G, *Nigerian Petroleum Law* (2nd edn, Drewdrew, Nigeria, 2004).

Familoni KA, 'The Role of Economic and Social Infrastructure in Economic Development: A global View' (2006) 6(4) *Journal of Economic Perspectives*, 11.

Florence D, 'Fuelled Power: Oil, Financiers and Central Bank Policy in Nigeria' (2018) *New Political Economy*, 1.

Heum P et al, 'Enhancement of Local Content in the Upstream Oil and Gas Industry in Nigeria: A comprehensive and Viable Policy Approach' (2003) *SNF Report No.* 25/03, SNF: Institute for Research in Economics and
66 Business Administration, http://extrayen dotransparencia. grupofaro. org/wp-content/uploads/2014/12/Enhancement-of-LC-in-the-upstream-oil-and-gas-industry-in-Nigeria. pdf, accessed 12 November 2016.

Ihua UB et al, 'Nigerian Content Policy in the Oil and Gas Industry: Implications for Small to Medium-Sized Oil-Service Companies', in *Proceedings of the 10th Annual Conference of the International Academy of African Business and Development* (IAABD, 2009).

Ihua UB, 'Local content Policy and SMEs Sector Promotion: The Nigerian Oil Industry Experience' (2010) 5(5) *International Journal of Business and Management*, 3.

Kultgen DB, 'Saudi Aramco: A Look Ahead' (2014) 7(2) *Journal of World Energy Law and Business*, 153.

Martin AT and Park JJ, 'Global Petroleum Industry Model Contracts Revisited: Higher, Faster, Stronger' (2010) 3(1) *Journal of World Energy Law & Business*, 4.

Nastha RT, 'Poor Funding, Bane of Steel Sector's Growth' *The Nation* (6 October 2012), http://www. leadership. ng/nga/articlcs/36663/2012/10/06/poor_funding_bane_steel_ sectors_growth. html? quicktabs_3 = 1, accessed 20 November 2017.

Nsehe M, 'Nigerian Energy Group Televeras and ExxonMobil Win Oil Blocks in Equatorial Guinea' *Forbes* (7 June 2017), https://www. forbes. com/sites/mfonobongnsehe/2017/06/07/nigerian-energy-group-taleveras-and-exxonmobil-win-oil-blocks-in-equatorial-guinea/, accessed 29 January 2018.

Nwaokoro JE, 'Nigeria's National Content Bill: The Hype, the Hope and the Reality' (2011) 55(1) *Journal of African Law*, 128.

Nwokeji U, 'The NNPC and the Development of the Nigerian Oil and Gas Industry: History, Strategies and Current Directions' (2007) James A Baker Ⅲ Institute for Public Policy of Rice University and Japan Petroleum Energy Center, https://www. bakerinstitute. org/media/files/page/9b067dc6/noc_nnpc_ugo. pdf, accessed 4 November 2017.

Oguine I, 'Nigerian Content in the Nigerian Petroleum Industry: Legal and Policy Issues' (2011) 29(4) *Journal of Energy & Natural Resources Law*, 405.

Okafor C, 'FG Insists on Nigerian Content for Oil Bid Rounds, Licences', *Thisday* (25 June 2012), http://www. thisdaylive. com/articles/fg-insists-on-nigerian-content-for-oil-bid-rounds-licences/118677/, accessed

19 November 2017.

Oke Y, 'Marginal Fields in Nigeria: who owns the Fields' *Business Day* (12 March 2011), http://businessdayonline. com/NG/index. php/law/cover/21306-marginal-fileds-in-nigeria-who-owns-the-field, accessed 9 July 2017.

Okere R, NNPC Sets January 1 Deadline to End $9 Billion JV Funding' *Guardian* (16 November 2016), https://guardian. ng/energy/nnpc-sets-january-1-deadline-to-end-9-billion-jv-funding/, accessed 6 March 2017.

Okonji C, 'Local Content: Nigeria Records $2. 8b Investment Inflow' Nigerian Compass (3 September 2012), http://www. compassnewspaper. org/index. php/special-desk/maritim e/7218-local-content-nigeria-records – 28b-investment-inflow, accessed 2 September 2017.

Okonji E, 'Nigerian Local Content Development Attracts Foreign Interests' *Thisday* (24 February 2014), http://www. thisdaylive. com/articles/nigerian-local-content-development-attracts-foreign-interests/172252/, accessed 31 March 2014.

Omorogbe Y, 'Fundamental Issues Relating to the Development of Marginal Oil Fields in Nigeria' (1999) *Modern Practice Journal of Finance and Investment Law*, 737.

Omorogbe Y, *Oil and Gas Industry: Exploration and Production Contracts* (Malthouse Press, Nigeria, 1997).

Opeisetain T, 'Examining Local Content Legal Framework' Daily Independent (27 August 2014), http://uncova. com/examining-local-content-legal-framework, accessed 8 August 2017.

67 Steyn P, 'Oil Exploration in Colonial Nigeria' (2009) 37, *Journal of Imperial and Commonwealth History*, 250.

Thurber MC, et al, ‘Exporting the Norwegian Model: the Effect Administrative Design on Oil Sector Performance’ (2011) 8 Energy Policy, 8.

Vera-Cruz E, ‘Nigeria Licensing: Notes for Prospective Bidders’ (2000) 18(3) *Journal of Energy & Natural Resources Law*, 301.

Vivien F and Pushak N, ‘Nigeria’s Infrastructure: A Continental Perspective’ (2011), https://openknowledge.worldbank.org/handle/10986/27257, accessed 16 July 2018.

Wangelow VP, ‘Petroleum licensing in the European Union: the allocation of E&P rights in Denmark’ (2018) 11 (2) *Journal of World Energy Law & Business*, 32.

4 《尼日利亚油气行业内容发展法》条款概述

4.1 介绍

在经历了长达25年的军国统治之后，尼日利亚于1999年恢复了国民统治。在前总统奥卢塞贡·奥巴桑乔(1999~2007年)的领导下，进行了几项经济改革。几家濒临破产的国有企业被私有化，而一些部门也被市场化。此外，通过立法和建立专门机构，尼日利亚开展了旷日持久的反腐败“攻坚战”。尽管一般而言，奥巴桑乔改革并未影响尼日利亚石油行业，但可以肯定的是，政府为雄心勃勃、关注石油行业当地成分的议程奠定了基础。

奥巴桑乔政府执政后几乎立即开始采取一系列措施直接发展石油市场当地成分。2001年，政府委托进行了一项研究，以确定石油行业当地成分的程度。挪威国家石油公司在2003年进行了另一项研究。两项研究的建议构成了尼日利亚当地成分政策的基础，该政策体现在2003年《尼日利亚内容法》中。该法颁布之前，尼日利亚国家石油集团主动采取行动，成立了尼日利亚内容部，该机构于2006年发布了尼日利亚内容指南，并力图监控合资协议和产量分成合同合作伙伴的合规情况。[1]

尼日利亚内容部在成立之初几年的主要成就是,发布了广泛的当地成分指南,并要求其合作伙伴国际石油公司及其分包商遵守这些指南。该机构的目标是到2010年实现70%的当地成分,并采取了能力建设举措,以加强本地石油企业业务,使其在石油行业发挥更重要的作用。然而,尼日利亚内容部的监管在三个阵线都很薄弱。首先,它的监管范围仅限于尼日利 69 亚国家石油集团的合资协议、产量分成合同、风险担保合同的合作伙伴及其分包商,没有扩展到独资运营的本地勘探和生产公司。其次,该机构的监管权行使备受困扰。由于没有独立于尼日利亚国家石油集团,其无法对尼日利亚国家石油集团及其合作伙伴国际石油公司有效行使监管权。最后,该机构制定的指南没有法律效力,也无法对违规行为实施制裁。[2] 尽管有这些局限,但尼日利亚内容部的指南代表了尼日利亚第一个适当、明晰地关注当地成分发展的政策,成为《尼日利亚油气行业内容发展法》的前身。此外,尼日利亚内容部为尼日利亚内容发展和监管委员会的建立打下了坚实的基础。为了以更清晰的视角观察情况,并解决这一阶段存在的某些弱点,古德勒克·乔纳森政府(2010～2015年)在2010年通过了《尼日利亚油气行业内容发展法》。本章和接下来的3章将详细分析该法中规定的各种措施的前景以及它们在多大程度上能转化为尼日利亚当地成分。

4.2 《尼日利亚油气行业内容发展法》

《尼日利亚油气行业内容发展法》于2010年颁布,旨在为尼日利亚石

---

① 指令要求以下事项国内化:工程设计、项目管理、制造以及合成重达10,000吨以内的平台,还包括所有桩、甲板、锚、浮标和外套的制造。一些指南包括:原油出井和其他石油产品合同,设备组件制造计划和认证流程,外派配额,制造和焊接,教育,培训,资格和认证服务,自由贸易和出口加工区,人力资本开发,信息系统或信息技术或通信服务,法律服务,金融服务,尼日利亚当地含量合格证书,尼日利亚当地成分计划。

② 然而,阿采布阿指出,尽管如此,他们还是对尼日利亚石油工业产生了一些影响。Atsegbua, 2012, at p. 494.

油行业当地成分发展和规制提供立法和制度模板。该法有 107 条和 1 个附表。[3] 它分为 3 个主要部分。第一部分涉及石油行业尼日利亚当地成分,第二部分和第三部分分别涉及尼日利亚内容发展和监管委员会和金融规定。就尼日利亚当地成分而言,该法案优先于先前与石油相关的任何其他立法。[4]除其他事项外,它规定了在石油行业执行的每个项目的最低尼日利亚内容并授权尼日利亚内容发展和监管委员会监管、协调和实施其规定,[5]并处罚违规行为。[6]

为了表明对当地成分的重视,是否遵守《尼日利亚油气行业内容发展法》的规定对石油勘探、生产、运输、开发等公司至关重要,这是能否授予
70 他们石油许可、参与投标及在石油行业从事其他业务的主要标准。[7] 因此,屡次违反《尼日利亚油气行业内容发展法》当地成分要求的公司在未来招标中可能不被考虑,而他们在这方面的合规交易对手通常会有更好的机会。

4.2.1 尼日利亚当地成分规制和发展的制度框架

事实证明,在 2010 年以前,尼日利亚国家石油集团作为尼日利亚在合资协议和产量分成合同中的代表,没有有效地坚持要求其合作伙伴国际石油公司必须优先与尼日利亚供应和服务公司合作,并且石油资源局行使职权的法律框架不足,监管能力薄弱。这些问题都留给了尼日利亚,尼日利

---

③ 依据《尼日利亚油气行业内容发展法》第 1 条的规定,该法取代了此前所有与石油工业当地成分相关的法律。See also Oni, 2012.

④ S. 1.

⑤ 依据该法第 4 条的规定,尼日利亚内容发展和监管委员会的主要职责是实施《尼日利亚油气行业内容发展法》,以增强尼日利亚当地成分。

⑥ 该法第 68 条规定:"经营者、承包商及分包商从事本法规定的任何项目的,涉嫌违法,一经认定,可对每个违法项目处以项目总金额 5% 的罚款,直至撤销该项目。"因此,连续违反《尼日利亚油气行业内容发展法》要求的公司可能不会在未来的招标中被考虑,而在这方面,其合规交易对手通常会有更好的机会。

⑦ S. 3(3).

亚只能通过改革来应对这些挑战。通常,如果政府机构或国家石油公司长期未能保护公共利益或推进政策实施,政府对其处理有几种选择:这些机构或公司可能被重组、私有化、清算,或者其职责可能被移交给其他机构。[⑧] 尼日利亚选择了与当地成分相关的后一种方法。

尼日利亚政府通过《尼日利亚油气行业内容发展法》建立尼日利亚内容发展和监管委员会,并赋予其排他性管理和开发尼日利亚内容的权力。因此,该委员会承担了监管和开发尼日利亚内容的所有权力和责任。这些职责先前被授予尼日利亚石油资源局、尼日利亚国家石油公司以及联邦政府和石油行业当地成分相关的其他机构。[⑨] 据作者所知,尼日利亚内容发展和监管委员会可能是世界上唯一一家被赋予单一目标的立法机构,其宗旨是提高石油工业的当地成分。[⑩] 因此,虽然许多石油生产国依靠其国家石油公司或监管机构来推进当地成分,但尼日利亚保留尼日利亚国家石油集团、石油资源局作为石油行业商业参与者和监管者,但同时建立了第三 71
方排他性、专门针对当地成分发展的监管机构。

这种方法有利有弊。首先,与石油资源局、尼日利亚国家石油公司在石油行业承担多项职责不同,尼日利亚内容发展和监管委员会排他性单独

---

⑧ 当挪威政府认为有必要降低挪威国家石油公司在挪威大陆架上的影响力时,它便将其一些上游石油权益转移给了一家名为国家直接财政利益的国有投资实体。该实体是根据 1984 年议会决议于当年成立的,作为国家的现金流量系统运行,通过该系统,挪威政府将直接持有石油行业股份而无须经过挪威国家石油公司。See Ministry of Petroleum and Energy, 'The State Direct Financial Interest' (2014), http://www.regjeringen.no/en/dep/oed/Subject/state-participation-in-the-petroleum-sec/the-states-direct-financial-interest-sdf.html?id=445748, accessed 22 March 2017.

⑨ 值得注意的是,依据《尼日利亚油气行业内容发展法》第 103 条,石油资源局和尼日利亚国家石油公司继续行使某种形式的当地成分职责。例如,在签约领域,国家石油投资管理局可能仍然坚持要求国际石油公司遵守当地成分指令。同样的道理,在将石油区块分配给石油公司时,石油资源局在授予合同之前可能会坚持要求可能的运营商遵守尼日利亚当地成分。

⑩ 从那时起,加纳成立了当地内容委员会,坦桑尼亚也成立了当地内容委员会。但是,尼日利亚内容发展和监管委员会在范围、功能和能力上比加纳或坦桑尼亚的方法更为全面。

授权,可以重点关注被授权的单一事项。[11] 其次,该委员会能够对整个尼日利亚石油行业行使广泛的监督权。这意味着在《尼日利亚油气行业内容发展法》的管理中,尼日利亚内容发展和监管委员会的监督范围已扩展到石油行业的上游和下游子部门。因此,该行业中的所有公司(尼日利亚国家石油集团、国际石油公司)以及本地石油勘探、开发公司和本地供应与服务公司均受该法约束。最后,尼日利亚内容发展和监管委员会的建立导致了石油公司必须应对众多监管机构。这可能导致过度监管,并使石油行业对投资者失去吸引力。从政府的角度来看,随之而来的员工招聘、设备等资产购置也会对财务产生影响。在已经拥有石油资源局和尼日利亚国家石油公司的行业中建立尼日利亚内容发展和监管委员会,如果他们之间的关系没有得到适当管理,也可能导致监管角色冲突。由于尼日利亚内容发展和监管委员会的重要作用和所体现的独特方法,因此需要仔细审视。

上面讨论了尼日利亚内容发展和监管委员会起源于尼日利亚国家石油集团的尼日利亚内容部。但是,与尼日利亚内容部不同的是,尼日利亚内容发展和监管委员会是依法成立的典型公司实体,因此具有永久继受权,有政府公章,有权以自己的名义起诉和应诉。[12] 其最高雇员是执行秘书,在4名董事的支持下开展工作,负责管理财务、人事、计划、研究和统计、监控和评估以及法律服务等事项。[13] 尼日利亚内容发展和监管委员会的任务是监督《尼日利亚油气行业内容发展法》以及石油资源部部长据此

---

[11] 大家知道,巴西的当地成分监管机构,国家石油、天然气、生物燃料管理局不仅会对在巴西石油行业运营的私有石油公司实施制裁,而且还有权对巴西国家石油公司实施制裁。例如,在2012年,该机构对违反当地成分要求的巴西国家石油公司处以高额罚款。See ‘ANP Slaps Petrobras with $18 million Fine’ Upstream (1 September 2011), http://www.upstreamonline.com/live/article276020.ece, accessed 22 November 2017.

[12] S. 69.

[13] 但是,尼日利亚内容发展和监管委员会理事会可以根据《尼日利亚油气行业内容发展法》第88条规定之目的设立其他任何理事会。

制定的法规的实施。[14] 根据该法及其附件规定,尼日利亚内容发展和监管委员会还负责监督、协调、管理、监测和管理尼日利亚当地成分的发展。[15] 董事会的其他职责包括电子市场的管理和运营,管理联合资格认证系统(joint qualification system, JQS),以及为本地公司在石油行业提升竞争力的努力提供支持。[16]

《尼日利亚油气行业内容发展法》为尼日利亚内容发展和监管委员会 72
规定了多方面职责和角色,如规制者、评估人、监督人和当地成分发展者。在履行其职责时,需要对石油公司的运营状况进行定期评估,并依据评估对其发布指令或指南。它还负责审查计划和报告,对造船厂和制造厂进行实地考察,并向石油公司授予批准和许可。[17]

尼日利亚内容发展和监管委员会被要求向运营商、承包商和其他实体或个人发布指令,以发展成一套便于报告与该法任何方面有关的活动的流程。[18] 它发布了当地成分程序和指南,[19]并对石油领域内所有运营商履行尼日利亚当地成分情况进行监督和协调。它还被要求发布审核程序并进行定期审核,以达到监控和实施合规性目的。[20] 同时,它定义和量化了尼日利亚当地成分指标,负责举办会议、论坛、研讨会、座谈会、培训、路演等,用提供公众教育的形式发展尼日利亚当地成分。[21] 该法授权尼日利亚内容发展和监管委员会将其任何职能委托给其理事会任命的代理商或机构,并采取法律上必要的任何措施以促进其职责的履行。[22]

监督尼日利亚内容发展和监管委员会的是一个理事会,其总部必须位

---

[14] Ss 59 and 70(e).

[15] See generally s. 70 for the functions of the Board.

[16] S. 54.

[17] Ss 8 and 70(f).

[18] S. 63.

[19] Ss 4 and 70 i and l.

[20] S. 70(k).

[21] Ss 67 and 70(n).

[22] See s. 70 generally.

于尼日利亚产油州之一。[23] 理事会制定确保尼日利亚内容发展和监管委员会正常运作的规章制度,雇用并支付员工薪金,然后参与员工履职所必需的劳动合同的谈判和签署。[24] 理事会人员组成包括:石油资源部部长(兼任委员会主席)、尼日利亚国家石油集团、石油资源局、石油资源部、尼日利亚石油技术协会各派一位代表。[25] 代表也从尼日利亚内容咨询平台(Nigerian Content Consultative Forum, NCCF)、尼日利亚注册工程师理事
73 会和国家保险委员会选出。尼日利亚内容发展和监管委员会的执行秘书同时兼任理事会秘书。[26] 理事会主席和理事会成员均需经联邦总统任命,唯一例外的是,执行秘书一般都是兼职。[27] 以上人员应当刚正不阿、富有能力。

尼日利亚内容发展和监管委员会涉及石油行业的每个阶段:签约前阶段、执行阶段和执行后阶段。例如,石油公司在被授予石油行业合同之前,他们有义务向尼日利亚内容发展和监管委员会提交许多与当地成分相关的文件,比如计划和报告,以作为批准的参考。为了符合其总体职责,尼日利亚内容发展和监管委员会被要求定期评估和核验计划。[28] 这些计划必须包含与当地成分有关的预测目标和实施策略的详细信息,运营商可以通过这些细节来表明自己对项目中所担负的当地成分义务的了解。除计划外,公司还必须每隔一定时间提交报告,其中应包含有关计划执行情况的

---

[23] S. 71. 目前,委员会总部位于巴耶尔萨州,分支机构也可能位于尼日利亚的其他产油州。

[24] S. 75. 理事会成员的任期、薪酬、任命、办公室轮休另请参见该法第76~84条。另请参阅第86~101条,以了解与理事会其他雇员有关的条款,包括服务期限、调动、借调、管理;还包括理事会资金、预算、估计,礼物、支出和账户的审计、法律程序、官员补助、文件送达等。

[25] 但是,尼日利亚国家石油集团的理事会成员资格可能会影响委员会的独立性。这是因为作为其管理理事会成员,尼日利亚内容发展和监管委员会将很难冷静客观地监管尼日利亚国家石油公司。这些担忧也已在其他地方表现出来。See Nwaokoro, 2012.

[26] S. 72.

[27] Ss 73 and 74.

[28] See for instance s. 8.

详细信息。由于计划的提交是石油公司参与石油行业许可竞标、获得许可和利益、履行合同,以及实施项目的先决条件,因此它构成了发展当地成分的一项重要规制机制。[29]

一些文件石油公司有义务向尼日利亚内容发展和监管委员会提交,其中包括:尼日利亚当地成分计划、就业与培训(employment and training, E&T)计划、研究与开发(research and development, R&D)计划、技术转让计划、法律服务计划以及金融服务计划。石油公司还必须提交有关采购,雇员,研发计划,[30]技术转让,[31]保险范围,[32]法律服务[33]的高质量报告,以及尼日利亚当地成分履行报告。[34] 通过要求石油公司提交与当地成分相关的文件,尼日利亚联邦政府将发展当地成分放在了石油行业发展的当务之急,并且还为监管机构提供了可行的监管机制,以评估石油公司对当地成分的履行情况。这些举措,使石油公司必须将当地成分的履行纳入其整体计划和政策中。不过,其中一些计划和报告需要进一步考虑。

4.2.2 监管和监督尼日利亚当地成分:计划和报告

4.2.2.1 尼日利亚当地成分计划

向尼日利亚内容发展和监管委员会提交尼日利亚当地成分计划是在尼日利亚石油行业中授予合同的前提。[35] 该计划确保了石油公司要在工 74
作议程中考虑当地行业的就业与培训,以及他们在运营中使用的商品和服务。[36] 石油公司还被要求向尼日利亚内容发展和监管委员会提交与任何

---

[29] S. 7.
[30] Ss 24, 29(c) and 39.
[31] S. 46.
[32] S. 49.
[33] S. 51(2).
[34] S. 60.
[35] Ss 8 and 69.
[36] S. 10(1).

雇员协会签订的集体协议,其中包含的雇佣条款和条件应当符合《尼日利亚油气行业内容发展法》的相关规定。[37] 该计划还必须包含一项战略,即运营商及其承包商打算如何在评估特定项目所需的商品和服务的投标时优先考虑尼日利亚的商品和服务商。[38] 该文件还必须全面列举经营者打算如何确保使用符合行业规范的本地制造商品的详细计划。[39]

尼日利亚内容发展和监管委员会需对国际石油公司的尼日利亚当地成分计划进行定期审核和评估,并且公司必须证明其符合《尼日利亚油气行业内容发展法》所包含的尼日利亚当地成分要求。[40] 如果尼日利亚内容发展和监管委员会对石油公司的尼日利亚当地成分计划感到满意,将向该公司签发与该项目有关的授权证书。[41] 尼日利亚内容发展和监管委员会也可以依据该法赋予的相关职权,对公司计划进行公开审查。为了防止不当延误,该法规定,审查或评估必须在开始之日起 30 日内完成,授予或拒绝授权证书。[42]

4.2.2.2 尼日利亚当地成分履行报告

为了提供评估当地成分合规性的依据,《尼日利亚油气行业内容发展法》要求石油行业所有运营商在每年开始的 60 日内向尼日利亚内容发展和监管委员会提交年度尼日利亚当地成分履行报告。该报告涵盖了回顾年度内运营商的所有项目和活动。[43] 要求以当前成本和累计成本为基础,说明在该项目中使用的尼日利亚当地成分,尼日利亚和外国工人的工作小时数和工作天数方面达到的就业目标,以及这些员工各自的身份。此外,该报告必须包含有关采购成果的详细信息,包括数量、本地制造材料的吨

---

[37] S. 10(2).
[38] S. 12.
[39] S. 13.
[40] S. 7.
[41] S. 8.
[42] S. 9.
[43] S. 60.

位和外来材料的数量。[44]

如上所示，尼日利亚内容发展和监管委员会的任务是定期评估和审验所提交的履行报告，以确保其充分合规。[45] 为此，要求所有运营商和承包商向尼日利亚内容发展和监管委员会或其委托的机构授予访问其设施的 75
权限，并确保他们提供了证实该报告真实性所需的所有文档和信息。[46] 运营商也有义务从其合作伙伴、承包商和分包商中提取尼日利亚当地成分信息，并应要求将其原样提交给尼日利亚内容发展和监管委员会。

4.3 授权和认证：尼日利亚当地成分合格证书

根据《尼日利亚油气行业内容发展法》的规定，超过 100 万美元的石油行业项目，只有在承包商和运营商获得尼日利亚内容发展和监管委员会的授权后才能启动。在颁发证书之前，尼日利亚内容发展和监管委员会必须确信承包商和运营商都充分遵守了《尼日利亚油气行业内容发展法》第 17 ~ 22 条的规定。[47] 此外，根据《尼日利亚油气行业内容发展法》第 17 条明确授权，尼日利亚内容发展和监管委员会有权批准所有超过 100 万美元的项目的所有广告、资格预审标准、技术投标文件、技术评估标准和拟议的投标人名单。[48] 作为获得批准的前提，运营商必须提交充分的信息和通知，以使尼日利亚内容发展和监管委员会能够顺利地评估审查对象，确保其符合尼日利亚当地成分要求。[49]

运营商还必须在每个季度首日起的至少 30 日内向董事会提交所有要在下一季度竞标或执行的超过 100 万美元的合同、分包合同和采购订单的

[44] S. 61.

[45] S. 62.

[46] S. 64.

[47] See NCDMB, 'Operational Guidelines', http://www.ncdmb.gov.ng/index.php/nc-guidelines, accessed 16 June 2018.

[48] S. 17(1).

[49] S. 17(2).

清单。[50] 对于每个这样的合同、分包合同和采购订单,清单应当对将要签订的合同、购买的服务或项目提供具体描述,提供估计价值以及投标邀请书(invitation to tender, ITT)。清单还应说明发行、关闭和授标日期,以及委员会为实施该法的规定而要求的任何其他信息。[51] 在行使审查权力时,根据该法第7条的规定,尼日利亚内容发展和监管委员会必须在每季度首日之前通知运营商指定要审查的合同和分包合同,并应将审查结果告知运营商。[52]

在向潜在投标人发布任何广告或资格预审通知之前,运营商必须提交尼日利亚内容发展和监管委员会的审查和批准工作范围的描述以及与该项目有关的所有资格预审通知的副本。其他需要批准的事项包括表明总部所在地的公司列表,以及拟向其发放问卷的人员名单。要提交的其他详
76 细信息包括这些事项的预计日期、资格预审结束、技术评估的开始和投标邀请书的发布。[53]

对于拟执行的每个项目,石油公司都必须在发布投标邀请书之前,向尼日利亚内容发展和监管委员会提交投标人名单和邀请书副本,投标人的公司所有权(占主要股份持有人的持股比例)的描述,以及有关在尼日利亚办事处、工厂或设施所在地的信息。此外,他们还应将竞标结束,授予合同或购买订单的预计日期以及董事会要求的任何其他信息通知尼日利亚内容发展和监管委员会。[54] 在获批任何合同、分包合同和购买订单之前,应当将选定的投标人、承包商或卖方的名称以及拟议的次级供应商的清单提交给尼日利亚内容发展和监管委员会。另外,对于建筑或服务合同,必须提交详细说明该项目在尼日利亚的预计就业量(以人/小时为单位)的

[50] S. 18(1).
[51] S. 18(2).
[52] S. 19.
[53] S. 20.
[54] S. 21.

信息。该法还要求提交有关合同或订单开始和预计完成日期的信息,以及由运营人适当官员签署的奖励通知表和奖励理由说明。[55] 尼日利亚内容发展和监管委员会需要评估文档,在其指定需要审查的合同、子合同和购买订单后的10日内通知运营商并且向运营商提供建议,然后对其进行审查,以使其符合法律规定。[56]

除了上述要求石油公司提交的详细信息外,他们还应在每个季度末30日内向尼日利亚内容发展和监管委员会提交季度采购报告。季度采购报告将包含所有合同、分包合同和超过100万美元的采购订单清单及尼日利亚内容发展和监管委员会决定的其他限额的清单。[57] 该清单还需列明所有项目和服务、合同或采购订单的价值、签约承包商或卖方的名称、主要工作地点、尼日利亚当地成分的估计开始和完成日期以及尼日利亚内容发展和监管委员会要求的其他信息。[58]

4.4 《尼日利亚油气行业内容发展法》其他重要的当地成分规定

4.4.1 合同授予

《尼日利亚油气行业内容发展法》要求参与石油行业任何项目的运营活动或交易的监管机构和石油公司将尼日利亚当地成分视为其整体项目开发和管理理念的重要组成部分。[59] 该法附件详细列举了尼日利亚当地

---

[55] S. 22.
[56] S. 23.
[57] S. 24(1).
[58] S. 24(2).
[59] S. 2.

77 成分的最低限额,涵盖石油行业经营者必须满足的280多个项目。[60] 在授予与石油行业有关的所有合同时,所有石油公司都必须首先考虑尼日利亚公司。[61] 对尼日利亚人和非尼日利亚人同时竞标的合同,该法规定,如果尼日利亚人的出价未超过外国投标人最低报价的10%,则应选择尼日利亚人。[62] 实质而言,尼日利亚的石油相关合同不应仅基于最低出价者的原则来授予。这项规定是为了确保有能力执行石油工作的尼日利亚公司不会仅仅因为不是最低投标人而被取消资格。可以说,这一要求可能会增加在石油行业运营的石油公司的成本,但如果它能成功地塑造并加强本地公司在工作形式、能力建设和经验积累方面的要素,那么它也可能具有长期利益。

《尼日利亚油气行业内容发展法》的当地成分规定不仅约束石油运营商及其签约流程,而且还规范尼日利亚石油资源的管理者。在这方面,该法旨在鼓励有实力并按照全球石油行业最佳做法运行的尼日利亚企业。因此,《尼日利亚油气行业内容发展法》规定,在授予石油区块或油田许可合同、石油提炼许可及在授予石油行业所有项目中应当优先考虑符合条件的尼日利亚独立经营者,具体条件由石油资源部部长制定。[63] 在授予该法附件所载事项中处于陆地和沼泽地区的合同和服务时,应专门考虑尼日利亚本地公司,尤其是对设备拥有所有权,雇员属于尼日利亚人,并确有完成此类工作能力的尼日利亚本土服务公司。[64]

依据该法第14条的规定,所有运营商和项目发起人在评估任何投标

---

[60] S. 11(1) and (3). 根据该法第102条的规定,委员会应按部长批准的时间间隔,对该法附件清单进行审查,但不得迟于每两年一次,以确保尼日利亚石油和天然气行业中所有项目运营活动和交易中尼日利亚当地成分的可衡量和持续增长,然后将审查结果上报国民议会。

[61] See ss 3, 12, 10 and 28.

[62] S. 16. 尽管该法没有定义外国公司,但它从注册和股权的角度定义了尼日利亚公司。因此,根据该法立法宗旨,一家公司要有资格成为尼日利亚公司,它必须按照《公司及相关事宜法》的规定在尼日利亚注册成立。此外,尼日利亚人必须持有该公司至少51%的股份。

[63] S. 3(3).

[64] S. 3(2).

时,当商业阶段投标之间的差价不超过1%时,都要优先考虑尼日利亚当地成分。如果投标书中尼日利亚当地成分比其最接近的竞争对手高出至少5%,则应选择尼日利亚当地成分最高的投标者。所有运营商应当保留采购货物和服务的投标过程资料,以证明其已给予尼日利亚本土承包商和 78
公司充分的、公平的机会。[65]

4.4.2 人员就业与培训

石油行业的高度技术性意味着石油生产国通常在某种程度上依赖侨民或外籍人员提供技术和专门知识,并以此填补本国人力资源缺口。这些人员来自世界各地,包括地质学家、工程师、科学家和地球物理学家等。但是,在缺乏适当监管的情况下,某些石油公司倾向于雇用外籍人员来执行本国人可以胜任的任务。由于大多数外籍人士薪酬是用外币支付的,因此这往往会减少石油生产国的外汇储备。为了限制这种不当趋势并保护本地工业,世界各国习惯做法是规范外国人工作范围,使他们在特定领域工作。

本地人和外籍人士之间可能会出现紧张关系,前者认为后者正在抢夺他们的岗位和生计,这是一个非常敏感的问题。民族主义者通常通过鼓吹外国人挤占本地人的工作来引导公众舆论,如果处理不当,可能会引发暴力事件。南非的仇外袭击夺走了许多在该国谋生的非洲人的生命和财产,表明了这种紧张局势。[66] 发达国家也不例外。实际上,确保就业是英国投票决定退出欧盟的主要原因之一。那些号召投"离开票"的人认为,除了其他理由,英国加入欧盟导致许多工作被东欧人挤占,这些岗位本来属于英国人。[67] 同样,时任美国总统唐纳德·特朗普政府的移民政策与确保美

[65] S. 15.

[66] Achiume, 2014.

[67] See generally Burke et al, 2016.

国人民就业的愿望也没有脱节。[68]

在许多发展中国家的石油部门中,使用外籍人员所造成的矛盾是显而易见的,由于该行业的技术性强,他们更加广泛地依赖外国石油公司。在石油公司出现在国外地区的情况下,这种广泛依赖外籍人士的倾向更加强烈。这样的公司将不可避免地需要专业人才,在这方面,他们很自然地倾向于优先选择已经在母国为他们工作的员工。原因在于,首先员工在这些公司可能已经接受过专业培训,并且工作多年,已经获得了必要的经验和能力,此外,他们已经熟悉了所服务公司的程序、政策和技术。其次就是民
79 族主义情绪。例如,由于现代公司(总部在韩国)大多数员工都是韩国人,因此公司对韩国人自然会产生信任和信心。如果现代公司被授予许可在尼日利亚的工作,那么与韩国人合作可能会比与尼日利亚人合作更舒适。然而,问题在于,韩国人执行的某些工作可能由现代公司东道国本地人在其经营状态下轻松完成。在这种情况下,它剥夺了本地人提升自身能力、赚钱和向其本国政府纳税的机会。

几个石油生产国自然希望将这些工作留在国内,特别是在其国民通过培训和行业交流而提升了能力和技能的地方。因此,他们可以制定政策,限制在石油工业中使用外籍人士,并允许外籍人士填补本地能力和经验方面的空白。他们可能会规定石油行业聘用外籍人员的配额和工作许可证,作为确保石油公司将雇用外籍人员数量保持在最低数量的直接策略。例如,1963 年《移民法》第 8 条规定,只有在根据这方面的申请程序获得内政部部长的许可后,外籍人士才能在尼日利亚工作。[69]

然而,挑战在于,在缺乏有效监管的情况下,石油公司很容易滥用外籍员工配额规定。例如,在尼日利亚,有人多次指称石油公司滥用它们的外

[68] See Susman, 2017.

[69] 例如,根据赤道几内亚《产量分成合同法》第 23 条第 2 款的规定,只有在承包商及其分包商用尽了在规定的专业化领域招聘足够合格的当地人员的所有可能性之后,才可以雇用外籍人员。

籍员工配额，有时是在某些政府官员的纵容之下，雇佣外籍人员从事尼日利亚人可能从事的工作和服务。[70] 为了着力解决这些担忧，并为尼日利亚人创造更多的就业机会，《尼日利亚油气行业内容发展法》充分监管外国人在尼日利亚石油行业工作的配额。

首先，要求运营商在招聘中优先考虑尼日利亚人。[71]《尼日利亚油气行业内容发展法》第34条规定，所有总预算超过1亿美元的项目或合同都必须包含“劳动者条款”。这些条款迫使运营商按照尼日利亚内容发展和监管委员会的规定在特定干部中使用尼日利亚劳动力的最低百分比。[72] 根据该法第35条的规定，任何运营商的初级和中级干部只能雇用尼日利亚人。在向内政部部长申请外籍员工配额之前，尼日利亚石油行业的潜在雇主必须先向尼日利亚内容发展和监管委员会申请批准。申请书必须详细列出拟议的职位、职责描述、拟议的工作期限以及其他尼日利亚内容发展和监管委员会为实现该法目的所要求的任何其他信息。[73]

其次，在石油行业中运营的外国公司有权保留最多5%的外籍管理人 80
员，以符合投资者的利益，但需获得尼日利亚内容发展和监管委员会的批准。[74] 他们也可以在技工匮乏的地区雇用外籍人士。但是，雇用外籍员工来填补技工能力差距的公司必须在合理的时间内尽一切努力通过在本地或其他地方提供培训来达到尼日利亚内容发展和监管委员会的要求。运营商的教育和培训计划中应当列明所做努力的细节及其实施程序。[75] 为了确保尼日利亚人担任管理和决策职位，经营者有义务提交职位继任计划，详细阐明目前由外籍人员任职的职位最终如何由尼日利亚人担任。根据《尼日利亚油气行业内容发展法》第31条的规定，教育和培训计划必须

---

[70] See Okpe, 2015、see also Izeze, 2013.

[71] S. 28(1).

[72] S. 34.

[73] S. 33.

[74] S. 32.

[75] S. 30.

制定尼日利亚人向其外国同行学习的计划，期限最长不超过4年，培训计划结束时，所有现在外籍人士从事的岗位，应当尼日利亚化。尼日利亚化的岗位，在薪金、工资、福利等方面，较之运营商提供给尼日利亚人的服务条件应当更具吸引力。[76]

对于外籍人员的使用，《尼日利亚油气行业内容发展法》表现出严格限制性和狭隘的民族主义。该法无视尼日利亚深受专业人才和技能匮乏困扰的事实，这一事实的出现不仅是因为尼日利亚的高等教育力量薄弱，而且因为本国大量人才持续流失。因此，即使尼日利亚人通过实践经验或海外培训获得技能、提升能力，他们也经常在尼日利亚周边国家寻找"绿色"牧场。在这方面，对外籍人士的严格立场也无视尼日利亚人从事其他国家的石油行业的事实。从安哥拉到文莱、英国、美国，再到赤道几内亚，尼日利亚人遍布全球石油行业。

这意味着，如果《尼日利亚油气行业内容发展法》第31条中包含的仅4年培训期限的规则根据对等原则同样适用于这些尼日利亚人工作的国家，则对大量在国外以外汇形式赚钱并汇回祖国的尼日利亚人产生不利影响。从本质上讲，尽管需要保护石油行业的本地产业和工作，但尼日利亚应谨慎行事，不要过度保护或限制。同样需要强调的是，不合理地限制运营商的配额可能会"迫使"这些公司创新技术，以适应他们实现其业务目标的愿望。即便如此，外国公司滥用特权，聘用外籍人士从事不需要高技能或高能力的简单工作，对他们而言同样是不公平的。

为了正确评估运营商教育培训计划的履行情况，《尼日利亚油气行业内容发展法》规定运营商或项目发起人必须向尼日利亚内容发展和监管委员会提交季度报告。报告需详细介绍项目运营期间公司的教育培训活
81 动，并将其与计划进行比较。就业和培训计划还应包括当年雇用的新雇员人数、雇用时的居住地、就业状况以及尼日利亚内容发展和监管委员会为

[76] S. 31.

实施该法规定所需的任何其他信息。[77] 该法第 61 条规定尼日利亚当地成分履行报告还应根据尼日利亚人和外国人的工作时间或天数以及他们的公司身份概述运营商的就业成就。[78]

除了上面分析的详细要求外,《尼日利亚油气行业内容发展法》还解决了当地成分发展方面同样重要的其他 3 个问题:技术转让,研发与开发和国内运营地域化。这些问题将在下文讨论。

4.4.3 技术转让和研究与开发

成熟的国际石油公司和国际服务公司向本地公司转让技术是当地成分发展的关键要素,因为它使石油生产国能够发展能力,获得技术专长并逐渐减少对外国公司的依赖。因此,一些石油生产国希望与在其境内运营的外国公司签署协议,以将石油相关技术转让给本国公司。但是,这些公司有时不愿与本地公司分享他们的技术和专业知识,因为长期的技术转移会降低他们的重要性,这一点也可以理解。其所涉及的知识产权问题可能会使技术转让不像看起来那么容易。

为了"迫使"外国石油公司将技术转让给本土公司,一种策略是一些石油生产国要求他们作出技术转让承诺,作为授予石油区块的前提条件。[79] 另外一些石油生产国努力创建有利的营商环境,以吸引此类公司在其境内建立研发中心。例如,20 世纪 70 年代,挪威鼓励国际石油公司合作伙伴在其境内投资研发项目,首先,着力创建合适的、有吸引力的工作环境;其次,在分配石油特许合同中,给予这样做的公司优惠待遇;最后,该国"……通过对向挪威研究人员和挪威研究机构提供大量投资的国际石油公司提供石油区块特许优惠……"形成了"……对关键技术投资越多,在

---

[77] S. 29.

[78] S. 61(a).

[79] See generally Blair, 1983.

石油新区块授予中享受的优惠就越多”的局面。[80] 该策略加深了挪威石油行业专业知识根基,最终促使该国当地成分增加。[81] 另一种策略是要求石油公司将一定比例的利润捐献给为促进石油技术研发而设立的基金。[82] 例如,安哥拉将对科技研发的投资作为与国际石油公司签署产量分成合同
82 的前提。它要求其产量分成合同合作伙伴向拟建的索南戈尔公司研究和技术中心捐献一定金额。[83]

与几个石油生产国的趋势保持一致,尼日利亚将技术转让作为其当地成分议程的中心组成部分。[84]《尼日利亚油气行业内容发展法》第 45 条规定,石油行业所有运营商均应执行满足尼日利亚内容发展和监管委员会要求和符合尼日利亚经济发展规划和优先发展政策的技术转让计划。因此,要求运营商必须向尼日利亚内容发展和监管委员会提交年度技术转让计划,列明其实施计划的详细举措,旨在促进技术向尼日利亚公司和个人转让。[85] 为了确保该规定得到履行,向尼日利亚内容发展和监管委员会提交的年度报告汇报其技术转让举措的成果是强制性的。[86]

挪威的经验表明,认识到外国公司与本地基础公司之间的积极合作是当地成分发展的重要媒介的事实,《尼日利亚油气行业内容发展法》要求

---

[80] McCreery, 2012.

[81] See Hcum, 2008, at p. 15.

[82] 例如,巴西要求石油特许权获得者再将其石油区块毛收入的一定百分比作为科技研发特定参与费。See ANP, ‘P & D Investments in Exploration and Production’, http://www. anp. gov. br/wwwanp/pesquisa-desenvolvimento-e-inovacao, accessed 21 November 2017.

[83] See the model PSC which Sonangol executes with petroleum firms operating in Angola, http://www. sonangol. co. ao/English/AreasOfActivity/Concessionary/Documents/Licitacoes/modeloCPPonshore_en. pdf, accessed 22 November 2016. 据 2014 年报道,索南戈尔公司从英国石油公司获得了 3.5 亿美元用于拟建研发中心,但迄今为止该中心似乎尚未建立,这引起了一些政府官员对欺诈性致富的担忧。See ‘Oil Companies Are Funding Mysterious Angolan Research Centre That May Not Exist’ Huffington Post (5 August 2014), http://www. huffin gtonpost. com/2014/08/05/oil-transparency-africa-bp_n_5649291. html, accessed 19 September 2017.

[84] Ss 43, 45 and 46.

[85] S. 44.

[86] S. 46.

运营商通过鼓励和促进合资协议的形成,为技术转让提供充分有效的支持,还要求这些公司支持尼日利亚公司与外国承包商和服务或供应商之间的合作伙伴关系以及为此而签署的合资协议或发展许可协议,以满足尼日利亚内容发展和监管委员会的要求。[87]

与技术转让紧密相关,研究与开发是当地成分开发的另一个关键组成部分,是研发新技术的先决条件。它需要对员工培训和再培训,以及对旨在解决本地基本问题等方面的开创性研究进行持续投资。世界上最有活力的国家石油公司、国际石油公司、服务公司每年在科技研发上投入数十亿美元,以获取或保持竞争优势。[88] 一些公司还在其运营的区域建立了研发中心,作为培育急需的人力资源和开发石油技术的基地。[89]

认识到研究与开发和当地成分之间存在联系,《尼日利亚油气行业内 83
容发展法》第 36 条授权石油资源部部长通过法规为石油公司制定研发目标。就其工作计划和活动而言,运营商必须执行计划并为此而投资,以满足尼日利亚内容发展和监管委员会对其在促进尼日利亚教育、研发和石油行业附属机构发展方面的要求。这些公司还必须每 6 个月向尼日利亚内容发展和监管委员会提交一次研发计划,概述其打算在尼日利亚实施的 3 到 5 年的发展战略。该计划还应包括公司在实施计划过程中预计的支出明细,以及公众可以提出与这些公司活动相关的研发计划提案的策略。[90] 为了确保适当的监督,该法规定运营商就其研发活动向尼日利亚内容发展和监管委员会提交季度报告,并将其与先前提交的计划进行比较以进行评估和评价。[91]

---

[87] S. 45.

[88] 国家石油公司在通过研发推动科技发展中的作用将在第 6、7 章展开详尽阐述。

[89] 例如,尼日利亚哈科特港大学石油研究所在道达尔的支持下于 2003 年建立。其宗旨是使尼日利亚人获得相关的石油技术和专门知识。IPS, ‘Our History’, http://www.ipsng.org/ips/index.php/about-ips/about-ips, accessed 14 June 2017.

[90] S. 38.

[91] S. 39.

4.4.4 本地化跨国公司在尼日利亚境内经营及利用本地商品和服务的要求

普遍认为,石油公司在其经营国的经营本地化可以使东道石油生产国大受其益。这就是为什么一些石油生产国要求在其境内运营的石油公司直接或通过子公司在其国内开展业务,而另一些石油生产国则努力创造有利的运营环境,以使他们的主张对外国投资者更具吸引力。在《尼日利亚油气行业内容发展法》颁布之前,有人认为,国际石油公司及其服务同行通常将其业务的重要方面外包,在尼日利亚境外完成,而不是在尼日利亚建立中心。这意味着,部分建造和制造工作是在韩国、美国、欧洲等地的船坞和中心完成,然后出口到尼日利亚。对尼日利亚而言,这意味着巨大的成本,因为此类合同基于合资协议和产量分成合同的安排,签约人承受了国际石油公司运营成本的大部分费用。[92]

为了应对这一趋势,《尼日利亚油气行业内容发展法》授权石油资源
84 部部长制定法规,要求运营商在尼日利亚境内投资或建立设施、工厂、生产单位或其他运营机构,以进行任何需要从尼日利亚外进口的生产、制造或提供服务。[93] 还要求石油公司充分利用本地以下服务以促进本地石油公司稳定增长:地震数据处理、工程设计、油藏研究、制造和设备制造以及其他设施,以及为尼日利亚石油行业提供其他支持服务。[94] 该法还要求所有

---

[92] 通过尼日利亚国家石油集团,尼日利亚政府在与国际石油公司的合资经营中持有多数股份。因此,需要依其持有的股份按比例承担运营费用。产量分成合同中也存在同样的安排,尽管两者有细微的差别。

[93] S. 48.

[94] S. 41 (1). See also the 4. 3 Equipment Component Manufacturing Initiative and Certification Process made in pursuance to s. 41 of NOGICDA, the guideline on Crude Oil Lifting and Other Petroleum Producers' Contracts, and the Free Trade and Export Processing Zones: Guidelines for Inter Organisational Implementation of NOGICDA, http//ncdmb. gov. ng/images/GUIDELINES/NCDMBHANDBOOKOFOPERATION-ALGUIDELINES. pdf, accessed 26 April 2017.

与石油行业有关的制造和焊接活动都必须在尼日利亚进行。[95] 通过尼日利亚子公司在尼日利亚工作的外国运营商也有义务证明，他们在其业务中部署的设备至少有50%由尼日利亚子公司拥有。[96] 为了实现这一目标，尼日利亚内容发展和监管委员会明确表示，要确保在石油行业的所有项目都将资产留在制造厂或集成车间，即使项目已经完成，这些遗留资产仍将继续运行。[97]

尽管要求公司至少本地化其在尼日利亚运营的部分业务是个好开端，但还远远不够。诚然，这一构思是适当的，但是尼日利亚政府需要进一步解决安全和基础设施问题，并改善在该国经商的便利性。联邦政府有责任确保投资者生命安全、财产安全，并提供良好的基础设施，把尼日利亚打造成投资友好型国家，还应采取措施提高在该国经商的便利性。其他因素还包括该国的司法、法律和金融制度等，都应当充分设计，以满足石油行业发展的需求。

除了激励公司本地化其在尼日利亚的业务外，石油资源部部长还被授权与政府其他有关部门商讨适当的财政框架制度和税收优惠政策，以奖励建立设施、工厂和生产单位并开展业务的公司。[98] 如果这些激励措施实施得当，将在多大程度上使尼日利亚石油投资更具吸引力，还有待观察。[99]

4.4.5 尼日利亚服务部门的支持

为了充分发挥《尼日利亚油气行业内容发展法》条款的功效，尼日利 85

---

[95] S. 53.

[96] S. 41(2).

[97] Okonji, 2014.

[98] 除了《尼日利亚油气行业内容发展法》外，1958年《石油利润税法》还禁止石油公司要求为某些本来可以在尼日利亚购买的商品的进口索取资本免税额。参见1958年《石油利润税法》第13条第9项。

[99] 例如，有关原油提炼和其他石油产品合同的指南，以及自由贸易和出口加工区：组织间《尼日利亚油气行业内容发展法》实施指南。

亚需要一个充满活力和竞争力的服务部门。因此,该法还旨在改善尼日利亚的服务业,要求石油公司必须优先利用尼日利亚的保险公司、银行和律师提供的服务。《尼日利亚油气行业内容发展法》禁止经营者在未获得国家保险委员会事先书面批准的情况下与外国保险公司签约。仅当尼日利亚当地成分已经用尽时,才可以授予此批准。[100] 该法要求与石油公司的业务运营有关的所有可保风险都必须由尼日利亚保险公司承担。[101] 因此,石油公司必须向尼日利亚内容发展和监管委员会提交过去 6 个月中投保的所有保险公司、经纪人清单。该清单应概述投保的险种以及保险费支出。[102] 每个运营商还被要求制定保险计划,计划应包括过去 6 个月中获得的全面保险清单。[103] 该计划还应列举保险费支出的详细信息,未来 6 个月所需投保险种的预测,各险种的预计支出,过去 6 个月投保的所有保险人、经纪人清单,获得的保险类别以及经营者的支出等。其他应写明的项目还包括过去 1 年以奈拉和外币支付的年度保险费预算。[104]

与保险一样,在石油行业中从事任何运营、业务或交易的所有运营商、承包商和其他实体仅能保留其办事处位于尼日利亚任何地方的尼日利亚

---

[100] S. 50.

[101] 这些公司根据该法第 49 条第 1 款的规定,已经按照《保险法》的规定进行了注册。在《尼日利亚油气行业内容发展法》通过之后,国家保险委员会还根据 2003 年《保险法》和 1997 年《国家保险委员会法》以及《尼日利亚油气行业内容发展法》第 50 条的规定,发布了旨在促进尼日利亚保险业务的规则。其目的是促进遵守《尼日利亚油气行业内容发展法》,并确保在 2003 年《保险法》和 1997 年《国家保险委员会法》的背景下提供增值服务。See the Guidelines for Oil Insurance Business, http://www. sicl. standardinsgroup. com/admin/kcfinder/upload/files/GUIDELINES% 20FOR% 20OIL% 20AND% 20GAS% 20INSURANCE% 20BUSINESS. pdf, accessed 3 April 2017.

[102] S. 49(2).

[103] 该法第 49 条第 2 款,以及第 3 款第 1、2 项中,“过去 6 个月中”的用语显得不整齐,因为没有提及测量 6 个月期限的时间框架的参考。但是,该法案似乎要求将这些详细信息每 6 个月提交给尼日利亚内容发展和监管委员会,以解释“过去 6 个月中发生的情况”。这些信息可以从该法其他条款,如第 38、51 条和第 52 条中收集到。

[104] S. 49(3).

法律从业人员的服务。[105] 他们还须每6个月向尼日利亚内容发展和监管委员会提交一份法律服务计划,计划应包括过去6个月使用的法律服务的综合报告,对未来6个月所需法律服务的预测以及预计支出的服务费 86
用。[106] 该计划还应包括过去6个月提供法律服务的外部律师名单、工作性质、经营者的支出,以及过去1年以奈拉和外币支付的年度法律服务预算。[107]

以类似的方式,《尼日利亚油气行业内容发展法》规定所有在石油行业从事任何运营、业务或交易的运营商、承包商和任何其他实体,须仅保留尼日利亚金融机构或组织的服务,除非他们可以使尼日利亚内容发展和监管委员会确信这是不切实际的。[108] 与保险和法律服务一样,运营商必须每6个月向尼日利亚内容发展和监管委员会提交一次金融服务计划。[109] 该计划的详细信息与法律服务计划的详细信息相似,但除此之外,运营商、承包商和分包商必须在尼日利亚拥有银行账户,在该银行中,他们应保留其尼日利亚运营总收入的至少10%的金额。[110]

4.4.6 信息技术和当地成分:电子市场和联合资格认证系统

尼日利亚内容发展和监管委员会被授权建立一个电子市场,以提供一个虚拟平台,便利石油行业所需交易有效交付货物和服务。电子市场还有助于提供一个功能接口,并提供从相关行业利益相关者那里获得的通用和透明的治理结构。此外,也便于履行部长将来制定的法规所规定的其他职能,并通过提供相关反馈来跟踪和监控运营商、项目发起人以及供应商和

[105] S. 51(1).
[106] S. 51(2).
[107] S. 51(3).
[108] S. 52(1).
[109] S. 52(2).
[110] S. 52(3).

服务商尼日利亚当地成分的履行情况。[111]

在撰写本书时,尼日利亚内容发展和监管委员会尚未建立电子市场。尼日利亚石油交易所(Nigerian Petroleum Exchange, NIPEX)在某种程度上填补了这一空白。该所由国家石油投资管理服务局(尼日利亚国家石油集团的子公司)运营。其电子市场涵盖了大部分石油行业,因为尼日利亚国家石油集团通过产量分成合同、合资协议、风险服务合同直接或间接参与了尼日利亚80%的石油生产。尼日利亚石油交易所电子市场是:

> 在线平台,旨在促进买方(运营商)、供应商与尼日利亚国家石油集团(批准方)之间的合同处理。它使用mySAP供应商关系管理(supplier relationship management, SRM)技术进行运作,
> 87 该技术提供了一套全面的功能,其中包括一个用于批准和监视行业合同活动的平台。[112]

与电子市场有关的另一个发展是联合资格认证系统(joint qualification system, JQS)制度,它的建立是为了确保尼日利亚石油行业所有相关技能和能力得到充分利用和有效部署。联合资格认证系统是由尼日利亚内容发展和监管委员会根据《尼日利亚油气行业内容发展法》的规定成立的,目的是确保有关服务提供商及其产品、生产能力、生产效率、质量检验方法、生产经验及其健康、安全、环境管理体系的信息的安全性和可验证性。[113] 它是锻炼和培训合格技术人员的重要来源。除此之外,它还用于评估尼日利亚当地成分在石油公司和承包商的运营中的应用效果,并作

---

[111] S. 54.

[112] NIPEX., https://www.nipexng.com/irj/servlet/prt/portal/prtroot/com.sap.portal.navigation.portallauncher.anonymous, accessed 14 June 2016.

[113] 联合资格认证系统由尼日利亚内容发展和监管委员会建立,并有一个运营网站。see JQS, https://nogicjqs.gov.ng/, accessed 26 April 2017.

为国家技术发展和基于能力和尼日利亚当地成分对服务公司进行排名和分类的数据库。[114]

4.4.7 社区当地成分

尼日利亚石油行业面临的棘手问题之一是尼日尔三角洲地区(Niger Delta Region, NDR)的军事化,尽管该地区是尼日利亚大部分石油资源的来源,但其在很大程度上被联邦政府忽视。该地区的军事化在很大程度上被看作松散的尼日尔三角洲问题的分支,该问题的多方面和影响将在下文详细讨论。[115] 值得一提的是,为了给该地区带来某种归属感,《尼日利亚油气行业内容发展法》要求所有运营商在其项目所在的集水区建立项目办公室,以便就项目管理和采购作出决策。[116] 公司拥有决策权的人员必须常驻这些办公室。[117] 同样,该法规定尼日利亚内容发展和监管委员会要求运营商在其开展重要业务的社区中保留办事处,[118]并在这些地区保持合理数量的人员。[119] 该法还规定,尼日利亚内容发展和监管委员会的总部必须建立在尼日利亚的产油州之内。[120] 目前这些规定执行的困难之处在于,尼日尔三角洲某些地区的绑架频发,不安全和犯罪的数量已增加到令人担忧的 88
程度。这些挑战使上述规定难以具备实施要求。尽管存在这些挑战,但上述规定是朝正确方向迈出的正确一步,并表明人们已经意识到必须在实现当地成分方案中必须充分考虑石油产区的问题。

[114] S. 56.
[115] See chapter 9.
[116] S. 25.
[117] S. 26.
[118] S. 27.
[119] S. 28(2).
[120] S. 71(2).

4.4.8 《尼日利亚油气行业内容发展法》包含的其他当地成分举措

4.4.8.1 尼日利亚当地成分咨询平台

89 除了电子市场和联合资格认证系统，《尼日利亚油气行业内容发展法》还要求尼日利亚内容发展和监管委员会建立一个名为尼日利亚当地成分咨询平台的咨询机构。该平台是石油行业有关即将开展的项目、可用的本地生产能力以及可能与尼日利亚当地成分发展相关的其他政策建议的信息共享和协作的平台。[121] 尼日利亚当地成分咨询平台由主要行业利益相关者、政府、监管机构以及相关领域的代表组成。这些领域包括：制造、工程、金融、法律和保险服务、运输和物流、材料与制造、信息和通信技术、石油技术尼日利亚协会、教育和培训以及由尼日利亚内容发展和监管委员会提名的任何其他专业服务机构。[122]

4.4.8.2 尼日利亚当地成分发展基金

《尼日利亚油气行业内容发展法》建立尼日利亚当地成分发展基金，以应对石油行业中本国运营商面临的资金挑战。本地石油勘探与生产公司，以及本地石油和天然气服务公司难以获得金融便利，是目前尼日利亚当地成分发展的最大障碍之一。[123] 石油行业是资本密集型行业，比平均业务风险更大。因此，银行在向该行业发放贷款之前要求更高的利率和担保人。但是，资金筹措不仅仅是尼日利亚的问题。事实上，巴西开放其石油行业主要是为应对资金挑战，阿伯丁大学于 1986 年进行的一项研究表明，阿伯丁境内 1000 多家与石油相关的公司中，许多是美国公司的分公司或附属机构。研究还指出，在阿伯丁的大多数英国独资公司都参与保险和餐

---

[121] S. 57.

[122] S. 58.

[123] Amanze-Nwachukwu and Alike, 2010. See Chima, 2012. See also Humphries, 1995, Xavier, 2008, at p. 399, and Hallwood, 1986.

饮业,而不参与核心石油业务。洛克在评论这项研究时指出,它证明了“……在这样一个资本密集型(以及最近的技术密集型)行业中,本地公司的进入壁垒是巨大的,即使实施了大量积极的地方优惠政策,并建设了大量的生产设施”⑫④。

与西方同行相比,除了收取高利率外,尼日利亚银行很少有能力为石油行业重大项目提供资金支持。在某些情况下,企业家不得不依靠银团贷款为尼日利亚经济中的某些项目提供资金。⑫⑤ 为了缓解资金短缺,《尼日利亚油气行业内容发展法》规定,获得授予的石油行业上游部门的任何项目、运营、活动或石油行业上游部门的转让,或任何其他与石油相关的实体都应当拿出其合同金额的1%,支付给基金,这些资金从交付时就加以扣除。该基金由尼日利亚内容发展和监管委员会管理,将用于旨在增加尼日利亚当地成分的项目、计划和活动。⑫⑥ 除基金外,在拉各斯商会所属的石油生产商贸易科(Oil Producers Trade Section,OPTS)的支持下,在一些勘探与生产公司的支持下,行业还引入了其他相关举措。⑫⑦ 石油生产商贸易科报告显示,其个人成员通过向本地企业家提供资金,为促进尼日利亚当地成分的发展贡献了约200亿美元。⑫⑧ 例如,2012年壳牌与一些尼日利亚银行建立了50亿美元的基金,以支持本地石油和天然气公司。⑫⑨ 同样,尼日利亚液化天然气有限公司在2013年也设立了10亿美元的基金,以支持

---

⑫④ See W Locke, ‘Exploring Issues Related to Local Benefit Capture in Atlantic Canada’s Oil and Gas Industry’ (2004), http://publications. gc. ca/collections/collection_ 2010/apeca-acoa/AC5 - 10 - 2004 - eng. pdf, accessed 14 July 2017.

⑫⑤ See chima, 2014.

⑫⑥ S. 104.

⑫⑦ 石油生产商贸易科是尼日利亚石油探测许可协会和石油开采租约的承租人。成员包括壳牌、道达尔、埃尼、莫妮·普洛、雪佛龙、埃克森美孚、赛普拉特和奥多等。

⑫⑧ OPTS. ‘Local Content Strides in the Oil and Gas Industry’ (2014), http://www. op ts-ng. com/file/20140430092552Nigeria% 20Stride% 20High% 20 (web% 20reduced). pdf, accessed 6 January 2017.

⑫⑨ Chinwo, 2012.

其行业的本地承包商。[130]

4.5 小结

本章重点讨论了《尼日利亚油气行业内容发展法》中所体现的尼日利亚对当地成分的立法方法。本章实质上是试图审视该法中与尼日利亚当地成分提高有关的部分。首先，本章重申了上一章提到的一些观点，即尼日利亚国家石油公司无法通过合同模式进一步扩大尼日利亚当地成分，这使尼日利亚转向了以《尼日利亚油气行业内容发展法》形式出现的日益保护主义的制度。其次，本章审视了尼日利亚内容发展和监管委员会的广泛范围和权力，以及该法对尼日利亚石油行业运营商和次级承包商施加的义务。

《尼日利亚油气行业内容发展法》似乎是世界上第一个有关石油行业当地成分的全面立法，其促进当地成分发展的方法详细而严格。[131] 如上所述，该法规定覆盖了整个尼日利亚石油行业，不仅涵盖上游业务，还涵盖下
90 游业务，并适用于该行业的所有利益相关者和参与者。从授权和认证到合同授予、电子与技术、技术转让、信息技术，以及为尼日利亚当地成分发展基金提供资金，《尼日利亚油气行业内容发展法》编纂并体现了尼日利亚对当地成分的期望。它的规定已成为加纳、肯尼亚和坦桑尼亚等数个非洲石油生产国的样板。但是，对当地成分进行立法可能是最容易的部分，还存在其规定的实施，执行和管理问题。随后的问题是，该法能够成功实施多长时间？如果可能存在其他替代方法，尼日利亚是否还会坚持如此严苛的立法方法？下文分析了该法对尼日利亚当地成分的影响，该法的必要性及其实施和执行方面面临的挑战。

---

[130] Amanze-Nwachuku and Alike, 2013.

[131] See also Msimang and Cull, 2014.

参考文献

Achiume TA, 'Beyond Prejudice: Structural Xenophobic Discrimination against Refugees' (2014) 45 *Georgetown Journal of International law*, 323.

Adepetun S 'Production Sharing Contracts-The Nigerian Experience' (1995) 12 *Journal of Energy & Natural Resources Law*, 21.

Amanze-Nwachuku C and Alike E, 'Capacity Building Will Enhance 100% Local Content' Thisday (10 August 2010), http://www.thisdaylive.com/articles/-capacity-building - 11 - enhance - 100 - local-content-/81350/, accessed 9 July 2013.

Amanze-Nwachuku C and Alike E, 'NLNG Floats $ lbn Financing Scheme for Contractors' Thisday (5 December 2013), http://www.thisday-live.com/aiticles/nlng-floats-lbn-financing-schem-for-contractors/165960/, accessed 30 March 2017.

Atsegbua LA, 'The Nigerian Oil and Gas Industry Content Development Act 2010: an examination of its Regulatory Framework' (2012) 36(4) *OPEC Energy Review*, 479.

Blair HO, 'Overview of Licensing and Technology Transfer' (1983) 8 (2) *North Carolina Journal of International Law and Commercial Regulation*, 167.

Burke B et al., 'Life on the Edge: EFT A and the EEA as a Future for the UK in Europe' (2016) 22(1) *European Public Law*, 69.

Chima O, 'Nigeria Leads Africa's Syndicated Loans Mkt with $ 10bn Deals' *Thisday* (30 April 2014), http://www.thisdaylive.com/articles/nigeria-leads-africa-s-syndicated-loans-mkt-with – 10bndeals/146336/, accessed 10 March 2014.

Chima O, ‘Multinationals Shun Nigerian Banks over High Interest Rates’ Thisday (7 September 2012), http://www.thisdaylive.com/articles/-multinationals-shun-nigerian-banks-over-high-interest-rates/124326/, accessed 17 March 2013.

Chinwo C, ‘Local Content: Shell, Banks Create $5 billion for Contractors’ *Thisday* (17 September 2012), http://www.thisdaylive.com/articles/local-contcnt-shell-banks-create – 5bn-fund-for-contractors/125153/, accessed 18 June 2017.

Hallwood P, *The Offshore Oil Supply Industry in Aberdeen: The Affiliates — Their Characteristics and Importance* (University of Aberdeen, Aberdeen, 1986).

Heum P, ‘Local Content Development: Experiences from Oil and Gas Activities in Norway’ (2008) *SNF Working Paper No.* 02/08, https://brage.bibsys.no/xmlui/bitstream/ handle/11250/166156/1/A02_08.pdf, accessed 22 November 2016.

Humphries ME, ‘The Competitive Environment for Oil and Gas Financing’ (1995) 23 *Energy Policy*, 991.

91 Izeze I, ‘Nigeria: Oil Companies and Criminal Abuse of Expatriate Quota’ *Sahara Reporters* (30 April 2013), http://saharareporters.com/2013/04/30/nigeria-oil-companies-and-criminal-abuse-expatriate-quota-ifeanyi-izeze, accessed 1 July 2017.

Lange S and Kinyondo A, ‘Resource Nationalism and Local Content in Tanzania: Experiences from mining and consequences for the petroleum sector’ (2016) 3(4) *The Extractive Industries and Society*, 26.

Machmud TN, ‘Production Sharing Contracts in Indonesia: 25 Years’ History’ (1993) 11 *Journal of Energy and Natural Resources Law*, 179.

McCreery J, ' How National Oil Companies Can Fuel Economic Development' *Forbes* (1 May 2012), http://www. forbes. com/sites/baininsights/2012/05/01/how-national-oil-companies-can-fuel-economic-development, accessed 12 July 2017.

Msimang A and Cull J, ' Operators Must Carefully Navigate Nigerian Content Rules' (2014), http://www. velaw. com/uploadedFiles/VEsite/Resources/OffshoreOperatorsCull Msimangl22314. pdf, accessed 4 January 2016.

Nwaokoro JE, ' Signed, Sealed but will it Deliver? Nigerian's local content Bill and Cross-Sectoral Growth' (2012) 4 (1) *Journal of World Energy Law & Business*, 56.

Okonji E, ' Nigerian Local Content Development Attracts Foreign Interests' *Thisday* (24 February 2014), http://www. thisdaylive. com/articles/nigerian-local-content-development-attracts-foreign-interests/172252/, accessed 31 March 2014.

Okpe FO, ' Economic Development and the Utility of Local Content Legislation in the Oil and Gas Industry: Conflicts and Effects of Nigeria's Local Content Act in the Context of International Investment Law' (2015) 28 *Pacific McGeorge Global Business & Development Law Journul*, 255.

Olawuyi DS, ' Local Content Requirements in Oil and Gas Contracts: Regional Trends in the Middle East and North Africa' (2017) 36 (1) *JERNL*, 30.

Oni A, ' Nigerian Local Content Act: A Status Report' *Business Day* (28 July 2012), http://www. businessdayonline. com/NG/index. php/law/legal-culture/41722 – the-nigerian-local-content-act-a-status-report, accessed 7 August 2016.

Susman DD, ' Immigration, Trump and Agenda Settling in the 2016

Election' (2017) 41 *Fletcher F. World Affairs*, 75.

Xavier Y, 'Energy for the Future: Brazilian Law and Policy' in DN Zillman et al. (eds.), *Beyond the Carbon Economy: Energy Law in Transition* (Oxford University Press, Oxford, 2008), at p. 399.

5 《尼日利亚油气行业内容发展法》的影响、必要性和面临的挑战

5.1 《尼日利亚油气行业内容发展法》的影响评估

《尼日利亚油气行业内容发展法》的通过，使当地成分从合同和企业的社会责任领域变为经营者必须遵守的法律义务，否则将受到制裁。毫无疑问，该法是一次大胆的尝试，旨在为参与尼日利亚石油行业的本国公司提供成长和发展的机会，以全面而深刻的方式应对尼日利亚当地成分所面临的挑战。[①]《尼日利亚油气行业内容发展法》是一项具有里程碑意义的立法，因为它几乎涉及了石油行业的所有方面。它对加工、工程、制造、服务部门以及尼日利亚本土石油公司在石油行业享有优先权的规定可谓相当广泛和雄心勃勃。[②] 而且，通过赋予尼日利亚内容发展和监管委员会广泛的规范和监管权力，该法案首次提供了充满活力的、以发展本国当地成分为直接的唯一目标的监管机制。但是，是否有事实和数据证明该法实现了该目标。

早在2012年，尼日利亚内容发展和监管委员会的首任首席执行官欧

---

① Atsegbua, 2012 at p. 490.

② 该法附件要求公司在石油行业执行的项目中平均使用67%的尼日利亚当地成分。除了《尼日利亚油气行业内容发展法》，1958年《石油利润税法》中也包含了一些关于当地成分的规定。例如，它不允许石油公司为进口某些本可在尼日利亚购买的物资申请资本津贴。See 13 (i) of the PPTA.

内斯特·恩瓦帕先生就宣布,由于受到《尼日利亚油气行业内容发展法》的影响,当年石油行业预计支出的200亿美元中有40亿美元留在了尼日利亚。[3] 该法在吸引投资方面,据报道,在2010~2012年,大约28亿美元投资于石油行业。[4] 在创造就业方面,尼日利亚前石油资源部部长迪扎
93 尼·马杜埃克在2013年2月宣布《尼日利亚油气行业内容发展法》为石油行业制造了30,862个工作岗位,另外还使尼日利亚人的工时增加了350%。[5] 2014年,恩瓦帕先生在报告中指出,石油行业所需的大约90%的工程和所有油田开发设施所需的50%吨位都在尼日利亚境内进行。[6] 就整体百分比而言,据报道,自《尼日利亚油气行业内容发展法》颁布以来,2014年尼日利亚当地成分从不到5%增长到14%,到2018年已经超过20%。[7] 还有人称在尼日利亚石油行业授予本地供应和服务公司的合同从2010年的约40%增长到2015年的75%。[8]

然而,一些行业观察者认为,《尼日利亚油气行业内容发展法》的影响微乎其微。他们列举了国际石油公司在订约和就业方面经常违反该规定的情况来证明自己的观点。[9] 他们还以合理理由质疑尼日利亚内容发展

---

③ Olayinka,2012. See also NCDMB, 2012. See also Okonji,2012.

④ Okonji, 2012. See also Nwachukwu 2012.

⑤ Akpan, 2013.

⑥ Akpan, 2013.

⑦ NCDMB News Release 'NCDMB to Sue Offenders of Local Content Act' (6 March 2018), https://www. ncdmb. gov. ng/ 2018/03/ncdmb-sue-offenders-local-content-act/, accessed 6 August 2018.

⑧ NCDMB, 'Ugandan Officials Visit NCDMB to Seek to Model Local Content Policies After Nigeria' (13 June 2016), http://www. ncdmb. gov. ng/index. php/newsupdates/news-updates/6517 – ugandan-officials-visit-ncdmb-seek-to-model-local-content-policies-after-nigeria, accessed 17 June 2016.

⑨ See Isineds, 2015. See also 'PENGASSAN calls for Appropriate Compliance with Nigerian Content Act'. Leadership (Abuja, 29 October 2012), http://www. leadership, ng/nga/articles/38668/2012/10/29/pengassan_calls_appropriate_compliance_nigerian_content_act. html, accessed 20 November 2017. See also Onuegbu, 2012. See also 'PENGASSAN urges Total Enforcement of local content Act' (Sweet Crude, 30 October 2012), http://sweetcrudereports. com/2012/10/30/pengassan-urges-tota 1 – enfdrcement-of-local-content-act/, accessed 20 November 2016.

和监管委员会发布的数据是否全面反映了石油行业的实际情况。首先,尼日利亚内容发展和监管委员会似乎过度依赖运营商提交的信息和报道,但可能没有充分、独立的证据证明这种观点。其次,奥瓦迪亚还注意到,尼日利亚内容发展和监管委员会迟迟没有“评估石油许可竞标中的尼日利亚当地成分——这是确保尼日利亚当地成分和确保从授予石油许可证中充分获益的重要、优先事项”。[10] 最后,重要的是确定尼日利亚内容发展和监
管委员会得出结论时所依据的标准。例如,它是基于国际石油公司和其他 94
石油公司在石油行业授予尼日利亚人的合同数量,还是确实确定了运营商和服务公司使用的一定数量的内容、服务是否来自尼日利亚?

该法第 106 条对尼日利亚当地成分的定义是:“通过有计划地利用尼日利亚石油和天然气行业中的尼日利亚人力、物力资源和服务,系统地发展当地生存能力和生产效率,提高或增加尼日利亚经济的综合价值。”因此,关于尼日利亚当地成分的关键词是:尼日利亚的人力或物质资源和其服务。尼日利亚内容发展和监管委员会所需要的是一个全面的标准,来恰当地衡量尼日利亚的当地成分,这将使政府能够准确查明需要填补的差距,并且奖励遵守规定的公司和制裁违规者。在这方面,巴西的例子可能为尼日利亚提供颇有价值的洞见。

巴西石油工业的监管机构——国家石油、天然气、生物燃料管理局,2005 年编了一本“卡蒂利亚”的册子作为衡量石油行业当地成分的官方方法。该册子详细、严谨,甚至规定了确定构成巴西当地成分的石油行业所需的每台设备部件的实际制造商的标准。它同时还规定了与商品、服务、临时使用商品以及与系统、子系统有关的计算当地成分水平的标准。[11] 这种方法侧重于本地制造的商品,且不包括出口部件价值,但考虑巴西居民

[10] See Ovadia, 2013.

[11] Olsen, 2013.

和持有巴西永久签证的外国人收入和附加税收,以计算本地服务内容的价值。[12] 如果发生违法行为,国家石油、天然气、生物燃料管理局实施制裁,与每个特定情况下达到当地成分的最低需求缺失值成正比。[13] 因此,建议尼日利亚内容发展和监管委员会从"卡蒂利亚"册子以及其他石油生产国制定的衡量标准中吸取经验教训,以制定适合尼日利亚的衡量当地成分的方法。

然而,不可辩驳的是,自《尼日利亚油气行业内容发展法》通过以来,尼日利亚国内的参与度有所提高。在这方面,奥瓦迪亚指出,尽管面临巨大挑战,但是:

> 尼日利亚内容发展和监管委员会做得很好。虽然在国家石油公司和国际石油公司之间的合资经营协议和产量分成合同里也有关于当地成分的相关规定,但是这些规定从未得到较好的执行。虽然不难发现尼日利亚内容发展和监管委员会在履行《尼日利亚内容法》[14]上的问题,但其已经取得了一些重要的进展,尼日利亚公司仅作为外国公司幌子的危险似乎已经基本避免了。[15]

95 有人认为,该法至少在制造和建造、油井建造和完井及控制系统、信息和通信技术方面明确建立了后向联系,[16]并确保在石油行业经营的石油公

---

⑫ See ANP, 'Local Content Booklet of Goods, Goods for Temporal USE, Sets, Materials MDO Services, Systems and Systems for Temporal Use Related to the Sector of Oil and Natural Gas' (2007).

⑬ Olsen, 2013.

⑭ Nigerian Content Act.

⑮ Ovadia, 2016.

⑯ Adewuyi and Oyejide, 2012.

司从尼日利亚公司购买大部分货物,这证明了尼日利亚做法的成功。[17]

该法有关尼日利亚公司在提供货物和服务时优先于在石油行业经营的国际石油公司的要求,使尼日利亚服务部门获得了一些优势。因此,《尼日利亚油气行业内容发展法》成了石油行业发展国内产能的跳板。它还促使尼日利亚人进行创新和能力发展,使其能够胜任石油行业的工作岗位。在某种程度上,《尼日利亚油气行业内容发展法》代表了对合格的尼日利亚公司的立法保障,只要他们能够达到行业的要求,就能被优先考虑从事至关重要的工作。该法还要求在尼日利亚经营的国际石油公司和其他石油勘探、开发公司在其政策和业务中考虑当地成分。因此,这些公司被鼓励建立由专业人士组成的当地成分部门,并确保其项目遵守该法的规定。

这部法最突出的贡献可能是它使人们普遍意识到了石油公司在行业内对于当地成分的义务。通过对可以在本地完成的工作外包实行限制,《尼日利亚油气行业内容发展法》还在尼日利亚公司已经有足够能力的领域创造了机会。一些本土公司不仅雇用尼日利亚人,还将大部分利润保留在国内。该法还促使尼日利亚企业接受新挑战,产能提升到新高度,满足行业要求。尼日利亚企业在石油行业当地成分取得的长足进展值得进一步研究。

在该法颁布之前,石油行业中几乎所有制造、工程和采购都外包给了外国公司。[18] 但是,如今的情况并非如此,因为尼日利亚的服务公司已经投入大量资金购买先进的船只和钻井平台,而这些船只和钻井平台曾经是外国公司的专利。目前,本地供应和服务公司在某些领域享有专项资助,甚至是独家经营权。另外,一些制造、生产和工程设施也得到了发展和升

---

[17] Adewuyi and Oyejide, 2012, at p.452. See also, Ayoola, 2017, at p.53.

[18] S Wabote, 'Eight Years of Local Content Act' The Nation (23 April 2018), http://thenationonlineng.net/eight-years-of-local-content-act/, accessed 8 August 2018.

级,而本土和边际油田生产者生产的石油目前约占尼日利亚原油产量的15%,此外还满足了约53%的国内天然气需求。[19] 目前,据报道,尼日利亚公司在石油行业获得的合同总价值已经上升到83%,而尼日利亚在国内的平均当地成分保留率大约是28%。[20]

96 2013年,尼日尔码头和多曼龙工程有限公司[21](均为尼日利亚本土公司)为尼日利亚美孚石油生产公司制造了两个主要井口,这是石油行业当地成分的一个壮举。[22] 在当时,这个项目是尼日利亚国家石油集团和美孚石油公司在国内以合资协议形式执行的最大的制造工程项目。[23] 石油行业的另一个里程碑是SSC管厂对国家石油公司与美孚石油公司的合资企业设施、生产系统和流程完成升级。[24] 2010年,SSC管厂向国家石油公司与美孚石油公司交付了有史以来第一套尼日利亚制造的双埋弧焊螺旋管。[25] 在尼日利亚历史上第一次,法国的EIFFEL建筑金属公司与一家尼日利亚公司OOP工程有限公司合作,为道达尔公司的Ofon二期项目建造海上生活区。[26] 但是自《尼日利亚油气行业内容发展法》通过以来最大的成就可能是2018年道达尔石油勘探开发公司的埃吉纳浮式生产储卸船抵达拉各斯LADOL自由区的SHIMCI港口,用于整合尼日利亚制造的6个

---

⑲ Ibid.

⑳ Ibid.

㉑ 即使该公司原来是一家英国公司的子公司,但是在尼日利亚1977年的本土化政策下现在已经完全属于尼日利亚。See Dorman Long Engineering, 'History' (2014), http://www.dormanlongeng.com/Content/viewcontent.aspx? linkLvlIId = 7&linkId = 37, accessed 7 April 2017.

㉒ See OPTS, 'Local Content Strides in the Oil and Gas Industry' (2014), http://www.opts-ng.com/20140430092552Nigeria%20Stride%20High%20(web%20reduced).pdf, accessed 8 November 2016.

㉓ 'Nurturing Nigerian Content to Reality' *Thisday* (17 September 2014), http://www.thisdaylive.com/articles/nurturing-nigerian-content-to-reality/159163/, accessed 10 March 2017.

㉔ 'Nigeria Sees Local Content Prospects at ssc Pipe Mill' Vanguard (7 February 2012), http://www.vanguardngr.com/2012/02/nigeria-sees-local-content-prospects-at-scc-pipe-mill/, accessed 8 November 2016.

㉕ OPTS (n 22).

㉖ Ajoro, 2016.

板块。[27]

这些显赫成就增强了在石油行业运营的国际石油公司和石油勘探、开发公司的信心,他们越来越多地承诺在运营中更多地运用本地制造的管道来运输原油。虽然这些成就值得称道,但是应该注意到,真正的“当地成分”可能很少。这是因为一些被标榜为当地成分的工作,要么被本地供应和服务公司外包给外国公司,要么主要使用进口材料。实际上这在很大程度上损害了尼日利亚当地成分政策,因为当地成分的实质就是使用本地产品和服务并向尼日利亚公司提供就业机会。[28] 因此,虽然尼日利亚菲诺格
有限公司(一家本土公司)在 2011 年建造了 7 个水平定向钻井船队,被广 97
泛誉为当地成分的里程碑,但事实是该公司几乎完全依赖德国制造商来完成这项工作。[29]

问题的关键点是尼日利亚的当地成分议程应该重在发展本地工业而非向本土公司授予合同或特许权。虽然强调后者在某种程度上也是有益的,但是前者更加重要。事实上,一家外国石油公司在相当程度上利用尼日利亚雇员和本地制造的设备,这可能比一家尼日利亚公司将大部分工作外包给外国公司更能符合尼日利亚当地成分的目的。决策者和监管者在衡量和审查尼日利亚当地成分发展的进展情况时,应适当了解这些动态,以便正确评价该法是否真正产生了预期效果。

尽管该法取得了一些成就,但一些人仍认为尼日利亚对当地成分采取立法是没有必要的、不现实的和太过雄心勃勃的,而且事实上还有违反尼日利亚所承担的国际贸易和投资义务的风险。本章现在将评估非洲石油生产国广泛接受的当地成分立法办法是否比合同方法更加必要和值得选择。

---

[27] Wabote (n 18).

[28] 例如,虽然尼日利亚菲诺格有限公司在 2011 年完成了 7 个水平定向钻井船队,但事实上,按照菲诺格的规格,制造工作是通过素钻硬盘技术在德国完成的。See Fenog Nigeria Ltd, ‘HDD Rigs’(2016), http://www.fenog.com/index.php? option = com_content & view = article & id = 52%3Ahdd-rig & catid = 26&Itemid = 144, accessed 4 February 2016.

[29] Ibid.

5.2 当地成分立法方法是否必要?

尼日利亚的主导地位,首先体现在作为一个产量巨大的石油生产国,其次是由于其庞大的经济、众多的人口,这意味着该国在某种程度上仍然是几个非洲国家的典范,特别是在石油行业。这就解释了为什么尼日利亚采用了促进当地成分的立法模板,一些非洲石油生产国纷纷效仿。例如,加纳2013年的《石油(当地成分和本地参与)规范》,很大程度上受到了《尼日利亚油气行业内容发展法》的启发。同样,坦桑尼亚根据2015年《石油法》制定的2017年《石油(当地成分)规范》以及根据2010年《采矿法》制定的《采矿部门当地成分条例》。乌干达和肯尼亚等其他国家也同样处在颁布当地成分法的不同阶段。肯尼亚还制定了2016年《当地成分法案》。问题是,非洲国家是否有必要依靠立法来推动国家对石油行业的参与,或者在这方面是否存在其他的替代方法。对这个问题的分析参照了对《尼日利亚油气行业内容发展法》的答复。

在3篇关于尼日利亚当地成分制度的文章中,约瑟夫·恩瓦克罗认为《尼日利亚油气行业内容发展法》是不必要的“矫枉过正”,因为在当地成分开发方面已经存在一个更加可行的替代合同方案,其形式是尼日利亚国家石油集团与其合作伙伴石油勘探、开发公司之间的合资协议、产量分成
98 合同。[30] 该文作者认为“几乎没有必要制定新的法律来提高尼日利亚当地成分”“……需要的是国际石油公司和国家石油公司之间的合作框架,以执行现有的合同协议”。[31] 他进一步指出,合作性合同方法将避免《尼日利亚油气行业内容发展法》的任意性,同时避免可能与之相关的潜在法律问题。[32] 作者的立场是,尼日利亚不需要另一项关于当地成分的立法,因为

---

[30] See Nwaokoro, 2011. See also Nwaokoro, 2012 and Nwaokoro, 2009.

[31] Nwaokoro, 2011, at p. 150.

[32] Nwaokoro, 2011, at p. 154. see also Nwaokoro, 2012, at p. 62.

《石油法》制度和国有石油公司在合资协议、产量分成合同下的权力已经充分处理了尼日利亚内容问题。他认为,不需要立法来刺激国际石油公司赞助尼日利亚的货物和服务因为对它们来说这样做(合同方法)更便宜也更安全。[33]

本书对这位学识渊博的作者的回应是,至少在目前,《尼日利亚油气行业内容发展法》似乎是推进尼日利亚当地成分的最佳选择。这是因为必须采取影响深远的措施来扭转尼日利亚政府公报前尼日利亚当地成分低得令人无法接受的状况。因此,尼日利亚有理由转而采取更加有力的办法。在"较为温和"的措施未能产生预期效果的情况下,做好采取自上而下的立法方法来执行政策是可取的。虽然人们承认,一些国家不必依靠广泛立法就已经制定了当地成分,但是在有可能故意不遵守国家政策和指令的情况下,立法措施是适当的。[34] 当然,立法可能导致僵化,但其优点在于它代表了对一个长期存在的问题更持久的解决办法。这意味着,与合同模式不同,《尼日利亚油气行业内容发展法》的要求是"常态的、有约束力的",不得随国家石油公司及其合作伙伴国际石油公司,甚至尼日利亚内容发展和监管委员会本身意志而改变,除非诉诸立法机构。

还必须承认,立法上的当地成分要求不易改变,并且可能最终变得烦琐和过分。然而这一弱点可能通过授权监管机构在必要时给予豁免或者在立法附件中插入当地成分相关要求,这样较易修改而无须昂贵和耗时的立法修正过程。如第 2 章所述,虽然当地成分的合同方法有灵活性和可变性的优势,但是如果执行不力可能会导致不利后果。例如,在尼日利亚,石油资源局与国家石油公司、国际石油公司之间的密切关系使其难以对国际石油公司进行有效的监管。事实上,恩瓦克罗承认,在国家石油公司默认

---

[33] Nwaokoro, 2009, at p. 53.

[34] 在谈到对矿业公司制定当地成分法规的必要性时,怀特指出"如果没有政策或法律上的要求,矿业公司就不会考虑当地成分"。White, 2017, at p. 265.

的情况下,发生了违反《尼日利亚油气行业内容发展法》之前的当地成分
99 要求的行为。[35] 这一事实更加说明尼日利亚人有理由从合同方式转向更多的合作方式,由于缺乏可信的执行承诺,合同方式当时没有产生预期效果。

为了建立尼日利亚内容发展和监管委员会,解决石油资源局与国家石油公司在尼日利亚内容方面规制和监管问题,《尼日利亚油气行业内容发展法》也是有必要的。因此,立法是建立政策执行和当地成分监管体制框架的较好手段。[36] 例如,由于巴西根据立法设立了国家石油、天然气、生物燃料管理局,因此该机构由公职人员组成,他们对巴西立法机构负责,进而对巴西公众负责。[37]

同样,在提出尼日利亚国家石油集团有足够的权力推进尼日利亚当地成分的论点时,这位学识渊博的作者忽视了这样一个事实,即尼日利亚石油行业的范围除了尼日利亚国家石油集团和其国际石油公司合作伙伴外,还包括承包商、分包商、服务部门和本土石油公司。还应指出,大多数本土石油公司都是按照完全风险安排运作的,没有求助于尼日利亚国家石油集团。[38] 其效果是,在《尼日利亚油气行业内容发展法》前,按照独资安排经营的公司及其分包商在采购、订约或雇佣方面不需要遵守尼日利亚内容部

㉟ Nwaokoro,2011,at p. 148 and 152.

㊱ 国家石油、天然气、生物燃料管理局是根据巴西1977年《石油法》(第9478号法律)成立的。该法第8条规定,国家石油公司负责管理巴西的石油资源和石油行业。

㊲ See Rutter and Knigton 2012.

㊳ 这些公司包括非洲石油公司、马克廷有限公司、阿尔弗雷德·詹姆斯尼日利亚有限公司、安妮、杜布里石油、NPDC、尹卡石油和莫尼普洛公司等。See Department of Petroleum Resources,'Oil and Gas Annual Report' (2016),https://dpr. gov. ng/iiidex/wp-content/ uploads / 2016/01/2016 – Oil-Gas-Industry-Aimual-Report. pdf, accessed 6 March 2016, at p. 31.

的规定。[39] 虽然他们被要求遵守《石油法》的相关规定以及他们在授予特许权或合同时作出的其他承诺，但这些要求都很小且不够广泛。这里所指的是，尼日利亚国家石油集团只能从与其有直接关系的公司那里获得当地成分的承诺，但对于根据独资安排运营的公司却无能为力。因此对各利益相关方的有效监管需要更加全面的方法。

《尼日利亚油气行业内容发展法》已经解决了这一制度限制，规定其适用于石油行业所有运营商，并由尼日利亚内容发展和监管委员会负责在整个行业中执行。[40] 此外，尼日利亚内容发展和监管委员会能够在协调和监管尼日利亚内容方面发挥一站式服务功效。这使其能够快速跟踪尼日利亚当地成分政策的推进，同时也减少机构间的机会冲突。[41] 例如，根据 100
该法，尼日利亚内容发展和监管委员会必须与尼日利亚海事管理和安全局（Nigerian Maritime Administration and Safety Agency，NIMASA）合作，执行2003年《沿海和内河航运法》有关石油行业当地成分的条款。[42] 除了这些以外，《尼日利亚油气行业内容发展法》的另一个优点是规定明确，民众均可看到，而不是作为机密隐藏，它的规定公开接收监督和评价。因此，民间组织、社区和利益相关方更有能力不仅对行业，而且对监管机构本身施加压力。立法方法也意味着，在石油行业经营的企业也明确了自己的责任、制裁以及进一步推进尼日利亚当地成分的激励措施。

总而言之，非洲国家可能有必要依靠立法作为推进当地成分的主要模式。然而，他们应当以其他可行的举措补充其当地成分法。因为过度依赖

㊴ 在尼日利亚，特许权属于联邦政府。与此相反，索南戈尔公司能够对安哥拉的石油工业施加更广泛的影响，因为2004年《石油活动法》规定，该公司是安哥拉石油资产的唯一特许权持有人。这种独特的战略地位，使该公司能够从其合作伙伴那里获得当地成分的承诺，并监督执行情况，而尼日利亚国家石油集团则不同，其影响力仅限于其合作伙伴。阿尔及利亚在2005年之前也采取了与安哥拉类似的做法。

㊵ Ss 1 and 2.

㊶ 例如，尼日利亚内容发展和监管委员会作为当地成分监管机构，能够在14个月内完成安捷普的“扎巴扎巴”深水项目的评标工作，而过去习惯上是36个月。Wabote（n 18）.

㊷ S. 105.

立法而没有下文提及的更多措施，可能不会产生预期效果。[43] 在这方面，至关重要的是，非洲的采购商是否准备好迎接自上而下的保护主义当地成分要求挑战。问题在于，首先，他们是否有能力监管和执行这些法律。其次，他们是否有必要手段和政治意愿来贯彻执行。当法律通过背后的目标无法实现时，必然会出现立法失败。这可能会使公众沮丧，特别是当有关法律涉及公共利益时。鉴于此，要研究那些“急于”采取保护主义当地成分措施的非洲国家的现实能否满足实施这些法律的要求。下文将探究非洲石油生产国在资本高密集的行业中采取保护主义可能面临的一些挑战，并以尼日利亚为研究案例，将《尼日利亚油气行业内容发展法》与尼日利亚政府为通过立法解决其海运业当地成分不足的其他尝试进行了比较。

5.3 《尼日利亚油气行业内容发展法》和尼日利亚能力薄弱的挑战

《尼日利亚油气行业内容发展法》本质上是一个保护主义制度，大多数条款是强制性的，经营者必须达到平均67%的尼日利亚当地成分。从根本上说，这些规定严重限制了外国公司和外籍人士在尼日利亚石油行业自由经营的范围。这种做法的挑战是，如第3章所示，尼日利亚在其《政府采购法》之前影响其当地成分的大多数能力挑战尚未得到充分解决。一
101 些国际石油公司认为，尼日利亚在满足《尼日利亚油气行业内容发展法》的要求方面能力薄弱，这表明其决策者缺乏国情考虑。[44] 奥金认为，尼日利亚似乎没有发展能力来满足石油行业需求，而是过度依赖监管、拒绝批准等手段来发展其当地成分。[45] 鉴于尼日利亚在能力方面的挑战，一些人

---

[43] 在评论该问题时，有人主张，尼日利亚当地成分法的成功需要当地成分政策和石油公司在全国范围内获得支持和接受。Gbegi and Adebisi，2013.

[44] See Oguine，2011，at p.406.

[45] Oguine，2011，at p.419. 其他学者也有类似的观点。See White，2017.

认为,其很难真正执行《尼日利亚油气行业内容发展法》。[46] 而根据恩瓦克罗的说法,《尼日利亚油气行业内容发展法》的要求忽视了尼日利亚银行面临的系统性问题。[47]

毫无疑问,《尼日利亚油气行业内容发展法》是一个雄心勃勃的计划。它的有效实施将取决于尼日利亚政府创造有利环境的政治意愿,在这种环境下,本地公司将奋起直追,以满足石油行业的要求。尼日利亚有颁布影响深远的法律的历史,但这些法律往往执行不力,要么是因为其一开始就不现实,要么是因为缺乏政治意愿。这引起了人们对《尼日利亚油气行业内容发展法》是否会走同样的路的真正担忧。对两部类似法律的调查表明,政府通过这两部法律的目的基本上没有实现,这就说明了这一点。

针对海运业国内参与非常薄弱的情况,尼日利亚转向了立法,颁布了《卡博塔奇法》(Cabotage Act)。与《尼日利亚油气行业内容发展法》一样,该法设立了尼日利亚海事管理和安全局,以规范和监管该部门。该法规定广泛,旨在在海运业中增加相当多的尼日利亚当地成分。[48] 例如,第 3 条禁止非完全由尼日利亚人拥有和驾驶,并在尼日利亚建造和注册的船只在尼日利亚沿海、领海、内陆水域、岛屿或专属经济区水域内从事国内沿海货运和客运;而第 4 条第 1 款则禁止非完全由尼日利亚人拥有的拖船或船只将船只拖离或拖至尼日利亚水域任何港口或地点。类似的禁令还涉及石油钻井平台、平台和设施之间的材料运输或供应服务提供,或石油钻井平台、平台和设施之间石油产品运输,无论是近海还是沿岸,或尼日利亚水域

---

[46] 《尼日利亚油气行业内容发展法》的附表逐项列出了石油行业约 280 个独立方面所需的尼日利亚当地成分。这些当地成分包括所需的本地工时、金融、吨位、服务的使用等。虽然《尼日利亚油气行业内容发展法》要求该行业的某些方面 100% 的尼日利亚当地成分,但在其他方面,则要求较低,这取决于本地能力和专业知识的程度。See also Atsegbua, 2012, at p. 491.

[47] Nwaokoro, 2012, at p. 56.

[48] See Anele, 2018. Ukpere and Ukpere, 2011. See also Damachi and Zhaoshen, 2005.

内的任何港口或地点。[49]

102 许多尼日利亚人都希望该法开创一个造船的新时代，创造就业机会，改善尼日利亚的经济。然而，困难在于实施和执行阶段。调查发现，由于尼日利亚造船厂能力薄弱，该法无法充分执行。例如，第3条要求所有沿海运输船只必须在尼日利亚建造，但几乎不可能遵守，因为尼日利亚不是一个造船国家，而且缺乏训练有素质的人员来制造所有国内使用的船只。[50]

在《卡博塔奇法》颁布15年后，现在人们普遍认为其影响微乎其微。[51]尼日利亚仍在很大程度上依赖外国船只，尽管这违反了该法的要求。尼日利亚海事管理和安全局的海事劳工和卡博塔奇服务司前执行主任易卜拉欣·扎拉尼承认，《卡博塔奇法》在很大程度上没有实现其目标。扎拉尼在《卡博塔奇法》颁布为法律时也是国民议会成员，他在海事管理和安全局任职期间指出："现在我负责执行《卡博塔奇法》，我看到了执行该法的实际困难。我想说，《卡博塔奇法》几乎是建立在一无所有的基础上的；而在我看来，在一无所有的基础上建立任何事物都是不可能的。"[52]同样，尼日利亚高级律师和海事专家路易斯·姆巴内福认为，《卡博塔奇法》没有经过深思熟虑，存在根本性问题。他指出：

> 虽然该法目标值得称赞，但该法的基础有问题。作为未来愿景的政策声明是好的，但使其立即生效并付诸执行非常不明智。该法随后规定，部长可以给予外国人经营沿海运输业务的豁免，外国人凭借豁免继续像以前一样经营。在我看来，这个推理是有问题的。你设定了尼日利亚人无法达到的目标，然后你又给外国

---

[49] S. 5. 同样，第6条禁止任何船只在尼日利亚内陆水域从事国内贸易，除非该船只完全由尼日利亚公民拥有。根据第7条，在船只的重建中，只有在整个重建工作，包括船体或上层建筑的任何主要部分的建造工作在尼日利亚进行的情况下，船只才有资格从事沿海运输服务。

[50] S. 23 of the Cabotage Act 2003.

[51] Echenim, 2012.

[52] Echenim, 2012.

> 人豁免权，让他们继续经营。我认为需要进行彻底重构，而不是粉饰性的修正。

《卡博塔奇法》代表着进步，为了消除阻碍其实施的现实因素，2014 年一份修正法草案被提交至国民议会，以使其符合当前的现实情况。[53] 与《卡博塔奇法》一样，《尼日利亚油气行业内容发展法》的雄心勃勃表明，其制定者要么忽视了尼日利亚面临的能力挑战，要么非常乐观地认为这些挑 103
战可以在短期内得到解决。但情况并非如此，尼日利亚的基础设施改革仍在进行。虽然一些改革有可能随着时间的推移转化为更高的尼日利亚当地成分，但不现实和僵化的当地成分制度可能使尼日利亚成为一个没有吸引力的投资国。[54] 如果保护主义的当地成分制度具有限制性和不适当的禁止性，市场力量可能会迫使颁布该制度的公共保护委员会通过放弃、改革或修订来降低该制度。《卡博塔奇法》就是这种情况。巴西的情况也是如此，其难以实施保护主义制度，进而采取了唯一可行的措施，就是修改下限。在 2017 年举行的第 14 轮招标活动中，巴西的投标标准中取消了当地成分限制。[55] 巴西还放宽了早在 2005 年就已批准的一些区块的当地成分要求，以提高其对外国投资者的吸引力。[56]

---

[53] 国民议会二读通过的修正法案，修改了《卡博塔奇法》的一些条款，并“扩大其范围，以涵盖尼日利亚沿海和内河航运水域的所有离岸业务”。该修正案也有望解决《卡博塔奇法》中的一些漏洞，这些漏洞使违反该法制度成为可能。然而，该法案没有在 2015 年 5 月结束的第 7 届国民议会中通过。See Etim and Afun，2014. 该修正案（HB529）已提交给尼日利亚第 8 届国民议会。

[54] 据说尼日利亚的石油生产成本已跻身世界最高成本行列。C. Okafor，‘WSJ：Cost of Oil Production：Nigeria now World's 3rd Most Expensive’ Thisday（18 Jane 2016），http://www.thisdaylive. com/index. php/2016/06/18/wsj-nigerias-cost-of-oil-production-now-worlds – 3rd-most-expensive/，accessed 20 June 2017.

[55] See Almeida and See Arruda，2017.

[56] See Parkin and Kiernin，2016. 而在 2013 年，巴西国家石油公司面对盐层下油田面临的严峻挑战，“被迫”致函国家石油、天然气、生物燃料管理局，要求降低巴西当地成分要求。Bryne，2013.

尼日利亚可能需要及时至少在《尼日利亚油气行业内容发展法》的一些方面采取类似的策略。由于巴西的能力及其国家石油公司的生存能力超过尼日利亚,后者更需这么做。如果尼日利亚的当地成分目标是50%的平均水平,可能是合理的,因为其大量石油储备的开发使对外国资本、技术和货物的依赖势在必行。也就是说,在法规中适当插入例外和豁免条款,可以缓解立法太过严格的后果。因此,在国内能力薄弱的情况下,监管者和管理者给予豁免是正常的。正是认识到了这一事实,《尼日利亚油气行业内容发展法》第11条第4款规定:

> 尽管有本款第1项的规定,但如果没有足够的能力达到本法附表所列的任何指标,部长可授权继续进口有关物品,部长的这种授权不得超过本法生效后的3年。[57]

然而,上述条款的一个致命缺陷是,部长批准豁免的权力在《尼日利亚油气行业内容发展法》生效3年后终止,而该法的生效时间是2013年。所面临的挑战是,即使在2018年,即《尼日利亚油气行业内容发展法》通过8年后,尼日利亚仍在与能力和基础设施方面的挑战作斗争,当务之急
104 就是要解决这一问题。该款应予修正。这种修正将使在尼日利亚公司能力不足的情况下给予豁免的权力不受限制。

然而,为了国家的最佳利益,应审慎地运用这种给予的豁免权。应注意防止豁免成为常态而非例外。这就是尼日利亚在天然气燃烧方面的经验。尼日利亚于1979年颁布了1979年《伴生气回注法》(Associated Gas Reinjection Act 1979, AGRA)。该法为在1984年前消除天然气燃烧建立了法律框架。然而,成功执行该法所需的有利环境并没有建立起来。在大多数情况下,尼日利亚的国内天然气市场并不活跃,也不具备将天然气重

---

[57] Emphasis supplied.

新注入地下所需的基础设施。这些挑战,加上执法不力和“挠痒式”罚款,致使石油公司不顾对环境的不利影响,继续在尼日利亚燃烧伴生天然气,依靠豁免逃脱制裁,或在必要时支付轻微罚款。[58]

因此,虽然这些豁免阻止了1979年《伴生气回注法》构成石油行业发展的绊脚石,[59]但却导致国家石油公司和国际石油公司对取消天然气燃烧采取不积极的态度。应注意在《尼日利亚油气行业内容发展法》中授予豁免权时处理好相应关系,不应授予尼日利亚内容发展和监管委员会或部长“一揽子”豁免权,只应在有限的情况下给予豁免。同样,1979年《伴生气回注法》和《卡博塔奇法》表明,在缺乏执法的政治意愿或成功执法的必要因素的情况下,仅靠立法不能产生预期的效果。

尽管尼日利亚面临能力方面的挑战,但其所采取的支持保护主义措施并非没有优点。首先,关于能力问题,事实是,虽然尼日利亚不是发达国家,但其有巨大的潜力,如果发挥得当,将大大有助于满足石油行业的要求。该国拥有相当数量的工程师、地质学家和科学家,其中许多人在全世界最好的石油公司工作。除此之外,国家石油公司在石油行业已有近50年的经验,可以利用这些经验来推进尼日利亚当地成分的发展。尽管存在声誉问题和众多挑战,但国家石油公司在过去表现出了逆势而上的业
绩。[60] 其次,尼日利亚的一些本土石油公司和服务公司在石油行业中表现 105
较好,下文将会述及。这些都表明,虽然保护主义有其弊端,但它也可能给

---

[58] 截至2017年,尼日利亚是全球第7大天然气燃烧国,仅次于俄罗斯、伊拉克、伊朗、美国、委内瑞拉和阿尔及利亚。See, NNPC, ‘Gas Flaring, Nigerian Achieves 26 Percent Peduction’(3 April 2017), http://nnpcgroup. com/PublicRelations /NNPCinthenews/tabid/92/articleType/ArticleView/articleId/755/Gas-Flaring-Nigeria-Achieves-26-Per-Cent-Reduction. aspx, accessed 3 July 2017; See also Ejiogu,2013. Edino,2010.

[59] S. 2 of the Act.

[60] 努克吉指出,国家石油公司的上游单位于1976年在海上钻了第一口井(OPL 96),当时的尼日利亚,美孚是唯一一家在海上作业的公司。这一努力可以说是尼日利亚石油运营公司第一次在122米深水钻探成功(尽管有争议)。到1979年,尼日利亚国家石油集团在不同地点发现了10亿多桶原油,完全是靠尼日利亚人的努力。See Nwokegi,2007,at p.37.

本地工业带来机会,使他们能够挖掘自己的潜力,并制定本地化的战略,以满足石油行业的需要。

最后,尼日利亚所需要的也许是一种混合的当地成分监管办法:介于保护主义与自由主义之间的更灵活的办法。在那些缺乏国内能力的地区,可能会依靠类似于挪威在北海的合作方式。因此,在尼日利亚积极应对其能力和基础设施方面的挑战的同时,《尼日利亚油气行业内容发展法》应成为当地成分发展的指南,同时也是催化剂。有人建议该法应保留其“自上而下”的立场,以保护需要保护的新兴产业,但同时也应包含一些“自下而上”的方面。这将在需要外国参与和伙伴关系的领域创造灵活和妥协的空间。

值得注意的是,尽管《尼日利亚油气行业内容发展法》持“自上而下”的立场,但尼日利亚内容发展和监管委员会努力结合保护主义的元素,同时也与石油行业的运营商合作发展当地成分。因此,除了给予授权和批准或保留批准外,尼日利亚还举办研讨会,为本地企业提供资金和培训,并促进行业内利益相关者之间的信息共享等。[61] 这种方法更具包容性,如果以透明和专业的方式进行,可能会产生双赢的结果,对运营商和尼日利亚政府都是如此。

5.4 小结

这一章确定了《尼日利亚油气行业内容发展法》在石油行业的影响。本章注意到自 2010 年以来,该法被广泛接受并取得了一定效果;该法将当地成分置于石油行业发展的首位,而不是仅将其作为企业的社会责任。本章发现,自从尼日利亚采取大胆步骤,颁布《尼日利亚油气行业内容发展法》以来,本土公司受到该法的激励,发展了自身能力,以便有资格在石油

---

[61] See S. 57,该条授权理事会成立尼日利亚当地成分咨询论坛,以促进该行业在各方面开展合作。

行业迎接更大的挑战。本章还指出,该法可作为若干采用法律方法推动当地成分发展的非洲石油生产国的范本,尽管其方式略微或不如《尼日利亚油气行业内容发展法》严格。本章还审视了反对尼日利亚采用法律方法作为较温和、较灵活的合同方法的替代的论点。

本章还表明,一些采取保护主义的国家往往在国内能力方面举步维艰,此外,他们还有可能违反其国际贸易义务。[62] 在这方面,应该清楚,当地成分措施不仅给在非洲经营的外国公司带来负担,而且在监管承诺和能力建设方面也给非洲的石油生产国带来重大负担。尼日利亚的经验表明, 106
对于非洲的私营企业来说,成功执行广泛的当地成分规定可能并不容易,其中许多企业面临国内能力薄弱、监管机制不健全和腐败的问题。

接下来,第 6 章将分析尼日利亚内容发展和监管委员会执行和实施《尼日利亚油气行业内容发展法》的现有机制,并据此确定这些机制是否足以保障该机构履行职责。此外,还力求确定公民个人能够在多大程度上履行《尼日利亚油气行业内容发展法》的规定。

参考文献

Adewuyi A and Oyejide A, 'Determinants of Backward Linkages of Petroleum industry in the Nigerian Economy' (2012) 37(4) *Resources Policy* 452.

Ajoro CJS, 'National Participation in Nigerian Oil and Gas Industry: Prospects and Challenges' (2016) 6(1) *Petroleum Technology Development Journal*, 91, http://www. ptdjournal. com/? page_id = 8, accessed 8 November 2016.

Akpan U, 'Local Content Initiative Creates 30,862 Jobs for Nigerians' *National Mirror* (27 February 2013), http://nationalmirroronline. net/new/

---

[62] See chapter 1, 1.4.

local-content-initiative-creates-30862-jobs-for-nigerians/, accessed 10 March 2016.

Almeida B and Arruda E, ‘Evaluating Brazilian Bid Rounds: The Impact of a Plan to Grant Licences to Optimize Demand in the Upstream Sector’ (2017) 10(3) *Journal of World Energy Law & Business*, 235.

Anele K, ‘A Study of the Cabotage Policy in Nigeria from the Prisms of Ship Acquisition and Ship building’ (2018) 17(1) *WMU Journal of Maritime Affairs*, 91.

Atsegbua LA, ‘The Nigerian Oil and Gas Industry Content Development Act 2010: An Examination of Its Regulatory Framework’ (2012) 36(4) *OPEC Energy Review*, 479.

Ayoola OT, ‘Nigerian Oil and Gas Industry Content Development Act’s Perceived Performance Impact’ (PhD Thesis, Walden University 2017).

Bryne L, ‘Petrobras Wants Local Content Changes’ *Rio Times* (5 March 2013), http://riotimeson line. com/brazil-news/rio-business/petrobras-requests-local-content-changes/, accessed 9 November 2016.

Damachi BB and Zhaosheng Y, ‘The Nigerian Shipping Industry and Indigenous Shipping Companies’ (2005) 32 *Maritime Policy & Managements* 31.

Echenim S, ‘Success of the Cabotage Act, Still a Major Concern to NIMASA—Zailani’ *Leadership* (18 May 2012).

Edino M, ‘Perceptions and Attitudes Towards Gas Flaring in the Niger Delta, Nigeria’ (2010) 30(1) *The Environmentalist*, 67.

Ejiogu A, ‘Gas Flaring in Nigeria: Costs and Policy’ (2013) 24(6) *Energy & Environment*, 983.

Etim K and Afun A, ‘Nigerian Cabotage Tides Are Turning—Good or

Bad?' *Nigeria Shipping Bulletin* (7 February 2014), http://www. mondaq. com/x/292776/Marine + Shipping/SHIPPING + BULLETIN + Nigerian + Cabotage + Tides + Are + Turning + Good + Or + Bad, accessed 23 April 2014.

Gbegi D and Adebisi JF, 'Managing Local Content Policies in the Extractive Industry' (2013) 4(7) *Res J. Financ. Account*,97.

Isineds I, 'Civil Society, Media Call for Stiffer Punishment for Violation 107
of Local Content Act', *Premium Times* (7 September 2015), http://www. premiumtimesng. com/business/business-interviews/189 609 – civil-society-media-call-for-stiffer-punishment-for-violation-of-local-content-act. html, accessed 8 November 2016.

NCDMB, 'Nigeria Content Support Fund Hits $100' (9 October 2012), http://www. ncdmb. gov. ng/index. php/public-relations/news-updates/127 nigeria-content-support-fund-hits-100-million, accessed 19 November 2016.

Nwachukwu C, 'Nigerian Content: Appreciable Success, Greater Challenges still Ahead' *Vanguard* (28 February 2012), http://www. vanguardngr. com/2012/02/nigerian-content-appreciable-success-greater-challenges-still-ahead/, accessed 20 November 2017.

Nwaokoro J, 'Beyond Legislation: a Contractual Alternative to Legislation local content in Nigeria' (2009) 18 *Currents: Int'l Trade L. J.*,42.

Nwaokoro JE, 'Nigeria's National Content Bill: The Hype, the Hope and the Reality' (2011) 55(1) *Journal of African Law*,128.

Nwaokoro JE, 'Signed, Sealed but will it Deliver? Nigerian's local content Bill and Cross-Sectoral Growth' (2012) 4(1) *Journal of World Energy Law & Business*,56.

Nwokeji U, 'The NNPC and the Development of the Nigerian Oil and Gas Industry: History, Strategies and Current Directions' (2007) James A Baker Ⅲ Institute for Public Policy of Rice University and Japan Petroleum Energy Center, https://www.bakerinstitute.org/media/files/page/9b067dc6/noc_ nnpc_ugo.pdf, accessed 4 November 2017.

Oguine I, 'Nigerian Content in the Nigerian Petroleum Industry: Legal and Policy Issues' (2011) 29(4) *Journal of Energy & Natural Resources Law*, 405.

Okonji C, 'Local Content: Nigeria Records $2.8b Investment Inflow' Nigerian Compass (3 September 2012), http://www.compassnewspaper.org/index.php/special-desk/maritime/7218-local-content-nigeria-records-28b-investment-inflow, accessed 2 September 2017.

Olayinka C, 'Local Content Implementation Retains $4b, says Nwap' *Guardian* (14 November 2012).

Olsen WH, 'Brazil's Local Content Policy, Strategy and Ambitions' (2013), http://10.64.0.51:2111/ usg /NdxICC.htm? IP = 10.64.0.51 & MA = 20107A247174&O S = http://www.intsok.com% 2Fcontent% 2F download% 2F249% 2F1809% 2Fversion% 2F4% 2Ffilc% 2FBrazil _ Local _ Content_Strategy.pdf, accessed 7 January 2017.

Onuegbu H, 'Nigerian Content Act: Issues and Workers Concerns' Port Harcourt International Oil and Gas Conference and Exhibition (26 September 2012) Rivers State House of Assembly, Port Harcourt, Nigeria, http://www.tucrivers.org/The% 20Nigerian% 20Content% 20Act% 20% 20Issues% 20and% 20Workers% 20Concerns.pdf, accessed 23 November 2012.

Ovadia J, 'Measurement and Implementation of Local Content—A Framework for Working with Stakeholders to Increase the Effectiveness of

Local Content Monitoring and Development' (2013) *FOSTER Project MFP*030703, http://cpparesearch.org/wp-content/uploads/2014/12/FOSTER-Measure ment-and-Implementation-of-Local-Content.pdf, accessed 8 July 2018.

Ovadia JS, 'Local Content Policies and Petro-Development in Sub-Saharan Africa: A Comparative Analysis' (2016) 49 *Resources Policy*, 27.

Parkin B and Kiernan P, 'Brazil to Ease Local-Content Rules Ahead of Next Oil Bid Round' *Wall Street Journal* (17 October 2016), http://www.wsj.com/articles/brazil-to-ease-local-content-rules-ahead-of-next-oil-bid-round-1476731328, accessed 9 November 2016.

Rutter J and Knigton W, 'Legislated Policy Targets' (2012) *Institute* 108
for Government Briefing, https://www.instituteforgovernmen.org.uk/sites/default/files/publications/Legislated% 20policy% 20targets% 20 final.pdf, accessed 20 November 2017.

Ukpere LO and Ukpere WI, 'A Strategic Reposition of the Maritime Industry for Economic Recovery and Sustainability: "The Cabotage Act"' (2011) 5(14) *African Journal of Business Managements*, 5658.

White S, 'Regulating for Local Content: Limitations of Legal and Regulatory Instruments in Promoting Small Scale Suppliers in Extractive Industries in Developing Economies' (2017) *The Extractive Industries and Society*, 262.

6 《尼日利亚油气行业内容发展法》执行框架评估

6.1 介绍

当地成分法的执行并不容易。要有效地执行该法,就要求监管机构能够充分监控石油公司的合同和采购情况,并能够使用足够的标准来衡量石油公司业务中的当地成分。由于石油工业(上游和下游)的巨大体量,当地成分监管是一项艰巨而又令人生畏的任务。尽管如此,颁布当地成分要求的国家也必须按照步骤,使其监管者能够有效地履行其任务。这主要是因为,石油行业每年授予的石油相关合同的规模和数量庞大,不遵守当地成分要求的影响巨大,不仅表现在经济上,而且表现在本地公司的风险、经验和能力方面的损失上。例如,2018 年,尼日利亚参议院开始对道达尔公司正在执行的价值 160 亿美元的埃吉纳深水项目的当地成分要素和成本变化进行调查。因为有人指控尼日利亚石油行业上游运营商道达尔公司及其承包商公然违反《尼日利亚油气行业内容发展法》的规定,导致数十亿美元外流的硬通货损失。进行调查的参议院委员会声称,尼日利亚公司被其外国同行利用作为规避《尼日利亚油气行业内容发展法》的直接手段。因此,该委员会提议对该法进行修正,以使国民议会能够对石油相关项目进行最终批准。[①] 这项拟议的修正案能否通过还有待观察,而且是否真的对尼日利亚石油行业有利也值得怀疑。违反就业条例以及其他要求的行为也会对石油生产国产生相当大的经济影响。因此,在某些情况下,有必要对故意违约和违反当地成分法的公司采取强硬立场。在这方面,可以回顾一下巴西国家石油、天然气、生物燃料管理局对违反当地成分法的公司采取的强硬立场。2015 年,巴西石油公司的勘探和生产伙伴英国燃 110
气集团因在一个海上项目中违反当地成分规定而被处以创纪录的 7100 万美元罚款,该事例已在第 2 章提及。[②]

尼日利亚内容发展和监管委员会的成立被誉为一项战略举措,使尼日利亚能够通过一个专司其职、立法授权的监管机构来推进其当地成分法。奥拉乌依在评论尼日利亚内容发展和监管委员会的建立时指出,从国际石油公司的角度来看,尼日利亚建立一个当地成分监管机构"……减少了当地成分要求执行和实施方面的模糊性和例外情形,同时从政府和政策的角度来看,它确保了当地成分要求得到切实监督和执行,从长远来看能够带来实际和可量化的利益"[③]。然而,重要的是要确定该机构能否真正崛起,胜任其职责。此外,如果该机构缺乏能力或忠诚,就必须确定是否有其他办法可以推进尼日利亚当地成分。例如,尼日利亚市民个人在推进该法方面可以发挥什么作用?石油资源部、尼日利亚国家石油集团能否在推进尼日利亚当地成分方面发挥补充作用,以加强该法的执行?本章分析了尼日利亚内容发展和监管委员会在推进尼日利亚当地成分方面所享有的权力和采取的策略。本章还试图确定尼日利亚人可以在多大程度上履行该法的规定,并从判例法和国家石油公司最近发生的事件中吸取经验。

① Umoru, 2018.

② See Chapter 2, 2.2.1.1.

③ See Olawuyi, 2017.

6.1.1 尼日利亚内容发展和监管委员会执行《尼日利亚油气行业内容发展法》的战略审视

尼日利亚内容发展和监管委员会作为石油业中尼日利亚当地成分的监管者和发展者,被赋予了执行该法的权力。[4] 作为一个发展者,它促进了当地成分发展的主动性,并与石油公司合作,确保尼日利亚当地成分在石油行业项目执行中得以充分体现。[5] 它参与合同周期的每一个阶段,也使它能够监督签约双方遵守尼日利亚当地成分。此外,它还依靠其预先批准和签发证书的权力,以及检查的权力,确保石油公司知悉尼日利亚当地成分。在实践中,它还可以禁止某些物品的进口,并要求公司在本地采购。[6]

111 尽管《尼日利亚油气行业内容发展法》使用了强烈的保护主义语言,但值得注意的是,尼日利亚内容发展和监管委员会在当地成分监管方面基本上采取了合作与和解的方式。在与业界打交道时,它更倾向于向违约公司发出违约通知,而不是依靠严格的执法。作为当地成分的发展者,它不断组织当地成分年度会议、研讨会和赞助技能发展计划,促进本土公司与国际石油勘探与生产公司合作。在很大程度上,尼日利亚内容发展和监管委员会的功能就像尼日利亚石油业中的"老大哥",解决或调解承包商和运营商之间的当地成分纠纷,而且该委员会在大多数情况下,迟迟不作出处罚,主要依靠行政程序来解决当地成分问题。因此,在执行该法的过程中,尼日利亚内容发展和监管委员会的重点主要是促进本地人在尼日利亚石油业中对使用设备的所有权,同时也推进尼日利亚石油业所用部件的本土制造。该委员会还努力确保项目和业务达到尼日利亚当地成分目标,同

④ Ss 4,5 and 105.

⑤ S. 104(3).

⑥ 'NCDMB to Ban Imported Cables for Oil Projects' Punch (23 February 2017), https://punchng.com/ncd mb-ban-imported-cables-oil-projects/, accessed 8 August 2018.

时还增加本地人的培训和就业机会。此外,为支持目标能力建设,其筹措了尼日利亚内容发展基金,同时还确保当地成分投资者对涉及石油生产社区的投资进行分期到位。

由一个"自上而下"的监管机构采取合作式监督,无疑是值得行使的策略,尼日利亚国家应予以鼓励,其他非洲石油生产国也应效仿。这个办法可能也解释了为何对《尼日利亚油气行业内容发展法》的投诉比对其预期的"强硬立场"少。尽管如此,仍需要让石油行业的运营商和企业认识到,尼日利亚内容发展和监管委员会不仅是当地成分合作伙伴,也是一个监管机构,在必要的情况下,在故意违规的事件中有权实施制裁。不过,自2018年以来,尼日利亚内容发展和监管委员会已流露出向法院起诉违约者的意图,以此来支撑其执法机制。⑦

尼日利亚还通过奖励制度促进当地成分的开发。因此,该法第3条第4款规定,遵守该法规定和促进尼日利亚当地成分发展,是授予证照、许可,以及在石油行业勘探、生产、运输和开发及任何其他业务投标中的获取任何利益的主要标准。这意味着,将当地成分作为其业务的主要方面的公司有可能在未来得到"奖励",而未能遵守的公司则在未来的投标中不太可能被尼日利亚政府考虑。这就解释了为什么尼日利亚的公司会迅速宣传他们在当地成分方面的成就,以此向尼日利亚政府保证,在他们的所有业务中都会考虑国内公司。

在执行《尼日利亚油气行业内容发展法》的过程中,尼日利亚内容发展和监管委员会以其《尼日利亚当地成分要求的实施和执行准则》(以下简称《尼日利亚准则》)为指导,该准则是根据该法第4、5、59、70条制定的。⑧ 根据《尼日利亚准则》的规定,尼日利亚内容发展和监管委员会将通 112

---

⑦ NCDMB, 'NCDMB to Sue Offendes of Local Content Act' (6 March 2018), https://www.ncdmb.gov.ng/2018/03/ncdmb-sue-offenders-local-content-act/, accessed 6 August 2018.

⑧ 这些条款授权尼日利亚内容发展和监管委员会指定程序,指导《尼日利亚油气行业内容发展法》的实施,并采取任何法律上必要的措施,以促进其整体职责的履行。

知违反当地成分义务的公司,并给他们一个具体的时间框架来解决这些问题,否则他们将受到适当的制裁。⑨《尼日利亚准则》还将违规行为分为:轻微违规、严重违规和长期违规。轻微违规行为包括首次违约、疏忽大意或未按时提交定期报告,以及类似的违约行为。⑩ 对轻微违规行为的处罚包括发出警告信,邀请经营者及利益相关方的管理团队与尼日利亚内容发展和监管委员会进行纠正对话。⑪ 严重违规行为包括屡次或持续违约,以及故意拒绝遵守尼日利亚内容发展和监管委员会发布的指令。持续违约的公司还可能被报告给尼日利亚联邦政府的各部委、部门和其他机构,并可能被取消税收优惠。他们还可能无法获得"成本回收",而为发生违规行为的项目颁发的授权和批准证书可能被取消或撤销。

在某些情况下,严重的违规行为也可能被列为经济破坏行为。如果发生这种情况,有关的"破坏者"可能会被逮捕,同时优惠、支持和(或)批准也可能被撤销。最后,尼日利亚内容发展和监管委员会可能会取消严重违规的公司在特定时期内参与尼日利亚石油行业项目的资格。⑫ 例如,2014年,尼日利亚内容发展和监管委员会禁止总部设在意大利的石油服务公司塞佩姆在尼日利亚开展业务,因为该公司在目前由道达尔公司运营的埃吉纳深水油田项目中违反了《尼日利亚油气行业内容发展法》规定的义务。据称,塞佩姆滥用其外籍人员配额及其采购程序。⑬ 2014 年,尼日利亚内容发展和监管委员会禁止韩国现代重工在石油行业竞标,因为它在 Ofon Ⅱ项目中违反了《尼日利亚油气行业内容发展法》第 28、33 条和第 41 条第(2)款,这是一个位于石油开采租约的 102 号海上油田。据称,韩国现代重工在该项目上使用了不符合规定的资产和外籍人员。例如,在该

---

⑨ 3.
⑩ 4.2.1.
⑪ 4.2.2.
⑫ 4.3.
⑬ Alike,2014.

项目上的 184 名工作人员中,只有 2 名是尼日利亚人。[14]

根据《尼日利亚准则》的规定,长期违反当地成分的行为是指公然企图破坏或规避尼日利亚内容发展和监管委员会的执法职能,以及故意拒绝遵守特定指令。适用于长期违规行为的制裁措施包括以停业整顿的意图进入违法者的场所,扣押和隔离构成违规行为或违法标的物的产品或货物。根据该法第 68 条的规定,尼日利亚内容发展和监管委员会还可以发出停止通知,或对长期违约者进行起诉。[15] 不过,这些制裁措施须经尼日利亚内容发展和监管委员会执行秘书办公室审查。[16]

有时,制裁对于执行当地成分指令是必要的,因为并非所有公司都能 113
自愿遵守。实际上,本地采购的高成本,以及在本地人员培训所需的时间和精力,可能不会自然而然地使石油行业经营的石油公司"自愿"发展和推广尼日利亚当地成分。这意味着,尽管当地成分不仅对石油生产国有长期利益,而且对石油公司也有长期利益,但如果石油公司能在采购外国商品或利用"现成的"外籍人员方面找到更便宜、更快捷的替代方案,他们可能不会愿意推广当地成分。[17] 因此,有必要采取制裁措施,以遏制今后的违规行为。关于《尼日利亚油气行业内容发展法》的制裁制度,有三个问题需要进一步阐明。第一,该法中的制裁制度是否足以迫使签约方遵守该法,并使尼日利亚内容发展和监管委员会能够推进尼日利亚当地成分。第二,该法是否赋予了尼日利亚内容发展和监管委员会实施和执行制裁的权力。第三,尼日利亚内容发展和监管委员会在对违规公司实施制裁之前是否需要法院命令。

《尼日利亚油气行业内容发展法》第 68 条载有一项"双管齐下"的制裁规定。据此,经营者、承包商或分包商违反该法规定实施项目是一种违

[14] See Alike, 2016.

[15] 4.4.

[16] 5. See also the Review Procedure of the NCDMB.

[17] See White, 2017, at p. 263.

法行为。制裁的第一步是违约的公司将有责任为其违反该法规定的每个项目支付总金额5%的罚款。第二步是与犯罪有关的项目本身将被取消。[18] 除本节外,该法没有规定其他制裁措施。看来,该法规定的制裁制度还不够详尽。

这使尼日利亚内容发展和监管委员会在执行该法时,更多地依靠《尼日利亚准则》中的制裁措施。但这些制裁主要是行政性的,不一定具有法律效力。更何况《尼日利亚准则》没有明确授权尼日利亚内容发展和监管委员会实施制裁。因此,有人认为,为了依法惩戒违规行为,使《尼日利亚准则》中所载惩戒程序具有法律效力,应将其转移到《尼日利亚油气行业内容发展法》中,因为该法足够详细。另外,应修订《尼日利亚油气行业内容发展法》,授权尼日利亚内容发展和监管委员会通过规章制度来确定制裁措施,并据此执行。对违反该法而应当取消项目的情况,也应在法律正文中规定得更加详细、具体。笼统的“取消”威胁过于宽泛和武断。在没有探索其他可行的、更合理的替代办法的情况下,因轻微甚至较为严重的违规行为就取消价值数十亿美元的项目,可能过于苛刻。也许已经认识到有必要明察毫末、罚当其行,《尼日利亚准则》规定,只有长期违规行为才有可能被取消。

114 6.1.1.1 尼日利亚内容发展和监管委员会的执法权是否充分?

另一个需要仔细研究的问题是,尼日利亚内容发展和监管委员会是否有足够和明确的权力来执行《尼日利亚油气行业内容发展法》。充分的监管权力是有效规范和监管的先决条件。因此,虽然尼日利亚内容发展和监管委员会为自己保留了对违反《尼日利亚油气行业内容发展法》的公司实施制裁的权力,但不确定这项权力是否明确来自该法。在执行该法第68条规定的制裁时,情况尤其如此。这种不确定性源于这样一个事实,即《尼日利亚油气行业内容发展法》没有明确规定哪个机构有责任取消违反

---

⑱ S. 68.

当地成分的项目,也没有规定征收5%罚款的程序。

例如,尼日利亚内容发展和监管委员会是否有权以违反《尼日利亚油气行业内容发展法》为由取消联邦政府向美孚公司发放的上游勘探和开发许可证,还是更愿意向联邦政府提出这方面的建议？很难想象尼日利亚内容发展和监管委员会如何能够取消一项其本来就没有授予的石油开采租约。再如,其是否有权取消壳牌公司授予哈利伯顿公司的分包合同,理由是后者进口而不使用本地设备和货物,或者其是否会向石油资源部部长建议"取消"？虽然尼日利亚内容发展和监管委员会可能会对勘探、开采公司与其承包商之间的分包合同施加"压力",但它可能很难干涉联邦政府与勘探、开发公司之间的协议。有趣的是,在其他国家,如挪威或巴西,由唯一的监管机构负责当地成分以及进行招标和授予石油许可证。因此,与尼日利亚相比,在这些国家,监管机构因违反当地成分规定而"取消"上游许可证要容易得多,而在尼日利亚,石油行业当地成分监管被分割为几个方面。目前,这需要石油资源部和尼日利亚内容发展和监管委员会之间的合作,因为只有石油资源部才能代表部长"取消"授予石油公司的上游许可证。

同样值得注意的是,由于第68条提到的违法行为被称为"犯罪",因此需要一个具有起诉权的机构在法院执行。问题在于,《尼日利亚油气行业内容发展法》并没有赋予尼日利亚内容发展和监管委员会直接的起诉权。然而,这种权力是否可以从其执行和管理《尼日利亚油气行业内容发展法》的一般权力中推断出来,还有待观察。[19] 因此,有必要澄清这方面的问题,因为对第68条规定的罪行进行起诉的任何推定权力都可能在法庭上受到质疑。如果法院认为尼日利亚内容发展和监管委员会没有起诉权,那么其将不得不依靠联邦司法部(该部通常有权起诉违反尼日利亚联邦法律的罪行)来执行任何违反该法的行为。但这种机构间的依赖可能会

---

⑲ Ss 5,59,70(1) and 100.

限制尼日利亚内容发展和监管委员会的效率,并使其面临政治上的相互影响和政府的官僚主义。因此,建议修改《尼日利亚油气行业内容发展法》,
115 赋予尼日利亚内容发展和监管委员会积极而明确的权力,以起诉“违法者”,并在必要时实施制裁。

此外,假设尼日利亚内容发展和监管委员会被明确授权“取消”项目或对违反《尼日利亚油气行业内容发展法》的公司实施制裁,那么在实施这些制裁之前,是否需要先诉诸法院仍不清楚。最近,尼日利亚行政当局的罚款权越来越受到质疑。一些在石油行业经营的公司对行政罚款提出质疑,认为这些罚款除了侵犯他们的公平听证权之外,还相当于篡夺了司法机关的权力。[20] 这导致尼日利亚各高级法院作出了相互矛盾的裁决。

例如,2017 年在美孚生产尼日利亚无限公司诉国家漏油检测监管局一案中, 位于乌约的联邦高等法院裁定被告征收罚款是非法的。[21] 在该案中,国家漏油检测监管局对美孚公司处以 1000 万奈拉的罚款,因为它违反了 2006 年国家漏油检测监管局规则的部分内容。法院的同样推理也可适用于像尼日利亚内容发展和监管委员会这样的机构,该机构在执行任务时对犯错公司实施制裁的能力可能会受到质疑,理由是其在自己的事情上充当法官和陪审团。然而,2018 年,位于拉各斯的联邦高等法院在国家漏油检测监管局诉壳牌尼日利亚勘探公司案中,认为对壳牌公司处以 36 亿美元的罚款并不违反尼日利亚宪法,也未侵害壳牌公司的公平听证权。[22]

这些相互矛盾的裁决使人怀疑诸如尼日利亚内容发展和监管委员会的行政监管机构能否不经漫长的诉讼程序真正实施罚款。这样做不仅成本高昂,而且可能会偏离其核心监督重点。也许是为了避免对其制裁管辖权的潜在挑战,尼日利亚内容发展和监管委员会 2018 年宣布制裁将采取

---

⑳ 监管机构实施行政罚款是否构成对法院权力的减损,以及是否也侵犯了宪法保障的公平审理权,针对以上诉由存在相互矛盾的裁决。Ojameruaye, 2012. Omojuyigbe, 2018.

㉑ 诉讼编号 FHC/UY/CS/1623/2016,未公开。

㉒ See Omojuyigbe, 2018.

诉讼途径。[23]

6.1.1.2 尼日利亚内容发展和监管委员会是否具备对国家石油公司必要的监管独立性?

可能对尼日利亚内容发展和监管委员会的效率产生影响的另一个相关问题是,其是否具有足够的独立性来监管尼日利亚国家石油集团,并进而监管其合作伙伴国际石油公司。尼日利亚国家石油集团是尼日利亚内容发展和监管委员会理事会的成员,[24]该理事会主席是石油部部长,也对尼日利亚内容发展和监管委员会进行监督。[25] 承认对尼日利亚内容发展和监管委员会进行某种程度的部级监督是必要的,尼日利亚内容发展和监 116
管委员会与尼日利亚国家石油集团、国际石油公司之间某种程度的密切关系也可能为当地成分发展方面进行更好的合作和对话创造机会。问题是,这种密切关系可能会妨碍公平的管理。[26] 这也可能使尼日利亚内容发展和监管委员会面临被尼日利亚国家石油集团和国际石油公司“俘获”的风险,削弱其执行该法的能力。而且,由于国际石油公司控制着石油行业上游业务的75%以上,在大多数情况下,尼日利亚内容发展和监管委员会在石油行业开展业务时将不得不面对利益冲突问题。[27]

为了解决这些问题,建议联邦政府将石油部部长和国家石油公司代表从尼日利亚内容发展和监管委员会理事会中撤走,或者采取步骤将国家石油公司部分私有化,作为在其与尼日利亚内容发展和监管委员会之间建立一定距离的直接手段。第1章和第2章提到了巴西在当地成分监管方面的经验。这两章表明,巴西石油行业监管机构是独立于巴西国家石油公司

㉓ NCDMB(n 7).

㉔ S. 72b.

㉕ S. 72a. See also Ss 36, 40, 41, 42, 44, 47, 48, 54, 101 and 102.

㉖ S. 72(b)i. See also Nwaokoro, 2011, at p. 155.

㉗ S. 72(b)i. See also Nwaokoro, 2011, at p. 155.

的监管机构，因此它能够对该公司及其伙伴行使权力。[28] 因此，巴西国家石油公司除了对违规行为进行罚款外，还可以发布巴西石油行业当地成分条例。之所以如此，主要是因为巴西国家石油公司已经部分私有化，与巴西政府保持一定的距离。[29]

6.2 尼日利亚国民与《尼日利亚油气行业内容发展法》的执行

从性质上讲，《尼日利亚油气行业内容发展法》是一项公益立法，其影响力涉及尼日利亚经济的方方面面，尽管其管理和执行完全由尼日利亚内容发展和监管委员会负责。问题是，公民个人是否有资格通过法院执行该法的规定。如果有，这种行动是否会加强该法的执行？如果有关的公民确信存在违反《尼日利亚油气行业内容发展法》的行为，而尼日利亚内容发展和监管委员会又未采取相关必要措施，他们可以诉诸诉讼。这类违法主体可
117 能是参与石油行业的本土石油公司、[30]从事石油相关学科的专业人员、[31]工

㉘ See Pereira, Gergio and Amorium, 2017，作者指出巴西当地成分法对盐层下油区成本、时间的影响。

㉙ 第 8 章将深入探讨私有化对提高尼日利亚国家石油集团业绩的前景。

㉚ 尼日利亚本土公司 Hydrodive 诉称，阿达克斯（Addax）石油公司将一份油井合同授予一家外国公司，违反了《尼日利亚油气行业内容发展法》。继受者兰杰离岸公司和兰杰斯海底公司被列为同案第三、四被告，而阿达克斯石油公司、卡兹特克工程公司和尼日利亚内容发展和监管委员会被列为第一、二、五被告。See 'Addax Petroleum Sued over Award of Oil Well Contract to Foreigners' (2014), http://dailyindependentnig. com/2014/08/addax-petroleum-sued-award-oil-well-contract-foreigners/, accessed 9 June 2016. 另外，2014 年，尼日利亚全心服务有限公司起诉韦瑟福德国际及其尼日利亚子公司韦瑟福德尼日利亚邮箱公司违反《尼日利亚油气行业内容发展法》。Udoh，2016.

㉛ 例如，2014 年，由 3 家本土会计师事务所组成的 SIAO 合伙人在联邦高等法院对尼日利亚国家石油公司、尼日利亚财政部部长和会计师事务所巨头普华永道提起诉讼。原告罗伯特·阿德·奥迪亚奇先生、拉迪·史密斯先生和伊图阿·伊戈达洛先生诉称，任命普华永道会计师事务所对尼日利亚国家石油集团进行审计严重违反了《尼日利亚油气行业内容发展法》第 10、11、15 条。他们还声称，该合同是在没有经过本地行业或任何尼日利亚会计师事务所投标的情况下授予的。See 'Missing 20 bn: Okonjo-Iweala Disowns Price water house Coopers, says she didn't hire firm' Premium Times (30 April 2015), https://www. premiumtimesng. com/news/headlines/182286 - missing - 20 - billion-okonjo-iweala-denies-appointing-pricewaterhousecoopers. html, accessed 6 March 2018. See also Opeisetain，2014.

匠,以及在某些情况下的东道社区等。如果这些人认为,他们期望从中受益的合同是在明显违反该法的情况下授予外国公司的,他们可以寻求执行《尼日利亚油气行业内容发展法》的部分内容。这些行动可以补充尼日利亚内容发展和监管委员会的努力。这些行动也可以作为替代性的执行机制,在管理上出现自满或疏忽的情况下,这些机制被证明是有用的。

公民以个人身份,通过市民社会、受影响的社区或受影响的群体,为保护环境或促进人权提起公益诉讼,并非不可以。这类诉讼如果胜诉,往往有一定的监管成分,特别是如果有证据证明政府在执法方面与违法者有共谋或疏忽,则可能是合理的。寻求执行法定条款的公共利益诉讼,如果起诉成功,可能会产生相应的影响。此外,他们还将给监管机构带来压力,使其有效工作。在现阶段,值得一提的是,鉴于联邦政府执法不严,在石油行业中对壳牌公司及尼日利亚国家石油集团提起的两起公益诉讼案件值得注意:格布雷诉谢利案和道格拉斯诉壳牌案。

尼日利亚通过1979年《伴生气回注法》,禁止在尼日利亚境内燃烧天然气。因为这不仅浪费大量资金,而且不利于人类环境。然而,尽管颁布了禁令,在尼日利亚政府的默许下,天然气燃烧仍在继续。政府方面出于政治和经济的考虑,加上国家石油公司直接参与国际石油公司的运营,阻碍了政府机构严格执行该法。由于认为尼日利亚政府"不愿意"对国际石油公司严格执法,并废除和停止天然气燃烧,最终引起了格布雷诉尼日利亚壳牌石油开发有限公司及其他两起个人起诉案。[32] 在该案中,原告自己并代表德尔塔州伊瓦坎社区提起诉讼,寻求并获得了法院的永久禁令,禁止壳牌公司及其关联公司在该社区内燃烧关联气体。原告称,继续燃烧天 118
然气违反了尼日利亚1999年《宪法》和1983年《非洲人权和人民权利宪章(批准和执行)法》所保障的人权。判决是否得到遵守超出了本书的范

---

[32] 尼日利亚联邦高等法院贝宁法庭审理,案号FHC/B/C/153/05,2005年11月14日宣判。See also Ebeku,2007.

围,但该案及随后的裁决足以说明,公民个人诉讼可以对尼日利亚石油行业产生强制执行力。

在奥伦托·道格拉斯诉壳牌石油开发有限公司和其他三起案件中,[33]原告对尼日利亚里弗斯州邦尼的一家尼日利亚液化天然气有限公司的投产提出质疑。理由是,被告拒绝遵守1992年《环境影响评估法》,该法规定此类项目投产前必须进行环境影响评估。[34] 原审法院以程序不当为由驳回起诉。原告上诉,初审判决被推翻,并发回重审。然而,审判无法进行,因为被诉工厂已经投产——从本质上讲,此事已经因事态发展而无法回转。

与格布雷和奥伦托案一样,一些尼日利亚国民也提起了一些有关当地成分的诉讼,如下所述。这些诉讼是或可能是基于这样的说法,即在石油行业运营的石油公司违反《尼日利亚油气行业内容发展法》的明确规定,向一家外国公司授予或试图授予合同。如果聘用外国人挤占可能由尼日利亚人从事的岗位,或者如果一家公司进口货物或利用外国服务,而这些货物或服务均可在尼日利亚获得,也可能引发个人诉讼。在这种诉讼中,原告通常声称他(它)有权获得被诉合同。这些诉讼需要更仔细地审查。

6.2.1 尼日利亚服务公司与其服务伙伴之间的纠纷

迄今为止,在尼日利亚石油行业引起诉讼的当地成分纠纷,大多由本地供应和服务公司与其外国服务伙伴之间的协作关系引起。[35] 这些伙伴关系是共同的,对双方都有利。对外国公司来说,与当地成分合作伙伴结盟,增加了其在尼日利亚获得工作的机会。外国公司还将从尼日利亚公司

---

[33] 案号FHC/2CS/573。

[34] Ss 2 and 13 of the Environmental Impact Assessment Act.

[35] 其中一些纠纷包括Ofserv尼日利亚有限公司(本土)对韦瑟福德尼日利亚有限公司(外国)提起的诉讼,Hydrohive有限公司(尼日利亚)对阿达克斯石油公司(外国)和阿考(尼日利亚)提起的诉讼,以及LADOL(尼日利亚)对三星(外国)提起的诉讼。

的信息、市场情报、人脉、经验和本地存在中获益。对尼日利亚公司和尼日利亚政府来说,这种伙伴关系将促进技术转让和保证技术援助。他们还将使尼日利亚公司接触到更具挑战性的项目,并提供获得资金的机会。《尼 119
日利亚油气行业内容发展法》要求运营商充分有效地支持尼日利亚与外国承包商、服务商和供应商公司之间形成合资关系、伙伴关系,签署许可协议。但是,这种伙伴关系必须满足尼日利亚当地成分发展要求,使尼日利亚内容发展和监管委员会满意。[36] 因此,将服务合同授予本国公司和外国公司的联合体并非不妥。但是,这种合资关系、伙伴关系在运营过程中可能会出现争端,如果不解决,可能会引发诉讼,其中可能包含一些当地成分因素。一个假设性情景也许能更好地解释这一点。

在尼日利亚经营石油区块的国际石油公司 TTB 有限公司决定将钻井合同授予 ADZ 有限公司(法国)和 BBC 有限公司(尼日利亚)。要促成这项工作,至少需要执行两份合同。首先,作为特许权公司的 TTB 和作为承包商的 ADZ 及 BBC 之间将签订一份三方合同。两个伙伴之间还将签署一份典型的伙伴关系协议。如果 ADZ 终止与 BBC 的安排,转而选择与 YBY(另一家尼日利亚公司)或 DDD(德国)合作,就可能出现问题。如果发生这种情况,感到不满的 BBC 可以向尼日利亚内容发展和监管委员会投诉,也可以向 TTB 投诉。如果纠纷不能得到友好解决,BBC 可能提起诉讼。

ADZ 的解约行为是否合法将由法院来决定。为此,法院必须仔细审查 ADZ 和 BBC 之间的合伙合同条款,以及 TTB 授予两家公司合同的依据。除此以外,法院还可能裁定 ADZ 的行为是否违反《尼日利亚油气行业内容发展法》。如果法院认为合同是平等授予作为伙伴的 ADZ 和 BBC,法院会认定 ADZ 无权违反合同单方面终止或“解雇”BBC,而不必求助于 TTB 和尼日利亚内容发展和监管委员会。ADZ 可以辩称它是合

[36] S.45.

同的主要当事方，而 BBC 只不过是一个“增编”。它也可以说 BBC 破产了，缺乏能力，或者正在破坏合同的履行。

如果法院认为 ADZ 确实是合同的主要受让人，而 BBC 是其分包人，那么法院可以认定终止合同合法，并不违反《尼日利亚油气行业内容发展法》，前提是 ADZ 用 YBY 取代 BBC。但如果 ADZ 在终止合同时选择与德国公司 DDD 合作，法院很可能会认定其行为违反了《尼日利亚油气行业内容发展法》。类似的情况也出现在 LADOL 向联邦高等法院起诉三星重工尼日利亚有限公司案中。[37]

2014 年，一家本土物流公司 LADOL 在联邦高等法院起诉尼日利亚三星重工、尼日利亚道达尔以及尼日利亚内容发展和监管委员会。该公司诉称道达尔公司在埃吉纳油田建造和安装漂浮、提炼、储存和卸货设施时违
120 反了《尼日利亚油气行业内容发展法》，该项目价值约 35 亿美元。LADOL 指称，三星重工“利用”自己作为当地成分合作伙伴来获取合同，此后又以莫须有的借口，试图将合同“抛弃”给另一家公司。原告要求法院宣布道达尔公司将埃吉纳漂浮、提炼、储存和卸货设施项目合同授予三星公司违法，尽管该合同得到了尼日利亚监管部门的批准，包括尼日利亚国家石油集团、国家石油投资管理服务公司、尼日利亚内容发展和监管委员会和石油资源部。原告主要依据是，（合同经转手后）漂浮、提炼、储存和卸货设施顶部的相当一部分钢结构制造和整合将在拉各斯塔克瓦湾 LADOL 自由区的 LADOL 船厂进行，因此，原告认为上述终止是非法的。然而，在作出明确判决之前，该案已庭外和解。这意味着，法院无法就其提出的相关问题得出任何结论。[38]

---

[37] 案号 FHC/L/CS/1768/2014，判决书未公开。

[38] Aderigbibe，2014.

6.2.2 勘探和开发服务公司与尼日利亚服务供应商之间的争端

勘探和开发公司与尼日利亚服务提供商之间的直接关系也可能产生当地成分纠纷。例如,如果一家勘探和开发公司终止其授予一家尼日利亚公司的合同,并将合同重新授予另一家公司,尼日利亚公司可以对这一终止提出质疑,并可声称前者违反了《尼日利亚油气行业内容发展法》的规定。如果勘探和开发公司将合同重新授予另一家尼日利亚公司,这类诉讼不太可能成功,但如果终止合同是违反合同的,则可判给索赔人违约赔偿。实际上,尼日利亚法院可能不愿意指示一家勘探和开发公司违背其意愿聘用一家尼日利亚公司。因为,尽管《尼日利亚油气行业内容发展法》力求确保尼日利亚人参与石油行业,但它给予石油行业经营者决定与谁签约的自由。《尼日利亚油气行业内容发展法》第3条第2款要求,在陆地和沼泽地区油田竞标中,专门考虑那些证明其拥有设备、尼日利亚人员和能力的本土服务公司。这意味着,国际石油公司可以将与国家石油公司合作的合同授予他们所选择的任何有能力的本土公司,只要这些公司显示出能力和达到当地人就业标准。问题是,如果只有一家尼日利亚公司有能力在勘探和开发公司的沼泽或陆地地区执行合同呢?是否必须将这种合同授予该公司,因为在这一领域,只排他性地考虑尼日利亚公司。在阿考(Arco)诉尼日利亚阿吉普(Agip)石油公司案中也出现了类似的问题,[39]但在该案中,索赔人无法证明其是唯一有能力执行有关工作的尼日利亚公司。

2014年,本土石化公司阿考对尼日利亚阿吉普石油公司、尼日利亚国家石油集团、康菲石油尼日利亚有限公司和国际石油投资管理服务局提起诉讼。依据《尼日利亚油气行业内容发展法》第3条第2款和第3款的规定,阿考公司要求获得延长尼日利亚阿吉普石油公司在OB/OB油田区块

---

[39] 案号:FH/PH/CS/02/2015,判决未公开。

121 埃博查和夸莱的天然气厂旋转设备维护和保养合同的专属权利。原告索赔的依据是,其证明了自己在设备、本地人员聘用和执行等方面的能力。阿考公司还诉称,自己在合同的投标过程中得分最高,但尼日利亚阿吉普石油公司拒绝将工作交给自己。

在听取了双方律师的辩论后,哈科特港联邦高等法院阿卜杜拉·利曼法官驳回了阿考公司的诉讼请求,理由是其未能证明自己是唯一有能力竞标的尼日利亚本土公司。实际上,法院认为,阿考公司并不拥有被单独考虑并排他性授予案涉合同的权利。该判决似乎是首起依《尼日利亚油气行业内容发展法》作出的有关当地成分的最终判决,从中可以得出某些结论。首先,本案认可了尼日利亚有关公司通过法院执行《尼日利亚油气行业内容发展法》条款的权利,特别是在原告和被告之间存在合同关系的情况下。其次,它还确定了这样一个事实,即只要其他尼日利亚公司在能力和人员方面也有资格从事同样的工作,任何尼日利亚公司都不能声称自己完全有资格获得运营商的合同。因此,有关索赔人在投标过程中是否得分最高并不重要,只要其没有被经营者授予合同,就不能主张其享有该合同的专有权。更何况,资格预审和投标邀请只是一种要约邀请,而投标则是要约本身。[40]

最后,如果一家尼日利亚公司是唯一有能力在尼日利亚石油行业执行某项工作的公司,那么其可能有权在尼日利亚石油行业中获得合同,如果经营者违反《尼日利亚油气行业内容发展法》将合同授予一家外国公司,受害方将被允许提出当地成分诉讼。从本质上说,如果阿考公司是尼日利亚唯一有能力执行构成争议标的工作的公司,那么其就能够声称有权获得这项工作。然而,这在实践中如何操作还有待观察,因为法律不能强迫个人或公司违背自己的意愿签订合同。一般认为,即使只有阿考公司拥有执行这项工作的人员和能力,尼日利亚阿吉普石油公司仍然可以选择是否将

---

[40] See the English case of Spencer v Harding (1870) LR, 5 CP, 561.

合同授予它,只要它这样做出于诚意,也未签约将案涉工作授予外国公司。

6.2.3 公民个人是否有权起诉违反《尼日利亚油气行业内容发展法》的行为?

本部分在调查的基础上研究尼日利亚公民个人是否真的有资格就违反《尼日利亚油气行业内容发展法》的行为向法庭起诉,如果有,在什么情况下可以行使诉权?换句话说,执行《尼日利亚油气行业内容发展法》是否是尼日利亚内容发展和监管委员会的专属特权?尼日利亚公民是否可以在该法被违反的情况下,特别是在有证据表明向尼日利亚内容发展和监 122
管委员会提出的申诉没有得到充分答复的情况下,通过强制令或诉讼的方式向法院寻求补救?

虽然一些当地成分诉讼是由公民个人在尼日利亚提起的,但似乎只有阿考公司根据其案情得到了最终判决。法院是否支持公民个人提起的有关《尼日利亚油气行业内容发展法》受到侵犯的诉讼,取决于最初起诉的方式,以及双方之间是否存在先合同关系。已经与被告有直接合同关系的公司提起的诉讼更有可能得到法院的支持,物流公司拉多尔和阿考公司的情况就是如此。换句话说,如果当地成分的起诉能够支持另一项基于违约的诉讼,则法院有可能支持该起诉。例如,在阿考公司案中,联邦高等法院并未反对原告依据《尼日利亚油气行业内容发展法》的规定向被告索赔。这或许是由于双方之间已经存在先合同关系,原告基于合同提起违约之诉。同样,在拉多尔案中,原告的诉讼不仅涉及违反《尼日利亚油气行业内容发展法》,还涉及与被告共同被授予的案涉合同。

然而,与被告没有直接合同关系的原告提起的当地成分诉讼,可能会因缺乏诉讼资格而被驳回。例如,一名尼日利亚律师声称雪佛龙公司雇用一名加纳律师违反了《尼日利亚油气行业内容发展法》的规定,法院可能会以只有尼日利亚内容发展和监管委员会可以提出这种诉讼为由不予受理。然而,如果原告对雪佛龙公司终止其聘用提出质疑,并且除了这项索赔之外,还诉称用加纳人替代他违反了该法,那么他的第二项诉请可能会被第一项所“挽救”。因此,法院可能会“被迫”就聘用加纳人的合法性作出裁决。但是,如果诉讼没有双方当事人之间基于先合同关系的主要诉求的“支持”,则很可能被驳回,理由是原告缺乏起诉资格。在阿尔弗雷德·奥玛米诺米哥王子(Prince Alfred Omamuminogho)和其他4人诉尼日利亚内容发展和监管委员会案中,[41]原告自己并作为三角洲州南部瓦里地方政府阿雅·奥玛米米诺霍(Aja-Omamuminogho Uba Ikata)社区代表提起诉讼,试图迫使被告承认原告作为东道社区的权利,并给予他们在这方面应得的特权。被告对他们的诉讼提出质疑,认为联邦高等法院对本案没有管辖权,因为本案涉及承认东道社区的权利和可附加的特权。针对这一反对意见,原告在没有援引任何具体条款的情况下,声称有权享有《尼日利亚油气行业内容发展法》所规定的“权利”。联邦高等法院驳回上诉,维持原判。希图·阿布巴卡尔法官认为:

123 ……该法没有任何条款赋予社区对公司享有何种法律权利。这是因为该法没有赋予社区任何可诉的执行权。事实上,在我看来,只有尼日利亚联邦政府才有法律权利执行该法的规定。

在CMES法兰和配件有限公司诉雪佛龙、谢利和美孚石油生产公司案中,江户州高等法院根据埃索赫·伊克蓬温得出了类似的结论。[42] 原告称,在合同中提供法兰方面被告违反了《尼日利亚油气行业内容发展法》。然而,被告对法院审理此案的管辖权提出质疑。在支持雪佛龙公司律师的反对意见时,法院认为,尼日利亚本土公司缺乏对国际石油公司违反《尼

---

[41] 案号:FHN/WR/CS/8/2013,判决未公开。

[42] Unachukwu,2017.

日利亚油气行业内容发展法》提起当地成分之诉的主体资格,因为该法已经将这一职能赋予了尼日利亚内容发展和监管委员会。

虽然奥玛朱米诺霍社区案和CMES法兰和配件公司案的判决很有启发性,但需要上级法院(上诉法院或最高法院)作出更明确的裁决,以确定公民个人在《尼日利亚油气行业内容发展法》规定被违反时是否享有诉权。目前,尚不清楚完全依赖《尼日利亚油气行业内容发展法》,但以前与勘探和开发公司没有任何关系的尼日利亚利益攸关方是否有权诉请法院宣布违反《尼日利亚油气行业内容发展法》的合同是非法的,或者获得禁止令以停止履行这种合同。

有人认为,出于促进尼日利亚经济发展的需要,法院应在个人执行《尼日利亚油气行业内容发展法》方面采取更自由的态度。特别引人关注的是,在格布雷和道格拉斯两起案件中,尼日利亚政府都是被控违规行为的直接"罪魁祸首",因为在格布雷案中,尼日利亚政府通过一家合资企业直接参与了壳牌公司的运营,并拥有尼日利亚液化天然气有限公司49%的股份。政府的直接参与意味着国家有时可能不愿意对违法公司采取措施,尽管该法是为保护人民利益而颁布的。在这种情况下,应该像格布雷和道格拉斯案那样,打开通往法院的大门,以便公民个人提起诉讼,迫使经济体遵守法律,特别是在明显违反法律的情况下。

与美国[43]、巴西[44]等国家相比,尼日利亚公益诉讼的监管影响相对较小。部分原因是缺乏一个全面的集体诉讼程序框架,以及尼日利亚法院严格遵守保守的法定解释原则,僵硬地适用诉讼资格规则。[45] 重要的是,就《尼日利亚油气行业内容发展法》而言,应允许个人充当保护尼日利亚人利益的监督者。因此,如果有证据表明尼日利亚内容发展和监管委员会在

---

[43] See Hadfield, 2007, IssacharofE, 2007.

[44] See Gidi, 2003; and McAllister, 2008.

[45] See Obinna, 1987.

收到投诉人对持续违法行为的投诉后仍不作为甚至有共谋行为，法院应允
124 许利益攸关方能够对公然违反《尼日利亚油气行业内容发展法》的行为提起诉讼。这些诉讼将使运营商保持警惕，确保在签订合同和采购中遵守该法的规定。成功的当地成分诉讼将产生一定的监管效应，并在一定程度上加强《尼日利亚油气行业内容发展法》的执行。但是，虽然通过个人诉讼推动《尼日利亚油气行业内容发展法》执行有其优点，但应通过谨慎制定的原则限制这种行动，以防止不受限制的诉讼，因为这种诉讼可能会扰乱石油公司业务的顺利进行。⑯

6.3 小结

本章审视了《尼日利亚油气行业内容发展法》的执行框架。分析了尼日利亚内容发展和监管委员会作为当地成分发展者和监管者的作用和权力。尼日利亚内容发展和监管委员会首先依靠合作方式发展当地成分，但在某些情况下，可对违约者实施制裁。本章还分析了《尼日利亚油气行业内容发展法》和尼日利亚内容发展和监管委员会《尼日利亚准则》规定的制裁制度。本章对该法第 68 条所载的单一制裁是否充分提出质疑，并指出《尼日利亚准则》所载的制裁似乎比《尼日利亚油气行业内容发展法》第 68 条规定更详尽，但这些制裁可能没有该法本身的直接支持。本章还探讨了尼日利亚内容发展和监管委员会是否有必要的独立性来起诉尼日利亚国家石油公司及其合作伙伴国际石油公司，并指出尼日利亚内容发展和监管委员会与尼日利亚国家石油集团之间的密切关系可能使前者面临被俘和利益冲突问题。最后，分析了私人执行该法的可能性，并从最近的一些案件中吸取了教训。

综上，建议尼日利亚联邦政府在资金和能力发展方面给予尼日利亚内容发展和监管委员会更多的支持，以使其能够更有效地执行任务。还应赋

⑯ See Glover, 2012.

予尼日利亚内容发展和监管委员会更大的独立性,使其能够对国际石油公司、尼日利亚国家石油集团、本土公司和整个尼日利亚石油行业发挥监督作用。此外,鉴于尼日利亚内容发展和监管委员会需要能干的、受过良好的培训、足以应对行业挑战的员工,因此还需要不断加强人才培养。但除此之外,还需要采取更综合的方法来执行当地成分。由于其对尼日利亚石油行业和整个经济的重要性,建议尼日利亚内容发展和监管委员会、石油资源局和尼日利亚国家石油集团之间建立某种程度的伙伴关系。石油资源局作为行业监管机构,不能完全脱离当地成分监管。在授予石油合同和特许权时,它应该坚持对当地成分的忠诚,而这种忠诚有时可能会超出该法的规定。在行业监管中,它应能确定尼日利亚当地成分是否得到遵守。 125
尼日利亚国家石油公司作为国家全资拥有的石油公司,也可以通过与国际石油、天然气公司的伙伴关系,在推进尼日利亚当地成分方面继续发挥重要作用。尼日利亚政府可以利用国家石油集团直接参与承包业务的机会来推进尼日利亚当地成分发展。然而,在所有这些机构中,尼日利亚内容发展和监管委员会应处于领导地位,负责协调、执行,并在必要时提供支持。

保护主义的当地成分法,特别是体现在立法中的当地成分法,有可能违反国际贸易法。第 7 章将以《尼日利亚油气行业内容发展法》为例,依据国际贸易法分析保护主义的当地成分法,探讨是否存在非洲石油生产国继续采用当地成分要求豁免的正当理由或政策空间。

参考文献

Aderigbibe N, ‘Samsung-LADOL Truce: Nigeria’s Local Content Act has Passed First Efficacy Test’ *Ventures* (22 September 2014), http://venturesafrica. com/samsung-ladol-truce-nigcrias-local-content-act-has-passed-first-efficacy-test/, accessed 16 November 2016.

Alike E, 'Challenges of Enforcing the Nigerian Content Act' *Thisday* (29 April 2014).

Alike E, 'House Committee Accuses Hyundai, Samsung of Breach of Local Content Law' *Thisday* (6 December 2016), http://www.thisdaylive.com/index.php/2016/12/05/house-committee-accuses-hyundai-samsung-of-breach-of-local-content-law/, accessed 3 July 2017.

Ebeku K, 'Human Rights Approaches to Environmental Protection in Nigeria: Gbemre v. Shell Revisited' (2007) 16 *REICEL* 312.

Gidi A, 'Class Actions in Brazil: a Model for Civil Law Countries' (2003) 51 *American Journal of Comparative Law*, 311.

Glover JM, 'The Structural Role of Private Enforcement Mechanisms in Public Law' (2012) 53 *Wm. &Mary L. Rev.*, 1137.

Hadfield GJ, 'Don't Forget the Lawyers: The Role of Lawyers in Promoting the Rule of Law in Emerging Market Democracies' (2007) 56 *Depaull. Rev.*, 401.

Issacharoff S, 'Regulating After the Fact' (2007) 56 *Depnul L. Rev.*, 375.

McAllister LK, *Making Law Matter, Environmental Protection and Legal Institutions in Brazil* (Stanford University Press, Palo Alto, 2008).

Nwaokoro JE, 'Nigerian's National Content Bill: The Hype, the Hope and the Reality' (2011) 55(1) *Journal of African Law*, 128.

Nwapi C, 'Corruption Vulnerabilities in Local Content Policies in the Extractive Sector: An examination of the Nigerian Oil and Gas Industry Content Development Act, 2010' (2015) 46(2) *Resources Policy*, 92.

Obinna OB, 'Judicial Activism or Passivity in Interpreting the Nigerian Constitution' (1987) 36(4) *International and Comparative Law Quarterly*,

788.

Ojameruaye E, ‘A Commentary on the $5 Billion Fine Imposed on SNEPCO by NOSDRA’ *Vanguard* (21 August 2012), http://community.vanguardngr.com/m/discussion?id=4565467%3ATopic%3A619545, accessed 26 July 2017.

Olawuyi DS, ‘Local Content Requirements in Oil and Gas Contracts: 126
Regional Trends in the Middle East and North Africa’ (2017) 36(1) *JERNL*, 30.

Omojuyigbc O, ‘Court Orders Shell to Pay $3.6 Billion to NOSDRA’ *Punch* (21 July 2018), https://punchng.com/court-orders-shell-to-pay-3-6bn-fine-to-nosdra/, accessed 6 August 2018.

OpeisetainT, ‘Examining Local Content Legal Framework’ *Daily Independent* (27 August 2014), http://uncova.com/examining-local-content-legal-framework, accessed 8 August 2017.

Pereira EG, Gergio F and Amorium L, ‘The Brazilian Pre-salt Case: Governmental Interference and Challenges for Potential Joint Ventures’ (2017) 35(4) *Journal of Energy & Natural Resources Law*, 456.

Udoh B, ‘Nigerian Oil Firm Battles IOC Alleged Breach of Local Content Law’ *Premium Times* (2 June 2016), http://www.premiumtimesng.com/business/business-news/204587-nigerian-oil-firm-battles-ioc-alleged-breach-local-content-law.html, accessed 9 June 2016.

Umoru H, ‘$16 Egina Probe: NASS to Amend Local Content Act’ *Vanguard* (29 January 2018), https://www.vanguardngr.com/2018/01/16bn-egina-probe-nass-amend-local-content-act/H, accessed 22 February 2018.

Unachukwu JA, ‘Companies Lack Power to Enforce Local Content Act, Says Court’ *The Nation* (3 October 2017), http://thenationonlineng.net/

companies-lack-power-enforce-content-act-says-court/, accessed 24 March 2018.

White S, 'Regulating for Local Content: Limitations of Legal and Regulatory Instruments in Promoting Small Scale Suppliers in Extractive Industries in Developing Economics' (2017) *The Extractive Industries and Society*, 26.

7　非洲保护主义当地成分措施和国际贸易法

7.1　介绍

全球化、市场自由化和自由贸易通常对采取贸易保护主义措施的国家构成挑战。[①] 这是因为世界上大多数国家都是某种形式的双边或多边贸易协定的签署国,或相关投资条约或协定的签署国,这些条约或协定在对等和非歧视的基础上促进自由贸易。[②] 本质上,这些协议除了限制关税、进出口配额等措施,还制约诸如自然性歧视和限制自由贸易趋势等履行要求。许多自由贸易框架还提供友好的争端解决机制,并建立了对违反其贸易或投资义务的国家采取报复措施的途径。[③]最受欢迎的自由贸易框架包含在世界贸易组织(World Trade Organization,WTO)系统中。世界贸易组织体系的范围和影响是全球性的,包括若干旨在促进缔约方之间自由贸易的多边贸易自由化协议。除了是数个双边投资条约(bilateral investment treaties,BITs)或多边投资条约(multilateral investment treaties,MITs)的签署国外,大多数石油生产国还是非洲联盟、欧洲联盟、东非共同体和西非国

---

① See generally Ravenhall, 1999.

② 据估计,约有 170 个国家参与了大约 2500 个投资条约。See Salacuse, 2007.

③ 欲了解更多信息,see Hudgins, 1996。

家共同体等大洲或区域集团的成员。[4]

当应用于非洲石油行业时，多边和双边自由贸易协定往往会约束非洲
128 石油生产国限制市场准入或通过当地成分和其他措施歧视外国产品。[5]然而问题在于，尼日利亚、加纳、坦桑尼亚、苏丹、加蓬和赤道几内亚等国的国力衰弱，本地部门几乎不可能与在技术、能力和资金方面有绝对优势的美国、欧洲和亚洲公司平等竞争。发展中国家内部弱势解释了为什么国际自由贸易制度往往被视为对发展中国家不利，但严重偏向发达资本输出国。[6]

签署自由贸易协定的发展中国家经常陷入困境。出于贸易目的，他们希望进入全球和区域市场，但这样极有可能扼杀本地产业。因为进入国外市场的机会成本是使新兴的行业暴露在与能力更强的公司的不受限制的竞争中。因此，在关税、出口配额和履行要求方面，形式保护主义在这些国家看来是合情合理的。最近，这些国家越来越多地以当地成分要求作为保护措施，而不在意这样做有违反其贸易义务的风险，并且可能会引发贸易争端以及遭到受其措施不利影响的国家或地区的报复。而且，会使采取这些措施的国家对外国投资者丧失吸引力。[7] 尽管存在这些风险，保护主义措施还在持续增长。[8] 令人惊讶的是，这类当地成分要求，不仅存在于发展中国家，也存在于印度、巴西等新兴经济体，甚至存在于加拿大、美国等

---

④ 其中包括 1994 年《北美自由贸易协定》、1992 年《欧洲经济区协定》、1979 年《西非国家经济共同体贸易自由化计划》以及 1967 年最初成立的东非共同体，然后是最近的《非洲大陆自由贸易区协议》，截至 2019 年 5 月，非洲联盟 55 个成员中已有 44 个签署了该协议，并将在其 22 个成员方批准后生效。

⑤ See Crosby, 2012.

⑥ See Langhammer, 1980; see also Schriver, 1995, at p. 223.

⑦ 有关这一方面的内容，see criticisms of NOGICDA 2010: Nwaokoro, 2012, see also Atsegbua, 2012。

⑧ 一份经合组织贸易政策载明，自 2008 年以来，各国已引入约 140 个当地成分要求，以改善国内就业和行业绩效。See 'Eco omic Impact of Local Content Requirement' (February 2016), https://www.oecd.org/tad/policynotes/economic-impact-local-content-requirements.pdf, accessed 6 July 2018。

发达经济体中。

本章评估了世界贸易组织体系包含的与当地成分要求有关的自由贸易规则,以分析其继续蓬勃发展的原因,并指出保护主义有道义上的理由,因为发展中国家不能与发达的国家进行形式平等竞争。本章还指出世界贸易组织体系中的某些空白,这些空白证明了贸易保护主义当地成分措施的合理性。

7.2 国际自由贸易法和当地成分要求

7.2.1 国际自由贸易体制

世界贸易组织体系规范各成员方之间的贸易关系。它提供了一个在多边基础上进行成员间贸易协定谈判的框架。它还建立了争端解决机 129
制。[⑨] 世界贸易组织规则最重要的内容包含在1947年的《关税与贸易总协定》(General Agreement on Tariffs and Trade, GATT)中,该协定已被1994年的《关税与贸易总协定》、《与贸易有关的投资措施协议》(Trade Related Investment Measures, TRIMs)、《补贴与反补贴措施协定》(Agreement on Subsidies and Countervailing Measures, ASCM)、《服务贸易总协定》(General Agreement in Trade and Services, GATS)和《政府采购协定》(Agreement on Government Procurement, GPA)所取代。除《政府采购协定》以外,其余都是1947年《关税和贸易总协定》乌拉圭第8轮多边贸易谈判的产物。

就自由贸易而言,《关税与贸易总协定》是世贸体系中最全面的制度。它禁止缔约方之间基于国界的歧视性贸易行为。例如,第1条责成缔约方给予协定所有其他缔约方最惠国地位。[⑩]《关税与贸易总协定》第3条第1

---

⑨ See generally, 'Understanding the WTO' (2015), http://www.WTO.org/english/theWTO_e/whatis_e/tif-e/understanding-e.pdf, accessed 3 March 2017.

⑩ 《服务贸易总协定》第2条和《与贸易有关的投资措施协议》第4条也重申了这一要求。

款还规定:

> “国内税和其他国内费用,影响产品的国内销售、兜售、购买、运输、分配或使用的法律、条例和规定,以及对产品的混合、加工和使用须符合特定数量或比例要求的国内数量限制条例,在对进口产品或国内产品实施时,不应用来对国内产品实施保护。”

这意味着,进口到其他缔约国领土上的缔约国的产品得到的待遇不得低于进口国在所有法律、法规和要求方面给予的类似产品的优惠待遇。[11]这项原则被称为“国民待遇义务”,它禁止缔约方给予本地生产的货物优惠,超出它给予进口到其境内的其他缔约方货物的优惠。《关税与贸易总协定》第 2 条还禁止采取措施限制缔约方之间的进、出口数量,而第 3 条第 5 款禁止对混合、加工或使用特定数量或比例的产品采取内部定量措施,这些禁止的措施必须直接或间接要求从国内来源供应任何指定数量或比例的相关规则产品。

与《关税与贸易总协定》一样,《与贸易有关的投资措施协议》也可以限制缔约方采取限制自由贸易的措施。但是,它仅限于货物贸易,不适用
130 于服务贸易。该协议禁止与贸易有关的措施违反国家的国民待遇义务,以及违反禁止数量限制的措施。[12]为了成功质疑一项与贸易有关的投资措施违反了协议,受害方必须确定该措施是强制性的,或者根据国内法或行政裁决可强制执行,或遵守该措施与利益挂钩。此外,判断该投资措施是否违反国民待遇义务,还要看其是否强迫购买或使用下列产品:就产品的数量或价值而言,属于国内原产地,或者它强制要求只能在有限的意义上使

---

⑪ See also, Art 27 of the GATS, and Art 3 of the Agreement on Trade-Related Intellectual Property Rights; See also Hestermeyer and Nielsen, 2014, at p. 566.

⑫ See Art. 2 of the TRIMs, which specifically refers to Arts 3 and 11 of the GATT.

用进口产品。[13]

与贸易有关的投资措施如果限制企业进口用于本地生产或与本地生产有关的产品,或者将其限制在与其出口的本地生产量或价值有关的数量,则可能违反禁止定量限制的规定。或者该措施通过把企业获得外汇量和创造的外汇量挂钩,限制其外汇获得量,从而限制企业进口本地使用或本地可以生产的产品。此外,它还可以限制企业出口或为销售而出口的产品,无论以特定产品的名义,还是按产品的数量或价值,或者按企业本地生产的产品数量或价值的比例来规定。[14]

与《与贸易有关的投资措施协议》相反,《服务贸易总协定》完全侧重于服务贸易。其第 17 条重申了国民待遇义务,要求各成员在影响服务贸易的所有措施方面,给予缔约方的服务和服务提供者相同的待遇,而且不应低于其本国同类服务和服务供应商的待遇。该协定承认各国有权规范服务的提供,但要求此类法规的适用应具有合理性,客观性和公正性。[15]根据《服务贸易总协定》的规定,尽管缔约方仍可能受其明确的预先承诺的约束,但未作出预先承诺的国家,可能以另一种方式,合法地实施当地成分要求,例如技术相关要求、财政出资支持研究、要求公司培训本地人、授予奖学金、雇用本地人或引进外籍人员配额。

最后是《补贴与反补贴措施协定》和《政府采购协定》。《补贴与反补贴措施协定》禁止在法律或事实上仅以出口业绩为条件,或视情况而定的政府补贴以及单独补贴或者作为其他若干条件之一的补贴。该协定还禁止在使用国内商品替代进口商品时,授予单独补贴或者作为其他若干条件之一的附带补贴。[16] 为了确定一国违反了《补贴与反补贴措施协定》的规定,受害方必须确定该补贴涉及特定的企业或行业或企业集团,并且对自

---

[13] See illustrative list attached to the TRIMs, para. 1.

[14] See illustrative list attached to the TRIMs, para. 2.

[15] Art. 6.

[16] Art. 3.

己相关的国内产业产生了不利影响。[17] 如果有证据证明享受补贴的进口
131 产品损害了其国内市场,该协定允许世界贸易组织成员征收反补贴税。[18]另外,《政府采购协定》规定了与政府采购有关的国民待遇义务。[19] 目的在于保护本地和外国供应商的公平竞争环境。然而《政府采购协定》是项多边协议,这意味着其义务仅对加入该协定的世界贸易组织成员具有约束力。目前,没有任何非洲国家签署《政府采购协定》。

如本章前面所述,除加入世界贸易组织外,世界上大多数国家还是一些双边、多边投资条约和某些区域自由贸易协定的签约国。这些协议通常包含非歧视条款,体现了世界贸易组织在一定程度上促进自由贸易的制度精神。[20]典型的双边投资条约要求甲国遵守其国民待遇义务,并对乙国在甲国取得的投资和收入基于互惠基础,给予乙国最惠国待遇。这也会限制甲国向本国投资者提供奖励或补贴,并给予本国投资者优于乙国投资者的特权。此外,双边投资条约的当事方被要求公平公正地对待两国投资者。因此,双边投资条约禁止采用可能损害外国投资者的苛刻、不公平、强制性的歧视性做法。典型的双边投资条约涉及的其他事项包括全面禁止私有化和国有化外国投资,并保证每国投资者收益和利润不受限制地流转。一些双边投资条约可能还会限制履行要求方面的规定。例如,可能会禁止甲国要求投资者使用本地服务和商品,将技术转让给本地行业或将其总部设在特定位置。最后,它们还涉及解决与管理人员、外籍雇员国籍有关的问题,同时规定争端解决机制。

问题是,一个国家违反世界贸易组织或双边投资条约义务会发生什么? 自 1994 年以来,在世界贸易组织体系下建立了争端解决机制,以解决

---

⑰ Arts 1 and 2 of the ASCM.

⑱ Art. 10 of the ASCM.

⑲ See GATT 3.8. 该款规定“本款规定不适用于通过以下方式管理采购的法律,法规或要求:政府机构是为政府目的而购买的产品,而不是用于商业生产或转售、用于商业销售的产品”。

⑳ 当今世界,有 3000 多个生效的双边投资条约。

以前《关税与贸易总协定》时期存在的某些弊端。[21] 在该机制下，缔约方之间的贸易争端首先提交小组或初审法院。小组由 3 名至 5 名成员组成。小组听取了缔约方的投诉，并发布有关此类纠纷的调查结果和建议的报告。申诉方可以上诉至常设上诉机构。如果世界贸易组织争端解决机构采纳该小组的建议，则该建议具有法律效力，该机构是由世界贸易组织所 132
有成员组成的政治机构。争端解决机构以一名成员一票的方式运作。[22]如果发现某缔约方违反了世界贸易组织义务，争端解决机构将建议其修改相关规定以符合世界贸易组织协议。[23]如果在合理期限内未执行其建议，则另一方可以请求授权采取反制措施，这可能导致贸易制裁。[24] 与世界贸易组织制度一样，双边投资条约也包含争端解决机制。根据这些协定，甲国同意将其与乙国国民之间可能发生的有关这些国民在甲国境内投资的争端提交国际争端解决机构以通过调解或仲裁的方式解决。[25]

尽管世界贸易组织体系和双边投资条约中的规定均限制贸易保护主义措施，但在发展中国家和新兴资源丰富的国家中，贸易保护主义的当地成分要求仍在继续上升。[26]这一趋势至少有三方面原因。首先，世界贸易组织制度存在一定的缺陷，这为各国采用保护主义的当地成分要求留有空间。其次，受世界贸易组织决议执行不力问题影响的国家，尤其是涉及采掘业的国家。最后，当地成分增长迅速，因为在发展中国家采掘业运营的跨国公司在很大程度上选择了默默遵守。当地成分要求快速增长的原因

㉑ Ali, 2003.

㉒ Ali, 2003.

㉓ Art. 19.1 of the DSB Rules.

㉔ See Hudec, 1999.

㉕ See Art. 9 of the Nigeria/Netherlands BIT and Art. 8 of the Nigeria/Italy BIT. See also See Joffe et al, 2009.

㉖ 例如，超过 90% 的资源丰富的国家具有某种形式的当地成分要求。Ramdoo. 2015. 还有，一项最新研究称，在 2008 年、2009 年经济衰退之后，澳大利亚、加拿大、美国、阿根廷、巴西、中国、印度、印度尼西亚和哈萨克斯坦等其他国家采用了 100 多个新的当地成分要求。See Hufbauer et al, 2013.

需要进一步探询和分析。

首先,当地成分要求之所以增长,是因为各国在提升其当地成分方面利用了世界贸易组织的某些规则空白或政策空间。例如,由于《关税与贸易总协定》并不禁止关税,而是要求各成员方“捆绑”关税,因此一些国家征收关税,以限制进口和支持国内产业。关于《服务贸易总协定》,发展中国家的预定承诺相当空泛,决定了其遵守协定的程度。这使他们有自由裁量权来酌情监管其服务业。[27]因此,缔约各方留有很大的政策空间来制定
133 与服务商和服务部门就业有关的当地成分要求,也不会导致违反《服务贸易总协定》。此外,该协定并不约束国有企业,尽管国有企业是完全国有的,但可以用来秘密地扩大其承包系统中的当地成分。《与贸易有关的投资措施协议》和《关税与贸易总协定》也允许发展中经济体暂时偏离他们承担的义务。[28]

其次,《补贴与反补贴措施协定》也保留了发展中国家和最不发达国家的一些补贴。[29]因此,尽管该协定规定了相关义务,但各国仍继续提供补贴,这主要是因为该协定并未完全禁止补贴。一国对本地产业给予的补贴,如果受害国能够确定该补贴与特定企业或行业或企业集团有关,并且对自己国内产生了不利影响,则可以采取反补贴措施。[30]该协定的另一个缺陷根据其第 8 条第 2 款,反补贴措施不适用于创新和研究方面。这使各国有权通过界定投资、研究和创新的界限来提高当地成分。

当地成分要求继续增加的另一个原因是世界贸易组织规则没有得到全面或有效的执行。部分原因是通过争端解决程序提起诉讼非常昂贵且耗时很长,部分原因是一些国家对其他国家的违反协定的行为不愿过分张

㉗ Ramdoo, 2015, at p. 22. 例如,尼日利亚仅在其通信和金融服务领域作出了承诺。即便如此,其中许多承诺也没有约束力。从本质上讲,这使尼日利亚得以引入或维持与市场准入或国民待遇不一致的措施。

㉘ See Art. 18 of the GATT and Art. 2 of the TRIMs.

㉙ Art. 27. 3.

㉚ See Art. 5 of the ASCM.

扬，因为这些国家的做法与他们在国内执行的政策类似。没有比采掘业更真实的例子了，在采掘业，世界上大多数国家都采取某种形式的贸易保护主义措施。有启示意义的是，据笔者所知，世界贸易组织体制下采掘业当地成分措施从未引发争议。㉛世界贸易组织规则的执行还受到缔约方监督不力和缺乏透明度的限制，这使受害方难以收集相关证据。在那些法规中未必明确规定当地成分措施而是将其“秘密”地适用于经营者和特定行业的国家中，情况更是如此。㉜

再次，世界贸易组织体制下的执法，受制于申诉人克服技术障碍的能力。例如，为了确定一国违反了《关税与贸易总协定》规定的国民待遇义务，除其他待证事项外，受损国必须确立两国的商品或产品之间存在某种“相似性”。但是，要建立此要素并不容易，因为争端解决机构的专家组在解释“相似性”时并不总是一致的。㉝

最后，在发展中国家和新兴国家的采掘业中，当地成分要求持续增长，
因为许多跨国公司更愿意悄悄地遵守，而不是公开挑战它们。在某些情况 134
下，这些公司甚至会建立当地成分部门，专门提供当地成分履行建议及其整合计划。㉞ 例如，在尼日利亚，众所周知，国际石油公司为其运营所在州的本地供应商提供资金和后勤支持。㉟“悄然”合规具有许多优势。第一，它使外国公司在其业务所在本地居民中产生好感。第二，从长远来看，这

㉛ Ramdoo, 2015, at p. 25.

㉜ See Cossy, 2006.

㉝ See Hestermeyer and Nielsen, 2014, at p. 569.

㉞ 有关国际石油公司对当地成分开发的贡献，see Ayoola, 2017, at p. 53, see also Ngoasong, 2014。

㉟ 例如，在尼日利亚，如壳牌、美孚和阿吉普等国际石油公司都曾为本地供应商提供资金和赠款，并对这些公司能力建设进行投资。See Shell, ‘Nigerian Content Development’, https://www.shell.com.ng/media/nigeria-reports-and-publications-briefing-notes/nigerian-content-development.html, accessed 11 July 2018; ExxonMobil, ‘Capacity Development Initiatives’, http://corporate.exxonmobil.com/en/company/worldwide-operations/locations/nigeria/community/development-initiatives, accessed 11 July 2018, Eni, ‘Local Content’, https://www.cni.com/en_NG/sustainability/community/local-content/local-content.shtml, accessed 11 July 2018.

样做更划算,因为这些公司会发现聘用本地人从事技术要求较低的工作比聘用外籍人员成本更低。例如,像美孚这样的公司可能更愿意与本地人而不是外籍人签订监控合同,原因显而易见。第三,合规的公司往往会在合同授予中获得回报,并且受到现任和后任政府的青睐。

7.3 《尼日利亚油气行业内容发展法》与尼日利亚的国际自由贸易义务

尼日利亚与大多数非洲石油生产国一样,都是世界贸易组织的成员,并且早在 1995 年就已入世。[36]作为国际社会的活跃成员,它还与许多国家签署了双边投资条约,并成为西非国家经济共同体和贸易自由化规划组织的成员。[37] 问题是,尼日利亚的当地成分要求真的抑制了自由贸易吗?具体来说,《尼日利亚油气行业内容发展法》是否确实违反了国际贸易和投资法律或协议规定的尼日利亚的自由贸易义务?如果确实如此,尼日利亚有哪些可用选项?笼统的假设是不够的。有必要比照国际贸易和投资制度深入分析尼日利亚的做法。为此,以下比照世界贸易组织体系分析了《尼日利亚油气行业内容发展法》的某些规定,还以尼日利亚与荷兰以及尼日利亚与意大利签署的双边投资条约为例研究和评估尼日利亚的双边投资条约义务。

135 ### 7.3.1 《尼日利亚油气行业内容发展法》与世界贸易组织体系

从表面上看,《尼日利亚油气行业内容发展法》中的几项规定似乎违反了世界贸易组织体系下尼日利亚的某些义务。特别值得注意的是国民待遇义务。这是因为该法试图以在尼日利亚境内生产的货物用于国内石

---

[36] 实际上,尼日利亚早在 1960 年就成为《关税与贸易总协定》成员。

[37] 尼日利亚已与中国、阿尔及利亚、奥地利、保加利亚、加拿大、埃及、埃塞俄比亚、法国、芬兰、德国、意大利、牙买加、黑山、荷兰、韩国、科威特、罗马尼亚、俄罗斯、塞尔维亚、南非和西班牙等国签署了双边投资条约,其中一些已经生效。

油行业为条件给予利益。其做法倾向于根据货物产地来源歧视外国商品。例如,该法第 3 条规定在授予石油区块,油田许可证,提油许可证以及在石油行业中要授予合同的所有项目,必须首先考虑尼日利亚独立运营人,似乎是歧视在石油行业运营的外国石油公司。该法第 48 条授权石油资源部部长对在尼日利亚建立设施、工厂和生产单位或其他业务,进行生产、制造或向尼日利亚石油行业提供服务和商品的公司给予税收优惠。该条规定也可能违反《关税与贸易总协定》中所载的国民待遇义务。[38]

年度认证和提交计划的要求也可能违反了《关税与贸易总协定》第 3 条第 5 款的规定,因为该条可能被解释为内部数量规定,[39]而《尼日利亚油气行业内容发展法》第 68 条规定的违规处罚可能违反了《关税与贸易总协定》第 11 条第 1 款的规定,尤其是如果这些处罚被认为是禁止性的。[40]该法第 104 条设立的尼日利亚内容发展基金,如果将其解释为补贴,使当地企业比外国同行具有不公平的优势,则也可能违反《补贴与反补贴措施协定》的规定。

《尼日利亚油气行业内容发展法》中的指令,即所有运营商和分包商都必须遵守最低限度的当地成分,[41]禁止进口焊接或加工产品[42],以及运营人必须使用本地生产的货物的规定,[43]都有违反国民待遇义务的风险。该规定也违反了《与贸易有关的投资措施协议》第 2 条所规定的禁止数量限

---

[38] 该法实质上禁止石油公司为某些可能在尼日利亚购买的商品的进口索取资本补贴。See s. 13 (i) of the PPTA.

[39] See United States-Measures Affecting the Importation, Internal Sale and Use of Tobacco, https: / /www. wto. org/english / tratop_e / dispu_e / gatt_e / 94tobaco. pdf, accessed 11 July 2018.

[40] See also the panel decision in Brazil—Retreated Tyres, WT/DS332/19/Add. 6, 15 September 2009. 该案中,裁定对进口产品施加限制条件的罚款,属于 GATT 第 11 条第 1 款规定的限制进口。

[41] See s. 11(3) as well as and the first Schedule to the Act.

[42] S. 53.

[43] Furthermore, ss 10, 11, 12 and 13.

制的义务。《尼日利亚油气行业内容发展法》的某些规定也可能违反《服务贸易总协定》。尽管尼日利亚可能拥有有效抗辩理由,但前提是该法中
136 的任何措施不违反其任何预定承诺。例如,第 10 条中的要求,即运营商和承包商应首先考虑尼日利亚人的培训、就业以及在尼日利亚制造的商品,这可能违反《服务贸易总协定》中所规定的国民待遇义务。同样,运营人申请聘用外籍人员配额,并在价值超过 1 亿美元的项目中加入"劳动条款"的指令都可能会违反《服务贸易总协定》第 26 条中有关市场准入的规定。[44]

《尼日利亚油气行业内容发展法》第 52 条规定,石油行业所有金融服务均由尼日利亚人提供,这可能会违反尼日利亚在《服务贸易总协定》中作出的将金融服务明确包含在尼日利亚计划中的承诺。[45]然而,由于在该协定附件中,保险被明确排除在外,而且承诺中没有提到法律服务,《尼日利亚油气行业内容发展法》第 49 条和第 51 条要求石油行业保险和法律服务必须由尼日利亚人提供,肯定不会违反《服务贸易总协定》。由于迄今为止尚未有非洲国家签署《政府采购协定》,因此《尼日利亚油气行业内容发展法》没有任何机会违反该协议。此外,假设尼日利亚是《政府采购协定》的签署国,则该法是否会对协定规定产生任何影响尚存疑问。因为该法案直接涉及石油公司和运营商,而《政府采购协定》则涉及政府采购。

如前文所述,尼日利亚还与许多国家签署了双边投资条约,这更加限制了尼日利亚采取保护主义措施的程度,这些措施会削弱尼日利亚与双边

---

[44] 例如,除了要求公司在申请聘用外籍人员配额之前必须获得尼日利亚内容发展和监管委员会的许可,还限制了可以在石油行业中工作的外派人员的数量。See, ss 32 and 33 of NOGICDA.

[45] See GATs, 'Nigeria: Schedule of Specific Commitments' GATS/SC/65 15 April 1994, https://docs.wto.org/dol2fe/Pages/FE_Search/FE_S_S006.aspx? Query = (@ Symbol = %20gats/sc/ *) %20and%20[(%20@ Title = %20nigeria%20) %20or%20 (@ CountryConcerned = %20nigeria)] &Language = ENGLISH&Context = FomerScriptedSearch&languageUI Changed = true#, accessed 25 June 2018.

投资条约伙伴之间的自由贸易关系*。[46]此处以尼日利亚与荷兰双边投资条约(1992 年签署,1994 年生效)为例研究。以荷兰为例,主要是因为它是壳牌公司驻地,壳牌公司在尼日利亚石油行业发挥着重要作用。尼荷双边投资条约通常包含体现世界贸易组织促进自由贸易体系精神的非歧视条款。例如,它要求两国遵守国民待遇义务,并赋予两国国民的投资以最惠国待遇。[47] 该双边投资条约还限制两国提供激励或补贴,也限制给予本国投资者超过缔约他方投资者的特权,并公平公正地对待两国投资者。[48]
因此,该双边投资条约禁止采用可能损害外国投资的严厉、不公平和歧视 137
性做法。[49]尼荷双边投资条约也禁止对外国投资进行没收和国有化,除非出于公共目的,采取非歧视性措施,并给予足额补偿。[50]该双边投资条约还保证两国投资者的收益和利润的流转不受限制。[51]

与世界贸易组织规则一样,将《尼日利亚油气行业内容发展法》与尼日利亚的双边投资条约义务进行粗略地比较就会发现,该法有可能违背尼日利亚对荷兰所负有的某些义务。这是因为该法第 3、10、11、12、13 条等规定,在授予勘探以及生产许可证的权利时,优先考虑尼日利亚的企业、服务、货物,这些规定似乎对荷兰投资者构成了歧视。在此程度上,该法可能违反了尼荷双边投资条约中的最惠国待遇义务,即该双边投资条约第 3 条和第 4 条所载的禁止歧视来自荷兰的投资者或货物的规定。

---

* 2022 年 1 月 1 日,《区域全面经济伙伴关系协定》正式生效,文莱、柬埔寨、老挝、新加坡、泰国、越南 6 个东盟成员国和中国、日本、新西兰、澳大利亚 4 个非东盟成员国正式开始实施该协定。——编者注

[46] See the Comprehensive and Progressive Agreement for Trans-Pacific Partnership. 该协定于 2016 年由澳大利亚、文莱、加拿大、智利、日本、马来西亚、墨西哥、新西兰、新加坡和秘鲁等国签署,这些国家占世界经济的 13% 以上。还有未签署的《区域全面经济伙伴关系协定》,将由东盟十国、日本、韩国、澳大利亚、中国、印度和新西兰等国签署。

[47] See Art. 3. 2. See also Art. 3(1) and (3) of the Nigeria/Italy BIT of 2000.

[48] Art. 3. 1. See also Art. 2. 3 of the Nigeria/Italy BIT.

[49] See Art. 3. 1. See also Art. 2. 3 of the Nigeria/Italy BIT.

[50] Art. 6. See also Art. 5 of the Nigeria/Italy BIT.

[51] Art. 5. See also Art. 6 of the Nigeria/Italy BIT.

7.4 讨论与分析

当地成分要求违反其国际贸易、投资义务的国家可能会在国际贸易体系下承担责任,并可能被要求删除、更改、修改有关措施,否则他们可能会受到制裁或接受受影响国的对等待遇。因此,这种措施让这些国家对外国投资者逐渐失去吸引力。那么,问题是,尼日利亚、加纳和坦桑尼亚等颁布了贸易保护主义的非洲石油生产国应该怎么做?他们是否应该抛弃其保护主义当地成分,转而采取自由化的措施?

他们面临三种选择。第一,鉴于这些国家的当地成分要求措施的合法性不一定取决于他们是否违反其国际贸易义务,加之事实上这些措施有助于加强当地成分的参与,尽管这些措施会导致不利后果,仍值得非洲石油生产国继续使用。[52] 第二,撤销、更改或修改当地成分法与国际义务不符的部分,以确保合规性,承担国际贸易义务。第三,采取极端措施退出世界贸易组织,并重新审查其某些双边投资协定。但是,最后一种选择几乎不可行。

在上述选择中,建议非洲石油生产国至少在目前为止应选择第一项。
138 首先,因为当地成分要求并非非洲国家独有。其次,尽管这些措施可能会出现歧视性,事实仍然是并非所有当地成分要求都违反国际贸易和自由贸易义务。最后,由于世界贸易组织体制下执行和监督自身的缺陷,因此世界贸易组织体制不太可能对非洲石油生产国的当地成分要求措施提出挑战。在非洲石油生产国中运营的几家外国公司宁愿默默遵守而不是挑战当地成分要求的规定,这是这些国家保留当地成分要求的原因。尽管他们应随时准备根据需要自上而下或自下而上地修改。

诚然,加纳、尼日利亚和坦桑尼亚等国家采用的保护主义当地成分要求中的若干规定可能会违反其双边投资条约义务。这些措施虽然具有歧

---

[52] 这些不利后果可能包括支付赔偿或者缔约他方采取的报复行动。

视性质，但可能并不激进和极端，不至于激起国际社会的强烈回应。相反，这些措施表明第三世界国家仍然没有从工业革命中受益，没有增强能力，并摆脱贫困和落后的阴影。实际上，也许是因为非洲国家的当地成分要求并未得到广泛执行，或者没有发生"赤裸裸"的征收，其他发达国家当地成分要求常常选择另辟蹊径。

例如，如果《尼日利亚油气行业内容发展法》的规定具有溯及力，或者将来自该国的外国公司的资产国有化，它将激怒荷兰。该法这两方面都没有规定。它不会影响以前签署的石油和天然气协议，而是要求在石油行业中签订的所有后续协议和合同都必须遵守。[53] 其本质上也不是征收者。与委内瑞拉和玻利维亚最近将外国资产国有化的改革不同[54]，该法并未企图没收外国国民的资产，废除其合同或修改财会协定。同样，即使其规定倾向于使本地人反对外国公司，其也明显适用于石油行业所有运营商。有人说如果该法完全是一种负担，那就是所有人：尼日利亚人和外国人的负担，因此其规定对壳牌（荷兰）和对杜比石油（尼日利亚）一样具有约束力。

《尼日利亚油气行业内容发展法》不会对外国投资者征收歧视性税收，相反，它要求石油行业所有公司和经营者（外国或本地）在购买、签约和聘用员工中遵守尼日利亚内容规定。同样，虽然该法在很大程度上倾向于本国投资者，但它给所有外国公司一个公平的竞争环境。因此，中国海洋石油总公司不会受到歧视，挪威国家石油公司也不会受到优待。

此外，具有启示意义的是，尽管《尼日利亚油气行业内容发展法》规定 139
尼日利亚公司在订约时必须予以考虑，但除了在沼泽地区和陆地上经营的

[53] S. 6.

[54] 例如，通过 2001 年《委内瑞拉有机碳氢化合物法》和 2005 年《玻利维亚碳氢化合物法》（第 3058 号法律），两国都为碳氢化合物的国有化奠定了基础。例如，根据玻利维亚法律，当时的总统埃沃·莫拉莱斯颁布了"国有化"第 28,701（SD）号最高法令，该法令实际上赋予了国家对石油和天然气行业整个商业和生产链的控制权，要求国际石油公司与玻利维亚重新谈判其合同，以便政府可以控制项目的绝大多数股份。有关委内瑞拉的经验，see Fry and Ibrahim, 2013。有关玻利维亚的案例，see Riberio, 2009。

本土服务公司之外,该法并未给予尼日利亚公司排他性优惠。[55]即使存在优惠之处,尼日利亚公司也必须拥有对设备的所有权,具有一定数量的本国人雇员才能被专门考虑。这意味着,尽管该法似乎已经“关闭”了国际石油公司及其服务合作伙伴进入尼日利亚的大门,但进行深入、细致地调研会发现他们在尼日利亚石油行业仍然扮演着相当重要的角色。比如,外国公司在通常需要更多资金和先进技术的离岸油田业务中的主导地位将持续相当长的时间。此外,外国公司仍然有机会参与石油行业的竞争,如果与本地公司合作,则机会更大。事实上,众所周知,在石油行业运营的国际石油公司和外国机构会充分利用尼日利亚制度中的某些漏洞,[56]尼日利亚孱弱的法规执行能力使这种情形成为可能。总而言之,诸如尼日利亚、加纳、安哥拉和坦桑尼亚等许多国家在颁布保护主义当地成分要求方面,试图为专门“考虑”展示能力和拥有相关设备的本地供应商创造机会。他们认为这样做有道义上的理由。

问题是,当地成分要求是否会引起美国和欧洲发达国家的对等待遇?这种可能性很低,主要是由于几个发展中国家主要以自然资源而不是制成品进行贸易。因此,发达国家采取的针对非洲石油生产国的对等性贸易保护措施几乎不会给他们造成太大的损失。如果尼日利亚或加纳是英国、日本、德国或美国等发达国家的主要贸易伙伴,则报复的风险会更大。果真那样,他们的当地成分要求很有可能会遭到强烈反对。例如,持续存在的美欧贸易争端以及中美贸易摩擦导致了对等待遇,主要是因为这些国家之间进行了成品贸易。[57]同样,需要指出的是,一些坚定支持自由贸易的国家

---

[55] S. 3(2).

[56] Okafor and Aniche, 2014, at p. 87. See also Umoru, 2018.

[57] John, 2018, see also Banks, 2018.

也直接通过关税或通过当地成分措施诉诸某种形式的保护主义。[58]对来自墨西哥、加拿大、中国和欧盟的进口产品征收或威胁征收关税体现了美国保护主义的复兴，表明美国渴望再次成为“伟大的国家”。美国前总统唐 140
纳德·特朗普在反对《北美自由贸易协定》和美欧自由贸易协定中引用了自由贸易可能对国内企业不公平的论点。美国的例子表明，即使是世界上最有活力的经济体，现在与外部世界互动中也坚持本国企业优先。[59]

问题是，如果美国在认为自由贸易不公平时，就可以以其规模、人力和能力诉诸贸易保护主义，难道发展中的非洲石油生产国诉诸贸易保护主义的当地成分要求，为本地企业创造一些发展空间以确保其石油行业的就业就不可理解了吗？事实仍是这样，自由贸易并不总是使许多发展中国家受益。在二十世纪八九十年代尝试过自由贸易的一些拉美国家经济情况最后并没有好转。事实上，他们采取的自由经济政策后来被认为在解决贫富差距方面做得不够，导致该地区的收入分配是当时世界上最不平等的。[60]最终，这使拉丁美洲人意识到贸易自由化协议是剥削性的和帝国主义的。[61]这也证明了该地区保护主义的复兴是有道理的。[62]虽然不倡导玻利维亚和委内瑞拉的极端措施，但对于要求参与世界贸易的发展中国家来说采取一定程度的保护主义措施仍然很重要。随着时间的推移，这些措施会成为发展本国能力、提升专业化的一种手段。

---

[58] 例如，美国颁布了2009年《复苏与再投资法》，该法要求所有使用2009年《复苏与再投资法》刺激资金采购的钢铁都必须在国内生产。印度的国家太阳能任务是另一个当地成分计划，根据该计划，印度政府在太阳能光伏项目利用电池和组件的条件下，将上网电价和购电协议扩展至太阳能开发商。See Cimino, Hufbauer and Schott, 2014. 加拿大最近还适用了安大略省的“关税进给”计划，尽管该计划受到挑战，因为它违反了《与贸易有关的投资措施协议》第2条第1款和《关税与贸易总协定》第3条第4款的规定。See *Canada-Certain Measures Affecting the Renewable Energy Generation Sector* Appellate Body Report, WT/DS412/AB/R, DS426/AB/R (6 May 2013).

[59] Wingrove and Olomnnipa, 2018.

[60] Levitsky and Roberts, 2011, at p. 7.

[61] See Veltmeyer, 2008, at p. 140.

[62] See n 54.

值得注意的是，依靠发展中国家的观点依旧是主流。鉴于世界贸易组织体系的经济局限性，世界贸易组织的指导原则之一是保护发展中国家的愿望。[63]这就是为什么允许特殊和差别待遇。[64]在这种情况下，给予发展中国家更长的时间来执行协定和承诺。世界贸易组织体系还要求其成员维
141 护发展中国家的贸易利益，并提供支持以帮助发展中国家发展参与世界贸易组织工作的能力。[65]此外，世界贸易组织体系已采取的一些其他举措也倾向于支持、保护发展中国家的需要。例如，1996 年制定了《最不发达国家行动计划》，其中包括提供技术援助，使他们能够更好地参与多边体系，以及发达国家承诺改善最不发达国家产品的市场准入。[66] 2002 年，有个针对最不发达国家的工作计划，处理以下问题：改善市场准入、技术援助以及支持致力于最不发达国家经济多样化等工作的机构的远景等。[67]

也许最终需要的是，一方面相互尊重发展中石油生产国的愿望，另一方面相互尊重资本和技术出口国的创业动力。有趣的是，目前来看国际石油公司及其服务提供方已经接受了当地成分不可避免的事实，并正在适应这种情况，而自由派倾向的阿拉伯联合酋长国仍纠结于自由贸易的语义和理想主义。最后，事情标准降低到他们的水平。与国际贸易体系相比，市场力量、现实和竞争能够更好地约束当地成分要求。如前文所述，巴西就是一个很好的例子。该国并未受到制裁或报复威胁等“强迫”压力，但是当面对市场

---

[63] 世界贸易组织认识到大多数成员是发展中国家这一事实，试图将发展中国家的需求和利益置于工作计划的核心在宣言中通过。在《马拉喀什条约》序言中，明确承诺继续作出积极努力，以确保发展中国家，尤其是其中最不发达国家，在世界贸易增长中获得与其经济发展需要相称的份额。See the preamble to the Marrakesh Agreement, which established the WTO. See also the DOHA WTO Ministerial Declaration (2001) WT/MIN(01)/DEC/1. See https://www. wto. org/english/thewto_e/minist_e/minist_e/ min01_e. htm, accessed 11 July 2018.

[64] 例如，根据《关税与贸易总协定》第 4 部分的规定，发达国家不应指望发展中国家能提供配对服务。

[65] WTO, 'Special and Differential Treatment Provisions', https://www. wto. org/english/tratop_e/devel_e/dev_speical_differential_ provisions_e. htm, accessed 11 July 2018.

[66] https://www. wto. org/english/tratop_e/devel_e/action_plan. htm, accessed 11 July 2018.

[67] WT/COMT/LDC/11.

现实时,该国淡化了其贸易保护主义。最后,这也许就是非洲发生的事情。

7.5 小结

本章重点探讨贸易保护主义当地成分要求在多大程度上违背了国际贸易法。本章根据世界贸易组织规则(《关税与贸易总协定》《服务贸易总协定》《补贴与反补贴措施协定》《与贸易有关的投资措施协议》等)和双边投资条约评估了非洲石油生产国的国际自由贸易义务。以《尼日利亚油气行业内容发展法》为例,认为该法的某些规定可能违反尼日利亚的国际贸易义务,并可能使该国遭受报复行动。本章还指出,该法可能使尼日利亚在资本竞争激烈的石油行业沦为毫无吸引力的投资地。即便如此,该章也表明由于许多因素,包括世界贸易组织体系的失效,许多国家也采取了保护主义措施以及国际公司经常遵守这些措施、保持安静而不是抱怨,促进了当地成分要求的持续增长。最后,本章阐述了继续保留《尼日利亚油气行业内容发展法》的理由,特别是尼日利亚作为发展中国家孱弱的地位。

如果不解决国家石油公司在提高当地成分方面的重要性问题,促进当 142
地成分发展的工作将是不完整的。从尼日利亚国家石油集团、印度尼西亚国家石油公司、巴西国家石油公司、阿美公司(Aramco,沙特国家石油公司)、马来西亚国家石油公司、伊朗国家石油公司、索南戈尔公司到挪威国家石油公司,世界各国的国有石油公司都以一种或他种方式参与其本国内容的发展。因此,重要的是要理解,为什么要成立这些庞大的公司,为什么要采用这些策略来促进当地成分的发展,以及他们所面临的挑战和局限。因此,第 8 章重点介绍国有石油公司和当地成分发展。

参考文献

Ali A, 'Non-Compliance and Ultimate Remedies Under the WTO Dispute Settlement System' (2003) 14 *Journal of Public and International*

Affairs, 1, https://jpia.princeton.edu/sites/jpia/files/2003-1.pdf, accessed 10 December 2016.

Atsegbua LA, 'The Nigerian Oil and Gas Industry Content Development Act 2010: An Examination of Its Regulatory Framework' (2012) 36(4) *OPEC Energy Review*, 479.

Ayoola OT, 'Nigerian Oil and Gas Industry Content Development Act's Perceived Performance Impact' (PhD Thesis, Walden University 2017).

Banks M, 'EU Braces for Trade War as US Announces Steel Tariffs' *The Parliament Magazine* (9 March 2018).

Cimino C, Hufbauer GC and Schott JJ, 'A Proposed Code to Discipline Local Content Requirements' (2014) *Policy Brief No. PB*14 – 6, Petersen Institute for International Economics, https://piie.com/publications/pb/pb14 – 6.pdf, accessed 18 June 2018.

Cossy M, 'Determining "likeness" under the GATS: Squaring the circle?' (2006) *Working Paper of the Economic Research and Statistics Division of the WTO*, https://ideas.repec.org/p/zbw/wtowps/ersd200608.html, accessed 11 July 2018.

Crosby DC, 'Energy Discrimination and International Rules in Hard Times: What's New This Time Around, and What Can be Done?' (2012) 5 (4) *Journal of World Energy Law & Business*, 327.

Fry JD and Ibrahim E, 'Reassessing Venezuela's Organic Hydrocarbon Law: A Balance between Sovereignty and Efficiency?' (2013) 6(3) *Journal of World Energy Law & Business*, 234.

Hestermeyer HP and Nielsen L, 'The Legality of Local Content Measures under WTO' (2014) *Journal of World Trade*, 553.

Hudec R, 'The New WTO Dispute Settlement Procedure: An Overview of the First Three Years' (1999) 8 *M. J. I. L*, 1.

Hudgins EL, 'Regional and Multilateral Trade Agreements: Complementary Means to Open Markets' (1996) 15 *Cato Journal*, 231.

Hufbauer G et al, *Local Content Requirements: Report on a Global Problem* (Peterson Inst. Inti. Econ, Washington DC, 2013).

Joffe G et al, 'Expropriation of Oil and Gas Investments: Historical, Legal and Economic Perspectives in a New Age of Resource Nationalism' (2009) 2(1) *Journal of World Energy Law & Business*, 4.

John B, 'White House Hits China with New Tariffs, Ramping up Trade War' *Roll Call* (15 June 2018).

Langhammer RL, 'Multilateral Trade Liberalization among Developing Countries' (1980) 14 *Journal of World Trade Law*, 508.

Levitsky S and Roberts K, *The Resurgence of the Latin American Left* 143
(Johns Hopkins University Press, Baltimore, 2011).

Ngoasong MZ, 'How International Oil and Gas Companies Respond to Local Content Policies in Petroleum-Producing Developing Countries: A Narrative Enquiry' (2014) 73 *Energy Policy*, 471.

Nwaokoro J, 'Beyond Legislation: A Contractual Alternative to Legislation local content in Nigeria' (2009) 18 *Currents: Int'l Trade L. J.*, 42.

Nwaokoro JE, 'Signed, Sealed But Will it Deliver? Nigerians local content Bill and Cross-Sectoral Growth' (2012) 4(1) *Journal of World Energy Law & Business*, 56.

Okafor J and Aniche E, 'A Critical Appraisal of Enforcement of Nigerian Oil and Gas Industry Content Development (NOGICD) Act, 2010' (2014) 31 *Journal of Law, Policy and Globalisation*, 82.

Ramdoo I, 'Unpacking Local Content Requirements in the Extractive Sector: What Implications for the Global Trade and Investment Frameworks?' (2015) *E15 Expert Group on Trade and Investment in Extractive Industries*, *Think Piece*, http://e15initiative. org/wp-content/uploads/2015/07/Extractive-Ramdoo-FINAL. pdf, accessed 9 January 2017.

Ravenhall J, 'APEC and the WTO: Which Way Forward for Trade Liberalization?' (1999) *Working Paper No.* 11.

Ribeiro MR, 'Sovereignty over Natural Resources Investment Law and Expropriation: The case of Bolivia and Brazil' (2009) 2 *Journal of World Energy Law & Business*, 139.

Salacuse S, 'The Treatification of International Investment Law' (2007) 13 *L. and Bus. Review Am.* ,155.

Schriver S, 'Sovereignty over Natural Resources: Balancing Rights and Duties in an Interdependent World' (PhD Thesis, University of Groningen 1995), http://www. rug. nl/research/portal/files/3265518/dissertatie. pdf, accessed 11 July 2017.

Umoru H, ' $16 Egina Probe: NASS to Amend Local Content Act' *Vanguard* (29 January 2018), https://www. vanguardngr. com/2018/01/16bn-egina-probe-nass-amend-local-content-act/H, accessed 22 February 2018.

Veltmeyer H, *New Perspectives on Globalization and Anti-Globalization: Prospects for a New World Order?* (Ashgate Publishing, Ashford, 2008).

Wingrove J and Olorunnipa T, 'Trump Repeats He'd Quit NAFTA and May Seek Separate Talks' *Bloomberg* (8 June 2018), https://www. bloomberg. com/news/articles/2018-06-08/trump-says-he-ll-quit-nafta-if-countries-can-t-reach-new-deal, accessed 15 August 2018.

8 国家石油公司和当地成分发展

8.1 国家石油公司在石油行业的崛起及重要性

如果不讨论国家石油公司在提高石油生产国当地成分中所起的作用，这种性质的论文将是不完整的。这是因为，如果非洲石油生产国要成功实施其当地成分政策，这些对他们来说是很重要的。首先，要认识到国家石油公司在当地成分发展中的相关性。其次，要了解他们将需要什么渠道来引导这些公司在当地成分发展方面的资源。但是，摆在第一位的是要了解为什么大多数发展中石油生产国都采用国家石油公司模式。

本书第 2 章显示，从 19 世纪末的石油工业诞生到 20 世纪 70 年代初的全球石油危机，世界上大部分的石油矿产都由国际石油公司主导。① 这些公司的大部分业务是通过获取特许权在中东、南美和非洲地区开展，其中大部分业务是在 1945 年之前就授予的。这些安排的条款后来被认为对它们的投资东道国是极为不利和不可接受的，因为这些安排方式使国际石油公司可以拥有对其东道国的石油资源的实际所有权和对东道国石油资

① 这些国际石油公司中最杰出的公司主要在欧洲和北美开展业务，被意大利埃尼公司的恩里科·马泰称为“七姊妹”，包括盎格鲁－波斯石油公司（现为英国石油公司），海湾石油公司，加州标准石油公司（现为雪佛龙公司），德士古、荷兰皇家壳牌公司，新泽西州标准石油公司（现为埃索/埃克森美孚）和纽约标准石油公司（现为埃克森美孚）。这些公司共同控制着全球约 85% 的石油储量。

源的全面控制。② 例如,在此期间,中东国际石油公司获得的平均特许权的使用期限相当长,同时他们实际占有的土地面积超比例的广袤。③ 此外,这些国际石油公司向其东道国支付的特许权使用费是预先确定的,与
145 他们的利润完全无关。这意味着,如果石油产品价格上涨,东道国也无法采取任何措施增加政府收费。一个令人不安的事情是,这些国际石油公司大多数都没有按原定时间表运行,可能长时间坐拥石油资源,囤积居奇,而不进行任何实质开发。

"二战"后,发展中石油生产国对现状越来越不满,觉得有必要与国际石油公司重新协商签署协议。④ 对自然资源的永久主权诉求、⑤不断增长的石油需求以及建立世界经济新秩序的呼吁鼓励了这些石油生产国。这些国家大多数先后独立(除了南美个别石油生产国仍是欧洲大国的殖民地或法定领土),他们开始大声疾呼,要求控制其自然资源。这些运动促成了1960年石油输出国组织的成立。石油输出国组织自始就是个石油卡特尔性质,旨在保护并促进全球石油行业成员的利益。⑥ 为了抵制被视为新殖民主义和帝国主义工具的国际石油公司的统治地位,石油输出国组织要求其成员主要通过国家石油公司直接参与本国石油行业,⑦于是石油输出国组织所有成员国掀起了组建国家石油公司的高潮。

---

② See Stevens, 2008, at p. 10.

③ 例如,在伊朗、伊拉克、科威特和沙特阿拉伯签署的特许权的平均年限为82年,并且没有放弃条款。同样,上述4国合计约88%的国土面积由国际石油公司拥有的特许权所覆盖,这包括伊拉克和科威特的全部土地。

④ Stevens, 2008, at p. 10.

⑤ 这一概念体现在1962年的《联合国1803号决议》中,该决议承认国家对其自然资源拥有永久主权。《联合国2158号决议》也建议东道国通过加快对生产经营、管理和销售的法定控制,来确保最好地利用自然资源。See http://www.refworld.org/docid/3b00flc64.html, accessed 16 May 2018.

⑥ 石油输出国组织创始国包括伊朗、伊拉克、科威特、沙特阿拉伯和委内瑞拉。

⑦ 但是,值得注意的是,第一家国家石油公司由奥地利于1908年建立。1922年,阿根廷成立了YPF;墨西哥在1938年成立了Pemex,原因是在此期间该公司收购了在该地区经营的一些美国和欧洲公司的资产。

控制世界上大多数石油资源的国家中(沙特阿拉伯、伊朗、伊拉克、委内瑞拉和科威特等)国家石油公司的迅速崛起,标志着全球石油资源的控制不可逆转地从国际石油公司转移到了国家石油公司。[8] 现在,国家石油公司控制着全球80%以上的碳氢化合物储量和70%的每日原油量。[9] 如今,几乎每个发展中石油生产国都通过国家石油公司直接参与其石油行 146
业。[10] 有趣的是,即使发展中石油生产国"垂死的"国有企业转向私有化以增加收入和扭转业绩时,他们也不愿将其国家石油公司完全私有化。[11] 下文讨论石油生产国在石油行业维持国家石油公司的原因。[12]

首先,产生利润的愿望。大多数国家石油公司已被垂直整合到其本国石油行业的价值链中。他们涉及石油勘探和生产,包括管道管理,天然气开发,产炼,销售航运以及石化产品等方面的活动,意味着国家石油公司每年可以赚取数十亿美元,成为数个石油生产国的预算资金来源。[13] 这是一个不争的事实,对于许多石油生产国的政府来说,国家石油公司是最高的收入来源。例如,墨西哥国家石油公司,除了具有极为重要的国家象征意义外,还提供了约三分之一的政府收入。[14] 同样,马来西亚国家石油公司

---

⑧ 1971年之前,国际石油公司控制着全球70%以上的石油资源。石油输出国组织成立时,这一数字就发生了变化,国家石油公司开始主导该行业,并控制了全球79%以上的石油。See W Rasheed, 'The Oil Curtain and the Evolution of National Oil Companies', Journal of Petroleum Technology (2009), http://www.spe.org/jpt/print/archives/2009/02/JPT2009_02_11Management.pdf, accessed 26 March 2016. 毫无疑问,在过去的几十年中,国家石油公司的规模和影响已大大增加。2012年控制的全球石油储量不到10%,2012年已增至90%以上。See Leis et al, 2012.

⑨ See Tordo, Tracy and Arfaa, 2011; Eller et al, 2007.

⑩ 甚至一些发达国家也曾不止一次组建国家石油公司。其中包括后来于1982年私有化的英国国家石油公司,挪威国家石油公司和意大利的埃尼(仍为国有)。

⑪ 一些石油生产国最近对其国家石油公司的私有化是部分私有化。从巴西、挪威、沙特阿拉伯到俄罗斯和尼日利亚,国家的直接参与仍然是常态和惯例。

⑫ See Eller et al, 2007.

⑬ See Noreng, 1997.

⑭ See Samples and Vittor, 2011, at p. 216.

仍然是马来西亚政府收入的最大贡献者，[15]国家石油公司是本国政府最高收入来源的其他显著例子，还包括沙特阿拉伯、尼日利亚、伊朗、巴西和安哥拉等。

其次，石油生产国利用国家石油公司来实现社会经济和福利目标，以此作为向其公民分配石油财富和完善政府政策的一种手段。[16] 这解释了为什么通常要求这些公司“最大化源自石油生产、跨时期股权的经济租金净现值，并促进其产业链前后联系的最大化”[17]。一些国家石油公司资助国内石油行业，提供奖学金并投资研究。开展社会公益性项目还意味着，与私营石油公司优先考虑利润和股东最大化相比，国家石油公司需要优先考虑其社会经济执行力而不是获利能力。例如，委内瑞拉利用其国家石油公司，除了补贴燃料外，[18]还以高昂的成本开展医疗保健、住房教育和其他
147 社会公益性项目。毫不奇怪，这些项目会影响其利润前景，该公司的 1/4 收入因燃料补贴和石油进口而损失。[19] 像委内瑞拉一样，尼日利亚国家石油集团、索南戈尔公司、巴西国家石油公司和其他许多国家石油公司曾不时地以补贴价格向公众出售石油，给其国造成了巨大的经济损失。[20]

再次，为了确保本国石油供应及石油主权，石油生产国保留了国家石

---

⑮ Tordo and Anouti, 2013, at p. 139.

⑯ Tordo, Tracy and Arfaa, 2011, at p. 6. 例如，安哥拉不仅将索南戈尔用作收入来源，而且将其用作政治工具。该公司为安哥拉与分离主义分子和叛乱分子长期作战提供了大部分资金。See Stevens, 2016.

⑰ Tordo, Tracy and Arfaa, 2011, at p. 8.

⑱ See Fry and Ibrahim, 2013, at p. 247.

⑲ Hernandez, 2018.

⑳ 例如，索南戈尔公司承担着其他与公共利益相关的责任，如提供廉价住房。See E Cropley, 'Exclusive: Isabel dos Santos Pledges Transparency, Efficicency at Angolan State Oil Giant' Reuters (9 June 2016), http://uk.reuters.com/article/us-angola-sonangol-exclusive/exclusive-isabel-dos-santos-pledges-transparency-efficiency-at-angolan-state-oil-giant-idUKKCN0YV26V, accessed 11 October 2017. 类似地，尼日利亚国家石油集团最近也扩展到了尼日利亚的卫生部门。'NNPC Commences Diversification into Health Sector' (21 April 2017), http://nnpcgroup.com/PublicRelations/NNPCinthenews/tabid/92/articleType/ArticleView/articleId/763/NNPC-Commences-Diversification-into-Health-Sector.aspx, accessed 11 October 2017.

油公司的所有权。对于许多石油生产国而言,将石油这样的战略资源交由国际石油公司控制,在发生战争和制裁等事件时易受伤害。例如,如果俄罗斯和伊朗没有分别通过俄罗斯天然气工业股份公司、俄罗斯石油公司、伊朗国家石油公司直接参与其石油行业,那么在美国及其西欧盟国最近对两国实施的制裁中,两国情况会更糟。[21]

随后是监管和监控因素。[22] 由于石油勘探、开发的复杂性,国家正规行政管理者通常难以充分获得石油公司运营的相关信息。[23] 这些行政管理者总是依赖石油公司提供信息,有时也依靠石油公司来有效履行职责。[24] 尽管对石油公司的这种依赖在发达国家和发展中国家都存在,[25]但 148
在发展中国家尤为明显。在这种情况下,监管机构常常因能力薄弱难以应对艰巨的挑战。在许多发展中国家建立国家石油公司之前,对石油公司提供关键信息的监管依赖更加明显。例如,中东在石油输出国组织成立前几十年中,受国际石油公司的广泛支配,使沙特阿拉伯、伊朗和科威特等国很难获得有关国际石油公司运营的相关信息。[26] 这阻碍了他们监督国际石油公司运行的能力,并且一直在削弱监管。[27]

㉑ See Wang,2015. 与俄罗斯一样,伊朗也受到一系列制裁,其中包括针对其石油工业的制裁,实质上是禁止欧美公司与伊朗做生意。尽管蒙受制裁措施,承受很大压力,伊朗国家石油公司仍然能够维持伊朗的石油工业。See generally Brumberg and Ahram, 2007.

㉒ 中东一些国家石油公司包括科威特石油公司、沙特阿美公司、伊朗国家石油公司和伊拉克国家石油公司。

㉓ 即使美国拥有由合格监管人员负责的广泛监管框架,在某些情况下,对国际石油公司监管也很困难。据报道,2010 年在英国石油公司墨西哥湾漏油事件中,当时负责检测海上勘探活动、现已解散的矿产管理服务公司被英国石油公司监控。监管者广泛依赖于受监管的信息和物流。See '"Shared Failure" in BP Spill Cited in Panel Report: Reforms Needed Since "Oversight Utterly Failed", Says Co-hair of Obama Commission', nbcnews. com (1 November 2011), http://www. nbcnews. com / id / 41020738 / ns / us_news-environment/t/shared-failure-bp-spill-cited-panel-report /, accessed 12 October 2016. ('Shared Failure').

㉔ Ibid.

㉕ Ibid.

㉖ Stevens, 2008, at p. 14.

㉗ See Stevens, 2008, at p. 15.

石油生产国通过国家石油公司与国际石油公司的合作直接参与后者的运营,该设计旨在解决石油生产国原有的监管局限。与正规长臂监管不同,国家石油公司凭借与行业的紧密联系,可以更好地监视其合作伙伴。因此,这种制度创新弥合了信息鸿沟,并为可持续、更有效的监督安排创造了空间。[28] 因此,国家石油公司能够坚持要求其国际石油公司合作伙伴遵守安全和环境法规。话虽如此,并不是所有的国家石油公司都能成功地利用自己的能力造福其祖国。例如,前文第3章已经讨论的尼日利亚国家石油公司的弱点。[29]

最后,石油生产国以国家石油公司为机构工具,直接参与促进当地成分发展的活动。这些公司因此被用来带动该行业与本国其他经济部门之间的前后线产业链联系。本章接下来探讨国家石油公司在当地成分发展中的作用,以及在此过程中面临的挑战。

第2章已经讨论了国家石油公司在提高当地成分方面所采用的体制框架的类型及其重要性。[30] 表明国家石油公司模式是发展中国家发展石油行业采用最广泛的策略,而在建立国家石油公司的国家中,主要有两种重要的子模式。首先是融合模式,其中国家石油公司充当运营商、监管者,在某些情况下还充当决策者。马来西亚、安哥拉、[31]沙特阿拉伯、阿尔及利亚和尼日利亚石油行业或多或少都采用了该模式。[32] 该模式的优点是,可以减少机构间冲突或争斗,节省成本,甚至可以节省时间。其危险在于,仅依赖国家石油公司可能会使其变得过于强大而无法控制,最终他们可能在

---

[28] See Grayson, 1981, at p. 199.

[29] Chapter 3,3.2.

[30] See Chapter 2 in general.

[31] See Chapter 2,2.2.

[32] 尽管石油行业有正式监管机构,但这些国家或地区绝大多数几乎完全依靠其国家石油公司来推动当地成分发展。在尼日利亚国家石油公司和石油资源局合并为尼日利亚国家石油集团后,尼日利亚1977年至1988年采用这一模式。因此,尼日利亚国家石油集团负责政策制定、行业监管,与国际石油公司的合作,有时还独自行使运营者职责。

州内搞独立。如果那样,他们可能不在乎促进当地成分发展和其他政府政 149
策的实施,而将重点放在短期私利和腐败利益上。例如,委内瑞拉国家石油公司作为制定该国石油行业政策的领导机构,曾经被认为过于强大。它与已故总统查韦斯经常发生冲突,因此进行了改革,导致其约20%的雇员和大多数管理人员被解雇。[33] 同样,尼日利亚国家石油集团在《尼日利亚油气行业内容发展法》生效之前主要负责当地成分发展,几乎一直不受政府控制,而且基本不对其不当行为承担责任。[34]

与融合模式相对,巴西和挪威等国试图将其国家石油公司的努力与专业监管者的努力结合起来。[35] 从本质上讲,这些国家将政策制定、石油行业运营和监管的责任分别赋予三个独立的机构。这意味着尽管这些国家石油公司与监管机构之间存在某种形式的合作,但每个实体所扮演的角色是可区分的、相互分离的。这可以实现某种形式的监管独立,也可以加强国家石油公司的工作重点。但是,政府将国家石油公司和监管机构结合起来运行可能会付出更高的代价,因为这种模式可能迟滞石油公司的发展以及引发机构间竞争,还存在监管机构被国家石油公司“捕获”的风险。当国家石油公司与监管者关系密切,并进而扩展到与政府机构关系密切时,其自治性可能会被削弱。

无论石油生产国采用哪种国家石油公司模式,该类模式对石油生产国培育当地成分的重要性都是无可争辩的。国家石油公司可以通过三种主要方式来促进当地成分增长。第一,他们可以利用与勘探、生产公司的合作来得到国内产业的支持。第二,他们可以直接资助国内供应商和服务公司,并为本国公民创造就业机会。第三,国家石油公司可以通过旨在提高

㉝ See Hults, 2012, at p. 418; see also Fry and Ibrahim, 2013.

㉞ House of Representatives, 'Report of the Ad-Hoc Committee to verify and determine the actual Subsidy Requirements and Monitor the Implementation of the Subsidy Regime in Nigeria' (Rstn No. HR. 1 / 2012), http://premiumtimesng.com/news/4747-premium_times_presents_the_full_oil_subsidy_probe_report.html, accessed 4 January 2017.

㉟ See n 32.

人力资源能力和获取相关技术的间接举措（投资技术开发、奖学金、为本地公司提供资金等）来进一步提升当地成分。下文将详细讨论国家石油公司在提高当地成分方面采用的策略。

8.2 国家石油公司在本国推广当地成分所采用的策略

国家石油公司利用与石油勘探、开发公司的合作来提升当地成分。石油生产国通常会授权国家石油公司与石油勘探、开发公司在石油链上游合作。其他情况下，石油生产国授予国家石油公司独立特许权，后者再通过
150 产量分成合同与勘探、生产公司合作。无论采用哪种方法，这些合作都是在一定制度框架下进行，框架赋予国家石油公司（同时又拥有特许权经营者的双重身份）批准或否决其合作伙伴预算和经营支出的权力，该权力使国家石油公司能够坚持遵守当地成分要求，配合扶持本地生产的商品和服务的政策。

在尼日利亚、安哥拉、阿尔及利亚、巴西和赤道几内亚等国，上述合作关系比比皆是。例如，尼日利亚国家石油集团主要通过合资协议、产量分成合同与国际石油公司合作，依据联合经营协议来规范其工作关系。典型的合作经营协议包含当地成分要求，而尼日利亚国家石油集团的合作伙伴国际石油公司在合同签订和购买商品和服务时将必须遵守这些当地成分的要求。例如，指导尼日利亚国家石油集团与国际石油公司合作的《产量分成合同范本》第 8 条第 1 项要求后者优先考虑在尼日利亚可获得的商品或尼日利亚国民提供的服务，只要这些商品符合行业标准，服务品质良好，价格具有竞争力，并可以及时获得。同样，该范本第 5 条第 1 款规定：

> 在合同生效后 2 个月内，以及此后每年前 3 个月内，承包商（国际石油公司）应根据本合同第 6 条的规定，准备并提交合同工作计划和预算供管理委员会审查、批准，其中应载明合同规定

> 或己方提议在该年度内进行的石油运营。若为首个工作计划和预算,则写明在本年度剩余时间内进行石油运营。在将工作计划和预算提交内政部前,管理委员会应根据第6条第3款第5项予以审查和批准。

为了确保公平代表所有合作方的利益,联合运营协议一般会组建由国家石油公司及其合作伙伴组成的联合运营委员会。通常,联合运营委员会主席职位保留给国家石油公司,在某些情况下也由具有否决权的政府代表担任。联合运营委员会对于当地成分持续发展至关重要,因为他们监督、批准勘探、开发公司的合资协议、产量分成合同运营方面的工作计划和预算。这就是说,联合运营委员会的主席资格使国家石油公司处于独特的地位,首先是坚持对本地供应和服务的支持,其次是否决低于法定(如《尼日利亚油气行业内容发展法》)最低当地成分要求的合同或联合运营协议来支持当地成分。

尽管国家石油公司具有战略定位,但其功能、承诺和效率是其有效推动当地成分的前提。因此,尽管拥有战略力量,但国家石油公司可能难以推进当地成分:要么是因为他缺乏这样做的能力,要么是因为他已经腐败。可能影响其成功履职的其他因素包括利益冲突问题,或被其合作伙伴所 151
“捕获”。这就可以解释尽管尼日利亚国家石油集团拥有巨大的权力,却难以推动《尼日利亚油气行业内容发展法》之前的尼日利亚当地成分。[36]与尼日利亚国家石油集团相比,其他一些国家石油公司通过利用自己的优势和独特的地位来确保自己的合作伙伴石油勘探、生产公司遵守当地成分要求,从而在发展当地成分方面取得长足进展。索南戈尔公司和马来西亚国家石油公司就是两个范例。

---

[36] Nwaokoro,2012, at p. 63.

在非洲,安哥拉的原油储量居非洲第三,仅次于利比亚和尼日利亚。[37] 该国广泛依赖索南戈尔公司,该公司在安哥拉石油行业各个方面都进行了垂直整合,同时作为行业监管机构,该公司还出任资产经理。尽管身处充满腐败和低效率的环境,但令人惊讶的是,索南戈尔公司一直努力有效地保护安哥拉对其石油行业的利益。[38] 与大量不在国外经营的非洲国家石油公司不同,该公司将其业务拓展到巴西和伊拉克。[39] 瑟伯等人指出,面对经典的挪威模式,安哥拉通过索南戈尔公司作为单一的多用途代理商成功地建立了一个高产的石油部门,在过去的几十年中实现了产量和储量的稳定增长。[40] 为验证这一事实,奥·卡西姆(Al-Kasim)等人还到安哥拉进行了实地考察,发现“……人们普遍认为安哥拉政府比较腐败,人民福利被忽略,但石油部门在管理上比邻国同类部门具有更好的控制系统。”[41]

安哥拉的当地成分制度可在一系列与石油有关的法律以及产量分成合同中的承诺中找到。[42] 例如,安哥拉 2004 年《石油活动法》第 27 条要求公司向安哥拉供应商购买与国际市场上质量相同或相似的产品和服务,并且其价格不超过外国竞争者产品和服务的 10% 。海勒在评论该条款时指出:“实际上,索南戈尔公司运营委员会和其他技术部门迫使运营公司在
152 更高的门槛下与本地公司签约。”[43]索南戈尔公司还拥有广泛的签署产量分成合同的权力,可用来促进安哥拉当地成分的发展。例如,由于他有权

[37] Proven Reserves are Estimated at Around Nine Billion Barrels, see OPEC, ‘Angola: Facts and Figures’, http://www.opec.org/opec_web/cn/about_us/147.htm, accessed 17 May 2017.

[38] See Soares de Oliveira, 2007.

[39] For more readings, see Clarke, 2010, at pp. 115 – 135; see also Oliveira, 2015; See also Stratfor Global Intelligence, 2014.

[40] Thurber et al, 2011.

[41] Al-Kasim, Soreide T and Williams, 2010, at p. 21.

[42] 其中包括 2004 年第 10 号法令《石油活动法》,第 11 号法令《海关税收法》,2006 年第 48 号法令包含有石油行业公共采购竞争的规则和程序。2008 年第 116 号法令与《培训法》有关,涉及当地成分发展的能力建设,2009 年第 17 号法令与 2010 年第 14 号执行令均与石油培训基金的功能和管理有关。

[43] Heller, 2012.

批准与这些产量分成合同有关的大多数采购，所以该公司在竞标供应或服务合同之前会列出一份公司候选名单。根据奥瓦迪亚的说法：

> 索南戈尔公司在安哥拉石油部门的实力和主导地位实际上允许其有关机构向运营公司施加压力，[44]使后者不仅接受10%的溢价，甚至在某些情况下承担20%～30%的高价。索南戈尔公司还具有强制执行当地成分的强大权力，因为它可以为所选择的任何公司，不仅是安哥拉政府拥有51%的所有权的公司，提供优惠待遇；它还有权检查材料制造地，货物组装地以及分包商的身份。如果公司是在安哥拉生产或并入大量本地产品，即使是100%的外国公司也可以享受优惠待遇，甚至可以获得与本土公司所允许的10%的差价。总之，立法和产量分成协议制度提供的法律框架不仅使政府能够促进安哥拉石油工业本地化，而且还可以让总统通过索南戈尔公司对国际石油公司每年在服务合同上数十亿美元的开销施加巨大影响。[45]

赫勒证实了奥瓦迪亚的观点，他说："当地成分和本地人员编制是大多数与国际伙伴合作的国家石油公司的重要目标，安哥拉的情形更有过之而无不及。在该国工作的大多数国际官员都表示，与别国同行相比，索南戈尔公司对当地成分更为严格、更加重视。"[46]

和安哥拉对索南戈尔公司的依赖一样，马来西亚也广泛依赖马来西亚国家石油公司来监督其产量分成合同的合作伙伴，以确保他们遵守当地成分法规。作为马来西亚国家石油公司，其通常坚持在采购、供应和服务合

---

[44] 指其生产局和经济与特许局。

[45] Ovadia, 2012.

[46] Heller, 2012, at p. 865.

同中优先考虑马来西亚本土公司。实际上,在马来西亚,仅当没有马来西亚本土公司能够胜任此类工作时,才会将合同授予外国公司。此外,在满足特定要求后,所有希望在马来西亚获签石油服务合同的公司都必须获得马来西亚国家石油公司的许可。[47] 就其主导地位来看,马来西亚国家石油公司能够坚持要求其产量分成合同合作伙伴"在石油运营中就设备、设施、货物、材料、供应品和服务等采购方面最大限度地满足马来西亚当地成分的国家目标"。

153 索南戈尔公司和马来西亚国家石油公司的例子表明,坚定而高效的国家石油公司实际上可以通过利用其战略地位来促进当地成分的推广。为此,此类公司的管理人员应充分了解当地成分的价值,并确保公司目标与本国的目标保持一致。[48]

除了监视其合资协议及产量分成合同合作伙伴之外,国家石油公司还可以通过购买本地制造的商品和提供的服务来推动当地成分的发展。在本国扮演主要运营者角色的国家石油公司,如巴西国家石油公司、挪威国家石油公司、阿美公司、伊朗国家石油公司、马来西亚国家石油公司,索纳特拉奇公司(Sonatrach,阿尔及利亚国家石油公司)等,比其他较次要的国家石油公司更有能力照顾本土企业。他们的国有属性,使他们应该更容易响应本国的号召优先选择本地供应商。遗憾的是,情况并非总是如此。实际上,如果某些国家石油公司的经理,根据对本地企业能力的质疑,认为当地成分要求不切实际,则他们可能不会热情地执行本国的当地成分政策。在这种情况下,这些公司可能会利用其影响力要求放宽或放弃这些要求,或者在极端情况下,他们可能会违反要求。这意味着即使在具备足够竞争力的石油生产国,其国家石油公司可能出于自私、腐败等原因或他们认为

---

[47] Heller, 2012, at p. 64.

[48] Bank Pembangunan, 'Report On Malaysia Oil and Gas Exploration and Production' (2011), http://www.bpmb.com.my/GUI/pdf/annual_report/2011/20.pdf, at p. 63.

此类外国商品和服务远胜于本国而选择采购外国供应商和服务公司。本质上,监管不力的国家石油公司不一定会提高当地成分。国家石油公司也可以通过直接雇佣来提高当地成分。由于这些公司规模非常大,由几个子公司组成,因此可以在国内雇用相当数量的人员。例如,中国石油拥有约548,355名员工,而俄罗斯天然气工业股份公司、墨西哥石油公司、卢克石油公司、俄罗斯石油公司和索纳特拉奇公司员工数分别为404,400名、150,884名、150,000名、106,000名和41,204名。[49]

国家石油公司还可以通过启动与当地成分发展有关的多项计划来培育当地成分,如为本地供应商和服务公司提供贷款或提供本地供应商数据库。如本书第4章显示,尼日利亚国家石油集团建立了联合资格认证系统,以此为基础,建立了该行业本地供应商和服务商数据库,并分享给石油公司,以促进合同签订和简化资格预审流程。[50]

8.3　国家石油公司与石油相关技术的获取与发展

国家石油公司可以通过促进石油相关技术研发来间接驱动当地成分。
在这方面,有效运营的国家石油公司是开发和获取石油相关技术的战略资 154
产。由于石油工业的技术密集性,获取最新技术非常必要、紧迫。随着石油公司越来越多地在沼泽、深海、超深海等开采艰难区域开展业务,需要持续的投资以确保获得相关技术来应对行业挑战。这意味着,在钻井、制造、供应和服务等石油相关领域寻求支配地位的石油生产国,需要对培训和再培训项目进行持续投资,以培养熟练的技术人员来满足行业需求。为此,一些机构建立了资金雄厚的研究中心,除了为研究提供资金和授予奖学金

---

[49] Top 20 Largest Oil & Gas Employers, The Oil and Gas Post http://www.oilgaspost.com/2013/04/25/top-20-largest-oil-gas-employers/, accessed 15 September 2016.

[50] NNPC, 'Nigerian Content Implementation Framework', http://www.nigcontent.com/index.php? option1/4com_content& task1/4view&id1/430& Itemid1/457 # 4, accessed 9 March 2016.

等外,还与行业和学术界合作。而且由于国家石油公司通常是大量资金的储备库,因此其所在国经常通过他们为上述项目融资。这些资金通常用于研发,并通过培训和再培训本地人员来促进人力资源开发,这些措施最终会使当地成分受益。[51]

此外,国家石油公司可以利用与勘探与生产公司的合作来确保一定程度的技术转让,以此为其母国带来利益。因此,国家石油公司可以通过在合资协议、产量分成合同合作期间向其合作伙伴学习,获取相关技术,增强竞争能力。随着时间的推移,国家石油公司可以用这些学来的技术进一步提升当地成分。例如,挪威国家石油公司、马来西亚国家石油公司能够通过充分利用与国际石油公司的合作来提升自己的竞争力。[52] 除了推广当地成分外,国家石油公司还获得了石油相关技术知识和专业知识,并用这些知识培训本地人员。获得培训的人员便可以受雇于本国监管机构和政策制定机构,而获得的技术专业知识也可以传授给其他经济部门,例如航运、钢铁、制造和构筑等。[53] 这就是获得石油相关技术的国家石油公司有时会转向石化、化肥、乙醇、建筑和航空等领域的原因。本章接下来讨论一
155 些选定的国家石油公司在促进石油相关技术和培育人员能力方面所采用的策略。

---

[51] 1977年《尼日利亚国家石油公司法》第5条第1款第6项授权尼日利亚国家石油集团开展与石油活动有关的研究。同样,巴西2010年第12.276号法律规范了巴西国家石油公司的资本,授权巴西联邦政府将石油公司有关盐层下地区石油、天然气和其他流体碳氢化合物的研究和生产费用摊派给巴西国家石油公司承担。

[52] 例如,尽管挪威国家石油公司早在20世纪70年代初就开始与国际石油公司合作,但直到1981年,才开始运营第一个油田——古尔法克斯油田。See Olsen, 2013, at p. 619.

[53] 挪威、马来西亚和巴西等国广泛依赖其国家石油公司来推动其技术进步。例如,马来西亚国家石油公司已经建立了一所技术大学,即马来西亚国家石油技术大学。See UTP, 'About US', https://www.utp.edu.my/The%20University/About-Us/SitePages/Home.aspx, accessed 22 November 2016. 2011年,巴西仅在研发方面的预算就高达45亿美元。See also B Ellsworth, 'Brazil's Petrobras to invest $4.5 billion in research' Reuters (11 February 2011), https//www.reuters.com/article/petrobras-rd/brazils-petrobras-to-invest-4-5-billion-in-research-idUSN0413807520110204, accessed 21 July 2018.

巴西国家石油公司,其成立于1953年,旨在成为巴西石油工业唯一"驱动者"。为此,该公司在研发上大量投资,并专注于培育本土技术。早在1955年,该公司就建立了技术创新和人力开发促进中心。[54] 该中心今天被誉为南半球最大的研究中心,至今仍与公司的运营和战略目标保持紧密契合,并在石油技术领域取得了一些重大突破。[55] 目前,该中心拥有600多名硕士、博士专业人员从事研发和其他工程活动。巴西国家石油公司还开发了勘探与生产解决方案,如盆地测绘和旧油田振兴程序。该中心仍持续得到公司的大量投资,以进一步为巴西石油行业的发展培育充分的人力资源。[56]

巴西国家石油公司还与巴西各地大学和研究机构合作,为本地和海外奖学金提供资金。[57] 其中一些合作使人们更好地了解了海浪和洋流如何影响浮动平台的运行,因而需要在距离海岸数百公里以外下锚。[58] 仅在2016年,该公司在研发方面的投资就超过18亿美元。[59] 这些巨大的研发投资已获得回报,在全球范围内,该公司被公认为具有深水和超深水勘探与开发的专业知识。[60]

像巴西国家石油公司一样,沙特阿美公司在研发方面进行了大量投资。目前,它在全球拥有11个运营研究中心和技术办公室。仅在2015

---

[54] Petrobras, 'Technology and Innovation', http://www.petrobras.com/en/energy-and-technology/technology-and-research/, accessed 9 August 2016.

[55] 其中包括:1968年在瓜里斯马油田首次发现海上石油,1978年绘制国家海岸地质图,在1999年刷新了深水石油勘探的世界纪录,2005年设计了在单根支柱上建造浮动平台的新概念。2007年发现了盐层下油田。See Tordo and Anouti, 2013, at p. 52.

[56] Wertheim and Abrantes, 2015.

[57] See Oliveira, 2012, at p. 515.

[58] Petrobras, 'Technology and Innovation' (n19).

[59] Petrobras, 'Sustainbility Report' (2016), http//www.petrobras.com.br/en/society-and-environment/ sustainability-report/, accessed 11 March 2017.

[60] 巴西国家石油公司凭借其在深水技术方面的优势而分别在1992年、2001年和2015年获得了海洋技术会议优异奖, see http://www.otcnet.org/Content/OTC-Distinguished-Achievement-Awards-for-Companies-Organizations-and-Institutions, accessed 6 November 2016。

年，该公司就从美国专利商标局获得了 123 项专利。[61] 沙特阿美公司认识
156 到需要培训以弥合行业中的经验和知识差距，因此建立了上游专业发展中心，为员工提供综合培训项目。[62]

马来西亚国家石油公司是另一家在研发和人员能力开发方面投入大量资金的国家石油公司，这是该公司整体战略的一部分。它建立了一个研究基金，要求其所有产量分成合同合作伙伴向该基金捐献其石油成本和利润的 0.5%。[63] 该公司在培育熟练技工和相关技术方面也是大力投资。1997 年，马来西亚国家石油公司成立了其全资国家石油技术大学，以加强在提高石油采收率和二氧化碳管理等领域的研究。该大学从事的其他研究领域还包括深水技术、纳米技术、绿色技术、生物医学技术、混合能源系统、智能城市和可持续资源等。[64]

挪威采用类似的方法，从其石油行业发展伊始，就将挪威国家石油公司作技术转让的通道和经济增长抓手，[65]通过该公司在研发方面持续投入大量资金。[66] 其研发工作紧扣“三个中心”，实施一项“五管齐下”的研究计划，包括勘探、提高采收率、开发新方法、石油和天然气提炼、新能源和新想法。[67]

---

[61] Aramco, ‘A Focus on Technology’, http://www.saudiaramco.com/en/home/innovation/research-centres.html, accessed 20 October 2016.

[62] Aramco, ‘Preparing Employees for Challenges Aheads’, http://www.saudiaramco.com/en/home/innovation/stories-of-progress/preparing-employees-for-challenges-ahead.html, accessed 7 November 2016.

[63] 依据《产量分成合同范本》第 9 条第 1 款的规定。See ‘Local Content: Malaysia’ (2014) Columbia Centre on Sustainable Investment, http://ccsi.columbia.edu/files/2014/03/Local-Content-Malaysia-Petroleum-CCSI-Sept-2016.pdf, accessed 22 November 2016.

[64] UTP, ‘About US’, https://www.utp.edu.my/The%20University/About-Us/SitePages/Home.aspx, accessed 7 November 2016.

[65] Gordon and Stenvoll, 2007, at p. 23.

[66] 据估计，挪威国家石油公司每年在研发方面的投资约为 20 亿克朗，see Statoil, ‘R & D Program’, http://www.statoil.com/en/technologyinnovation/technologymanagement/FoUprogram/Pages/FoUprogram.aspx, accessed 21 November 2016。

[67] Ibid.

8.4 讨论与分析

国家石油公司在发展当地成分中的作用是本章贯穿始终的重点。可以看出,这些公司利用其与勘探、生产公司的合作优势,坚持支持本地供应和服务公司。此外,他们还可以通过确保利用国内供应商的商品,雇用本国公民以及采取诸如研发投资、赞助奖学金等举措来支持当地成分政策。由于他们的竞争能力、规模以及与私营石油公司的战略关系,他们通常适合在本国推广当地成分。

尽管存在反对意见,但国家石油公司对于许多尚未从工业化中充分受益的发展中国家仍然具有重要意义,[68]在非洲尤其如此。由于缺乏强大的 157
政府监管机构和发达的服务业,未来一段时间内,国家石油公司将继续在促进本国当地成分发展方面发挥重要作用。但是,这些公司在推动当地成分方面的成功取决于某些关键要素是否到位。首先,这些公司应该有能力、有实力、有竞争力。其次,他们应专注事业并信守承诺,同时应将腐败和裙带关系等问题减至最少。最后,非洲石油生产国应该构建监督其国家石油公司的方法,以确保他们继续致力于推进当地成分。

这里要重点指出,国家石油公司并不总是在其本国增加当地成分。实际上,有趣的是,国家石油公司在发展当地成分方面的热情可能还不如国际石油公司。因为,如果国际石油公司与本地公司合作并支持新兴的本地供应商,则可能对自身长远利益有利。但具有讽刺意味的是,腐败的国家石油公司经理可能认为“进口”商品及服务更适合满足其私人利益。因此,至关重要的是,国家石油公司的所有者必须意识到这些问题,并采取措施确保国家石油公司在当地成分发展中发挥积极作用。这些国家石油公司应该自觉地建立石油行业与其他经济部门之间的必要联系,以使国家石

---

[68] 这些公司通常被指控为腐败、低效、浪费和浮夸。See Eller et al., 2007. See also Thurber et al., 2012, at p. 701.

油公司的管理人员和雇员明确并区分当地成分目标,同时应将此类公司进一步扩大当地成分的程度用作绩效标准,以确保这些公司上具有实际能力、竞争力和效率。

最成功的国家石油公司吸纳了全球管理和运营标准。[69] 挪威国家石油公司、沙特国家石油公司和巴西国家石油公司等不仅每年为其本国赚取数十亿美元,而且还利用其能力、经验和资源来发展当地成分。他们丰富的经验和较强的能力,巩固其与勘探、生产合作伙伴对本地供应商的支持,并直接提高当地成分。相反,某些国家石油公司效率低下,腐败且不透明。令人遗憾的是,非洲国家石油公司,诸如尼日利亚的尼日利亚国家石油集团,赤道几内亚的 GePetrol 和南苏丹的 Nilepet 都是这样。这些公司长期以来,不仅在很大程度上无法发展本国当地成分,而且继续广泛依赖国际石油公司的技术甚至是资金。他们对合作伙伴的广泛依赖自然削弱了自己的监管能力。

因此,非洲石油生产国必须将建立充满活力的国家石油公司作为其当地成分议程的核心。这是因为与封闭、低效的国家石油公司相比,高效、透
158 明和有竞争力的国家石油公司更适合于推广当地成分。如果要求非洲国家石油公司齐心协力发展其上游企业能力,则他们将更有利于加强当地成分,特别是在其垄断业务中。这意味着尼日利亚国家石油集团、安哥拉国家石油公司等应在其上游行业中扮演越来越具有挑战性的角色,并避开资产管理者和非运营商的角色。反过来,如果这些公司能够借鉴马来西亚国家石油公司、巴西国家石油公司、沙特国家石油公司模式进行研发投资,除了直接光顾本地供应商外,还能为国内成千上万的公民创造就业机会。从长远来看,这必然会推动当地成分发展。

为了使国家石油公司充满活力,建议非洲石油生产国应该考虑重构其国家的石油公司,促使其专注于核心业务。这可能需要这些公司撤出非核

[69] Olsen, 2013, at p. 619.

心业务，这些业务除了分散国家石油公司利润和有限的资源外，还分散他们的核心职责。此外，这些国家还应要求其国家石油公司完全或部分自由化石油行业，以取消其自动获得国家补贴的权利，增强其竞争力。自由化将使国家石油公司处于为本地问题设计本地解决方案的最前沿，而不是完全依赖国家支持维持生计。

这方面，非洲石油生产国应考虑将其国家石油公司部分私有化。在世界范围内，事实上，一些最具实力的国家石油公司（如俄罗斯石油公司、俄罗斯天然气工业股份公司、巴西国家石油公司和挪威国家石油公司）已部分私有化。[70] 如果处置得当，这些最具实力的国家石油公司部分私有化将有利于非洲国家石油公司更加轻松快捷地筹集资金，从其私人合作伙伴那里获得技术，并赋予他们一定程度的自治权。这也将使这些公司的经理们在决策方面更加专业，同时有利于公司增加透明度和治理收益。

除此之外，还需要立即解决国家石油公司腐败问题。在整个非洲，政界人士和政府官员通常将数个国家石油公司用作腐败庇护和寻租工具。这意味着在石油工业中签约常常被用来欺骗国家而不是保护公众利益。实际上，国家石油公司的经理们可能不欢迎优先考虑国内公司的长期利益。公司腐败的管理者可能更喜欢在国外建立“空壳公司”，通过这些“空壳公司”向国家石油公司及其关联公司提供价格更高的、可在本国采购的物品。

国家石油公司的管理者倾向于腐败，因此迫切希望支持当地成分的石油生产国必须采取措施，确保其国家石油公司在政策框架下运营，从而为透明的、有效的监督留出空间。为此需要对非洲国家石油公司进行有效的监管，使其遵守本国法律和政策指示，尤其是在当地成分方面。如果发生 159

[70] 但是，伊朗的伊朗国家石油公司和沙特阿美公司等完全国有的公司执行效率却很高。

违规行为,应严厉地罚款和制裁。[71] 因此,非洲石油生产国需要对其国家石油公司保持合理水平的控制,以确保其行为符合设立公司的初衷。

在非洲加强监管非常必要,在这里,为了支持国家石油公司的发展,正式监管者经常被边缘化。这是因为后者作为创收者,通常被认为更重要。这意味着,尽管几个石油生产国已采取步骤建立监管机构,以有效监管石油行业,但实际上,这些监管机构仍然低效且资金不足。例如,从 1985 年到 2010 年,尼日利亚石油集团与石油行业主要监管机构石油资源部并肩经营。但是由于石油资源部在过去和现在仍被视为尼日利亚国家石油集团的子公司,而不是其监督者,因此它难以监管尼日利亚国家石油集团。这在很大程度上使尼日利亚国家石油集团无法推进《尼日利亚油气行业内容发展法》之前的尼日利亚内容。就像尼日利亚,安哥拉石油行业也拥有一个正式监督机构石油部,但石油工业的实际控制权被赋予索南戈尔公司,而石油部仅在行业监管中扮演次要角色。[72] 值得庆幸的是,该公司在执行当地成分要求方面取得了很大的成功。但是,成功不是因为它受制于独立监管机构,而可能是由于其专业观点以及某些历史因素的综合作用,使它倾向于有效地执行任务。[73]

某种程度的私有化或部门自由化有助于非洲石油生产国强化对其国家石油公司的监督。本质上,这些公司受国家庇护的权利越少,他们的权

---

[71] 例如,2011 年,巴西国家石油公司因违反 44 项特许权的开发中的当地成分规定而被罚款 1800 万美元。'ANP Slaps Petrobras with $18 million Fine' Upstream (1 September 2011), http://www.upstreamonline.com/live/article276020.ece, accessed 22 November 2016.

[72] See the Petroleum Activities Law 2004 and the Law on Taxation of Petroleum Activities 2004. See also Advogados and FCB Sociedade de Advogados, n. d.

[73] 索南戈尔公司作为相当成功的安哥拉石油资源管理者,在很大程度上归因于其历史和战略。从历史上看,该公司长期以来一直受益于高素质的专业人员的服务,他们的专业知识支撑了该公司的业绩。索南戈尔公司成立于 1976 年,之后安哥拉将葡萄牙 Petrogal 的子公司 Angol 国有化。但是,安哥拉政府与 Petrogal 之间的谅解备忘录允许继续与新成立的索南戈尔公司一起工作的 Angol 的员工可以将他们在索南戈尔公司服务的年限算作对葡萄牙政府的服务年限。因此,该公司从成立之初就由配备了相关技术专长和石油运营知识的人员,这为他们提供了一个良好的开端。See Heller, 2012, at p. 865, see also Oliveira, 2007.

力和影响力就越小。在这种情况下,与将国家的所有希望都寄予一家公司相比,私有化、自由化将使监管和监督更加容易。希望如果上述建议得以落实,他们将更好地使非洲国家石油公司在国内推动当地成分方面发挥作 160
用。一个促进本国利益的国家石油公司将成为激励其他本地公司提升竞争力的楷模。

8.5 小结

本章分析了国家石油公司如何在国内发展当地成分。国家石油公司通过直接购买本地制造的商品和服务,研发投资,利用其私人石油公司合作伙伴的技术转让协议以及坚持其合资协议、产量分成合同合作伙伴利用本地制造的商品和服务来提高当地成分。为了证明高效国家石油公司对培育当地成分的重要性,本章考察了索南戈尔公司和马来西亚国家石油公司在发展当地成分中的作用,同时还指出,尽管拥有强大的权力,但尼日利亚国家石油集团在提高尼日利亚当地成分方面效率不高。因此,本章接着探讨了石油部门自由化、部分私有化及重组在总体上改善国家石油公司绩效方面的前景,这也将对当地成分发展产生影响。

参考文献

Advogados EV and FCB Sociedade de Advogados, 'Key Legislation and Regula-tory Structure in the Angolan Oil and Gas Sector' (n. d.), https://www.hg.org/article.asp?id=30556, accessed 21 November 2016.

Al-Kasim F, Soreide T and Williams A, 'Shrinking Oil: Does Weak Governance and Corruption Reduce Volumes of Oil Produced?' 2010 (3) *U4 Issue*, 1, https://www.u4.no/publications/shrinking-oil-does-weak-governance-and-corruption-reduce-volumes-of-oil-produced.pdf, accessed 5 February 2016.

Brumberg D and Ahram AI, 'The National Iranian Oil Company in Iranian Politics' (2007) James A. Baker Ⅲ Institute for Public Policy of Rice University and Japan Petroleum Energy Center, http://www.bakerinstitute.org/files/3903/, accessed 21 November 2016.

Clarke D, *Africa: Crude Continent: The struggle for Africa's Oil Prize* (Profile, London, 2010).

Eller SL et al., 'Empirical Evidence on the Operational Efficiency of National Oil Companies' (2007) James A. Baker Ⅲ Institute for Public Policy of Rice University and Japan Petroleum Energy Center.

Fry JD and Ibrahim E, 'Reassessing Venezuelan's Organic Hydrocarbon Law: A Balance between Sovereignty and Efficiency?' (2013) 6(3) Journal of World Energy Law & Business, 234.

Gordon R and Stenvoll T, 'Statoil: A Study in Political Entrepreneurship' (2007) James A. Baker Ⅲ Institute for Public Policy of Rice University and Japan Petroleum Energy Center, https://www.bakerinstitute.org/media/files/page/9ffcb110/noc_statoil_gordon_stenvoll.pdf, accessed 7 July 2017.

Grayson LE, *National Oil Companies* (John Wiley, London, 1981).

161 Heller PRP, 'Angola's Sonangol: Dexterous Right Hand of the State' in DG Victor et al. (eds.) *Oil and Governance State-owned Enterprises and the World Energy Supply* (Cambridge University Press, Cambridge, 2012).

Hernandez I, 'Why is Venezuela's Oil Sector so shattered?' *Natural Resource Governance* (8 February 2018), https://resourcegovernance.org/blog/why-venezuela-oil-sector-so-shattered, accessed 15 May 2018.

Hults D, 'Petroleos de Venezuela, S. A. (PDVSA): From Independence to Sub-servience in Gridlock' in DG Victor et al. (eds.) *Oil and Gov-*

ernance State-owned Enterprises and the World Energy Supply (Cambridge University Press, Cambridge, 2012).

Leis J et al, 'National Oil Companies Reshape the Playing Field' *Bain and Company* (10 October 2012), http://www.bain.com/publications/articles/national-oil-companies-reshape-the-playing-field.aspx, accessed 12 July 2017.

Noreng O, *Oil and Islam: Social and Economic Issues* (John Wiley and Sons, Chichester, 1997).

Nwaokoro JE, 'Signed, Sealed But Will it Deliver? Nigeria's local content Bill and Cross-Sectoral Growth' (2012) 4(1) *Journal of World Energy Law & Business*, 56.

Oliveira A, 'Brazil's Petrobras: Strategy and Performance' in DG Victor et al (eds) *Oil and Governance State-owned Enterprises and the World Energy Supply* (Cambridge University Press, Cambridge, 2012).

Oliveira RS, 'Business Success, Angola-style: Postcolonial Politics and the Rise and Rise of Sonangol' (2007) 45(4) *The Journal of Modern African Studies*, 595.

Oliveira RS, *Magnificent and Beggar Land: Angola since the Civil War* (Oxford University Press, Oxford, 2015).

Olsen M, 'The Future of National Oil Companies in Russia and How They May Improve their Global Competitiveness' (2013) 35 *Hous. J. Int'l L.*, 617.

Ovadia JS, 'The Dual Nature of Local Content in Angola's Oil and Gas Industry: Development vs. Elite Accumulation' (2012) 30 *Journal of Contemporary African Studies*, 403.

Samples TR and Vittor JL, 'Energy Reform and the Future of Mexico's

Oil Industry: The Pemex Bidding Rounds and Integrated Service Contracts' (2011) 7(2) *Texas Journal of Oil Gas & Energy*, 215.

Stevens P, 'National Oil Companies and International Oil Companies in the Middle East: Under the Shadow of Government and the Resource Nationalism Cycle' (2008) 1(1) *Journal of World Energy Law & Business*, 5.

Stevens S, 'Sonangol: Angola's Charm Offensive' (2016) *Natural Resource Charter Case Study*, http://www.resourcegovernance.org/sites/default/files/documents/sonangol-angolas-charm-offensive.pdf, accessed 22 November 2016.

Stratfor Global Intelligence, 'Angola's National Oil Company Continues to Be the Government's Backbone' (2014), https://www.stratfor.com/analysis/angolas-national, accessed 5 February 2016.

Thurber MC, et al. 'NNPC and Nigeria's Oil Patronage Ecosystem', in DG Victor et al. (eds.) *Oil and Governance State-owned Enterprises and the World Energy Supply* (Cambridge University Press, Cambridge, 2012).

Thurber MC, et al, 'Exporting the Norvegian Model: The Effect Administrative Design on Oil Sector Performance' (2011) 8 *Energy Policy*, 8.

Tordo S and Anouti Y, *Local Content in the Oil and Gas Sector: Case Studies* (World Bank Publications, 2013), http://extrayendotransparencia.grupofaro.org/wp-content/uploads/2014/12/LC-in-the-oil-and-gas-sector-Case-Studies.pdf, accessed 8 March 2017.

162 Tordo S, Tracy BS and Arfaa N, 'NOCs and Value Creation' (2011) *World Bank Working Paper No.* 218, http://siteresources.worldbank.org/INTOGMC/Resources/97 80821388310.pdf, accessed 2 January 2016.

Wang W, 'Impact of Western Sanctions on Russia in the Ukraine Crisis Null' (2015) 8(2) *Journal of Politics and Law*, 1.

Wertheim PH and Abrantes D, 'Cenpes Petrobras R& D Centre Became the Bigg-est in Latin America' *Scandinavian Oil and Gas Magazine* (29 April 2015), http://www. scandoil. com/moxie-bm2/news/spot _ news/cenpes-petrobras-rd-centre-became-the-biggest-in-l. shtml, accessed 9 December 2016.

163

9　当地成分和资源丰富地区：以尼日利亚尼日尔三角洲地区为例

9.1　简介

资源丰富国家对资源丰富地区控制或分享其资源的愿望的不当反应普遍被认为是世界许多地方动乱和冲突的潜在根源。① 历史已经证明，在自然资源的使用和控制方面，一个群体边缘化另一群体的观念会引发分裂、内部冲突甚至内战，从而导致资源丰富地区的破坏。从苏丹漫长、痛苦和流血的内战，②到印度尼西亚占领东帝汶，库尔德斯坦渴望控制其石油资源，再到苏格兰的独立愿望，资源丰富地区拥有或控制自然资源的欲望仍然是一个非常敏感的问题，需要机智、公正和诚实的态度来解决。

《自然资源宪章》指出，如果不提供合理的补偿以及公正地参与国家利益，可能会引起资源丰富地区公民的挫败感，并可能导致采掘项目的中

① “资源丰富地区”一词是指一国内与其他地区相比自然资源丰富的地理或地缘政治地区。例如，巴伊亚州是巴西的资源丰富地区；苏格兰，虽然自视为独立的国家，但仍然被认为是英国的资源丰富地区。尼日利亚的尼日尔三角洲地区和伊拉克的库尔德斯坦都是资源丰富地区。

② 1955—1972 年和 1983—2005 年，苏丹南部和北部地区卷入一场血腥的内战，这场战争夺去了无数人的生命。

断或冲突。③ 类似地,联合国大会于2007年通过的《联合国土著人权宣言》第26条,承认土著人民享有其传统上拥有、占有,或以其他方式使用或获得的土地、领土和资源的权利。④ 该宣言还承认土著人民拥有、使用、发展和控制他们因传统所有权或其他传统占领或使用而拥有的土地、领土和资源,以及他们以其他方式获得的资源的权利。因此,该宣言要求各国对这些土地和资源的合法权利予以承认和保护,并适当尊重有关土著人民的 164
习俗、传统和土地使用权。⑤ 同样,《自然资源宪章》建议资源丰富地区"应有追求本地利益的机会,并考虑减轻和抵消资源项目的环境和社会成本"⑥。

意识到需要给予特别待遇或满足资源丰富地区的渴求,一些联邦宪法要么给予他们某种程度的财政自治权,要么将一定比例的资源基础收入汇给他们。⑦ 这些措施是否能够真正充分解决边缘化问题,完全是另一回事,因为在一些试图通过宪法解决其资源丰富地区问题的国家中,仍然存在动乱、质疑和动荡。⑧ 例如,虽然尼日利亚增加了尼日尔三角洲地区的资源来源,并提出了一系列法律之外的倡议,试图让该地区从其石油资源中获得一些好处,但这些措施的影响很小。因此,尼日尔三角洲地区仍然是尼日利亚地缘政治地区中最贫穷的地区之一。本章以尼日尔三角洲地区为例,研究了资源丰富地区面临的一些挑战(贫困、通货膨胀、环境恶化

---

③ Natural Resource Charter, 'Overarching Domestic Governance', http://naturalresourcecharter.org/sites/default/files/Natural%20Resource%20Charter%20second%20edition%20-%20DRAFT.pdf, accessed 27 February 2016.

④ A/RES/61/295.

⑤ See also Arts 27,28, 29,31 and 32.

⑥ Precept 5.

⑦ 有这些安排的国家包括印度尼西亚、伊拉克、尼日利亚和巴西。关于印度尼西亚的安排,see Augustina and Ahmad, 2012;关于伊拉克的安排, see Gunter, 2011;对于巴西, see Postali, 2016 and Gobetti, 2010。

⑧ 伊拉克库尔德少数民族的渴望不能通过更大程度地控制其石油收入来得到满足。See Gunter,2011.

和内乱等),为应对这些挑战而采取的措施(增加资源来源,建立特殊干预机构等),以及到目前为止的边际影响。在此基础上指出,解决资源丰富地区问题,不应将重点放在增加资源来源和收益共享上,而应着重发展当地成分,以确保这些地区能从资源开发中获得收益,从而充分调动本地人民的积极性。

9.1.1 尼日尔三角洲地区在尼日利亚联邦制背景下的斗争

尼日利亚具有种族和宗教多样性。其人口最多的部族是占据北部大部分地区的豪萨-富拉尼族,以及尼日利亚东南部的伊博族和西南部的约鲁巴族。也有一些人口较少的部族,如中北部地区的纽普族,蒂夫族和埃多族等。其他一些少数部族分布在尼日尔三角洲地区以及南南地区,如伊
165 贾族,伊比比奥族和马罗博族等。[9] 也许出于某种天意,尼日利亚90%以上的石油资源都位于尼日尔三角洲地区。[10]与卡塔尔、科威特和沙特阿拉伯一样,尼日尔三角洲地区地域广阔,储藏着巨量原油和天然气资源。除了跨河州以外,尼日尔三角洲地区所有州都生产石油。尽管拥有丰富的石油资源,但尼日尔三角洲地区仍然是尼日利亚最贫穷的地区之一,仍在同石油开采造成的环境恶化进行艰难抗争。[11] 贫富之间的这种矛盾悖论已经引起了学者们的持续关注。了解该地区背后的历史因素、发展不足,将有助于以正确的视角看待尼日尔三角洲地区的斗争。[12]

1960年《尼日利亚独立宪法》和1963年《宪法》均明确规定尼日尔三角洲地区可以从联邦政府在该地区获得的石油收入中受益。例如,1963年《宪法》第140条规定,当时的尼日利亚东部、北部和西部地区,每个州

---

⑨ 该地区最初主要指尼日尔三角洲、里弗斯州和巴耶尔萨州。最近在政治上将其解释为包括克罗斯河州、阿夸·伊博姆州、埃多州、伊莫州、阿比亚州和翁多州。

⑩ Akpabio and Akpan,2010.

⑪ Banks and Sokolowski, 2010, at p. 275.

⑫ 有关尼日尔三角洲地区发展不足的历史观点,see Okorobia, 1999。

都有权从其所在地区的自然资源中获得50%的特许权和租金。[13] 该宪法还授权资源丰富区可分享一个可分配的账户,该账户可分配源于资源收入的30%,剩下的20%归中央政府支配。而且,出于增加资源来源的目的,1963年《宪法》没有区分资源丰富地区和沿海地区,这使尼日尔三角洲地区的沿海州(阿夸·伊博姆州、里弗斯州、巴耶尔萨州、克罗斯河州、三角洲州和翁多州)可以从其近海和陆上石油资源中受益。

从本质上讲,尼日尔三角洲地区的石油资源管理权和控制权属于尼日利亚联邦政府,但该地区分享其石油资源收益的权利在1960年和1963年《宪法》中已得到了适当承认。当军方于1966年推翻尼日利亚民主选举产生的政府后,这种相对令人满意的安排被废止。依靠政令统治的军政府立即暂停了1963年《宪法》的部分内容,包括第140条。此后,军政府通过法令,几乎没收了尼日尔三角洲地区的石油资源,转而支持联邦政府。例如,1969年《石油法》第1条明确赋予尼日利亚联邦政府石油资源的所有权和控制权。[14] 1971年《近海石油收入法》区分陆上石油和海上石油资源,从而剥夺了尼日尔三角洲地区依据1963年《宪法》获得的任何海上利益。[15] 同样,1978年《土地使用法》第1条没收了尼日利亚各州的所有土地,将其交由忠于军事国家元首的军事长官管理。这些法令的作用是剥夺尼日尔三角洲地区从石油资源中受益的权利,从而在经济上减少了尼日尔三角洲地区的相关性。(见表9.1)因此,在合法的幌子下,军人干预尼日利亚政治,为对尼日尔三角洲地区系统性的逐步经济剥夺、边缘化和环境剥夺铺平了道路。[16]

---

⑬ 尼日尔三角洲地区在此期间是东部地区的一部分。

⑭ 该规定重复了1999年《宪法》第44条,赋予联邦政府对尼日利亚境内的石油,尼日利亚的领海、大陆架和专属经济区的管辖权。

⑮ See Attorney General of the Federation v Attorney General of Abia State and 35 others (2002) 6 NWLR (Pt. 764).

⑯ 描述尼日尔三角洲地区被剥夺的著作已有很多部,see for instance Worika,2002。

166 **表 9.1　尼日尔三角洲地区石油资源产地收益下降一览**

时期	产地收益
1960—1965 年	陆上和海上石油特许权使用费和租金的 50% 尼日尔三角洲地区还可分享可分配账户中石油租金的 30%
1965—1974 年	产地收益 45% 没有离岸石油权益
1974—1979 年	20%
1979—1981 年	0
1981—1992 年	1.5%
1992—1999 年	3%
1999 年至今	13%

由于被剥夺了参与石油收入的权利,尼日尔三角洲地区遭受了石油泄漏和天然气燃烧造成的环境退化。人民的传统生计被破坏,因为其农场和河流要么被尼日利亚联邦政府强行夺取,要么被石油泄漏所破坏。该地区在经济上也遭受了损失,因为它失去了根据古老的产地收益原则而存在的特别收入的权利。此外,石油收入的管理缺乏问责制和透明度,这意味着石油公司支付给尼日利亚联邦政府的收入并没有回流到该地区,而是在很大程度上被军事统治者及其同伙挪用。尼日尔三角洲地区有限的不同意见被政府残酷镇压,有时还得到国际石油公司合作伙伴的支持。[17] 一位评论员指出,自 20 世纪 80 年代末以来,在尼日尔三角洲地区,只要有一点非国家"挑衅"的迹象,就遭到压倒性的军事镇压,这是联邦政府的标准做法。[18]

尼日利亚的政治和军事由占多数的豪萨 - 富拉尼族、伊博族和约鲁巴

---

⑰ 1995 年,肯·萨罗·维瓦和其他 8 名来自奥戈尼兰的环保人士受到不公正对待和残忍的绞刑事件仍困扰着尼日利亚的壳牌公司,该公司被认为是整个事件的同谋。See generally Amnesty International, 'Nigeria: Petroleum, Pollution and Poverty in The Niger Delta' (2009), http://www.amnesty.org/en/library/asset/AFR44/017/2009/en/e2415061 - da5c - 44f8 - a73c - a7a4766ee21 d/afr440172009en.pdf, accessed 9 July 2016.

⑱ Nwajiaku-Dahou, 2012.

族主导，这一事实加深了尼日尔三角洲地区的不公正感。尼日尔三角洲地 167
区由此产生了压迫感和殖民感。一位作者认为：

> 到 1967 年，当然也是到 1969 年，石油，特别是矿物油，已经成为国家总收入和外汇收入的主要资源。因此，对于控制联邦政府的多数派集团来说，将石油资源的收入分配基础从产地利益为主转为联邦政府独占，并不困难。[19]

尼日利亚于 1999 年恢复民主时，1999 年《宪法》保障了尼日尔三角洲地区至少有权从该地石油收益中提取全部收入的 13%。[20] 该发展是自 1966 年以来几乎没有任何形式的产地收益的可观改进。并且由于民主重启言论自由，加上尼日利亚的政治领域引入一些法律法规，它促使尼日尔三角洲地区的思想领袖和民间组织大胆宣传，要求恢复到 1963 年的收益分享方案，这种方案已经得到很大完善，并且用于数十年来该地区遭受剥夺的应得补偿。[21] 此外，民主和恢复文官统治致使尼日尔三角洲地区的一些人对联邦政府和在该地区经营的石油公司的压抑情绪得以释放。现在，当地人强烈要求尼日尔三角洲地区更多地参与联邦政府从尼日尔三角洲地区获取的石油收益的分配，包括法律和法律外的多个层面。尼日尔三角洲地区的人民激愤行为在法律层面的表现包括人权和环境倡议、诉讼、游说、区域政治活动以及对经济结构重构的呼吁。尼日尔三角洲地区的一些年轻人甚至采取法律外措施，包括好斗行为、破坏石油设施、盗窃石油、非法加油和精炼石油产品以及绑架石油工人等。[22] 毋庸置疑，这些骚动行为不仅给尼日尔三角洲地区人民，而且也给整个尼日利亚带来了巨大的经

---

⑲ kalu, 2011.

⑳ S. 162 of the Constitution of the Federal Republic of Nigeria（'the Cnsituion'）.

㉑ See Adangor,2015.

㉒ 然而，一些尼日尔三角洲地区的活动人士很快就能与这个问题的犯罪表现保持距离。

济、环境和安全问题。

例如，尼日利亚整个石油行业，在原油“盗窃”顶峰时期，使尼日利亚政府每月损失约10亿美元。[23] 而且，尼日利亚经济严重依赖石油收入，石油盗窃造成的巨大损失，再加上2014年至2016年创纪录的低油价是造成尼日利亚大约20年来首次经济衰退的主要原因。[24] 骚动的法律外方面也
168 对尼日尔三角洲地区环境产生了负面影响。目前，该地区不仅必须应对石油公司的经营活动所造成的石油泄漏和天然气燃烧，而且还要应对破坏活动、管道破裂、非法加油和非法精炼石油所造成的泄漏。[25]

还有安全方面的问题。从20世纪90年代末和21世纪初开始，外籍石油工人遭到有针对性的绑架，目的是迫使当局满足尼日尔三角洲地区各种骚动者的要求。这些绑架后来转变为大规模的工业绑架，不仅绑架石油工人，而且绑架被认为有能力的公民。今天，尼日尔三角洲地区到处都是前所未有的不安全状况。石油公司不得不花费数十亿奈拉来保护其员工和资产的安全，而尼日利亚联邦政府也花费数十亿奈拉来维持该地区的治安，以保证尼日利亚石油工业的顺利运作。盗油和非法炼油所得资金有时被用于资助该地区的军事和犯罪活动，在暴力和犯罪的无休止循环中，安全形势更加严峻。

尼日利亚联邦政府采取了多边办法来应对尼日尔三角洲地区的骚动。这些措施包括该地区的安全化和军事化，建立专门的发展机构，以及增加尼日尔三角洲地区各州从该地区石油资源中获得的收益。此外，在该地区

㉓ Assi, Amah and Edeke, 2016, at p. 73.

㉔ 2009年联邦政府的大赦计划之后，各武装团体对石油基础设施的轰炸和破坏大为减少。此后，尼日利亚石油行业享有相对的和平。和平生产一直持续到2015年，尽管其他犯罪行为如偷油和石油囤积等行为仍未减弱。See Hinshaw and Kent, 2016.

㉕ 石油盗窃发生在石油盗窃者侵入尼日利亚的石油管道时，这些管道将原油从盛产石油的尼日尔三角洲地区沼泽地运往尼日利亚其他地方，以各种方式出口。被盗的大部分原油被装入大型驳船，并在国际“黑市”上出售，但据报道，约25%的原油在当地提炼。管道破坏者的活动还导致大量原油泄漏，有时是故意的，有时是意外的。这些泄漏严重破坏了尼日尔三角洲地区的环境，污染了河流、经济作物和动物群落。See SDN, 2013.

经营的石油公司还开展了一些企业社会责任项目,如奖学金、修建乡村医院和连接道路等。尽管采取了这些措施,但尼日尔三角洲地区的问题仍然存在。

尽管尼日尔三角洲地区人民对其石油资源的骚动有环境、政治和管理方面的因素,但更大的共识是,该地区最一致的要求是对石油收入的受益权。这实际上是以经济视角看大部分骚动。与苏格兰或库尔德斯坦不同,苏格兰或库尔德斯坦要求独立是为了控制他们的自然资源,而尼日尔三角洲地区的斗争与其说是为了控制,不如说是为了从石油收入中直接受益。这意味着,如果尼日利亚恢复 1963 年《宪法》的收益分享安排,那么尼日尔三角洲地区人民对于联邦政府的骚动很可能会大大减少。[26] 现阶段的问题是,尼日尔三角洲地区各州是否有理由主张增加该地区的产地收益收 169
入。换个角度看,增加石油收入是尼日尔三角洲地区积贫积弱的出路吗?该地区财政的增加是否会对老百姓的生活产生明显影响?为了回答这些问题,可能有必要分析该地区自 1999 年以来获得的 13% 的产地收益收入的影响,因为这将作为一个模板,以确定 25% 或 50% 的产地收益收入对发展尼日尔三角洲地区有多大影响。

9.2 产地收益与 1999 年以来的尼日尔三角洲地区经济

要求增加产地收益的理由可能主要是尼日利亚大多数石油资源都属于尼日尔三角洲地区人民。根据 2007 年《联合国土著人权宣言》第 26 条的规定,这一呼吁是合理的,正如已经显示的,该宣言承认土著人民享有他们传统上拥有、占有的土地、领土和资源的权利。[27] 原则上,增加产地收益将为尼日尔三角洲地区州提供更多资金以发展基础设施,促进教育、医疗

㉖ 其他建议包括需要消除该地区的地方性贫困和不发达状况,提高石油收入管理的透明度,加强对石油公司的监管以更好地保护环境,增加尼日尔三角洲地区的产地收益。See Abiboa and Maiangwa, 2012; see also Ifedi and Ndume, 2011.

㉗ A/RES/61/295.

保健并减轻贫困。因此，增加产地收益和适当的管理有可能将尼日尔三角洲地区转变成在许多方面类似于卡塔尔和迪拜的工业和旅游中心。但这需要有能力的领导，并通过透明的选举程序来掌权。尼日尔三角洲地区面临的挑战是，它主要由以欺诈、“胁迫”方式掌权的人支配。这些领导人很少或没有动机对人民负责，也没有任何结构或框架可以使他们对人民负责。

因为虽然尼日尔三角洲和大多数尼日利亚地区都实行民主，至少在形式上是这样，但该国在实行法治方面还比较年轻。多年的军事统治带来了像君主一样的集权统治者，他们不一定通过可信的选举程序获得政治职位。尼日尔三角洲以及尼日利亚大部分地区的机构并不强大，也没有足够的公信力来约束政治阶层的过度行为。尼日尔三角洲的立法机构和司法机构往往是行政阶层的附属品。尼日尔三角洲统治阶层领导能力薄弱，见识短浅，这就意味着该地区在大多数情况下，缺乏任何有效利用其石油财富为普通民众谋福利的持久政策。因此，尼日尔三角洲目前的政治和治理结构并不适合审慎管理巨额石油收入。

这里要说的是，如果没有具有远见卓识、严格自律，又有能力规划和审慎使用这些资金的领导人，增加的资金可能不会自动转化为经济繁荣。如
170 果没有这些能力，更多的资金也可能转化为更多的贫困和不稳定。赤道几内亚、南苏丹和刚果民主共和国等国的经验就是如此。因此，关键的问题是，目前的尼日尔三角洲地区是否有治理能力来充分管理增加的石油产地收益。为了解决这个问题，必须调查 1999 年以来尼日尔三角洲地区的政府管理情况。

如上所述，自 1999 年以来，尼日尔三角洲地区已收到从该地区开采的所有石油收入的 13%，这在一定程度上是一笔不小的数目。据估计，尼日尔三角洲地区从石油销售中获得的收入实际上超过了人口较多、发展相对较好的一些非洲邻国的预算。如当 2013 年国际市场上的石油价格很高

时，阿夸·伊博姆州、里弗斯州和巴耶尔萨州分别获得了17亿美元，15亿美元和11亿美元的收入，远远高于利比里亚4.33亿美元、冈比亚2.1亿美元的预算。[28] 令人奇怪的是，在尼日尔三角洲地区的大多数州，其基础设施和人类发展方面几乎没有获得这些收入的任何迹象。[29] 就全国而言，从尼日利亚联邦账户中获得的收入要比联邦其他大多数州高得多，但在生活水平或其他发展评价指标方面似乎并不比其他州好。[30]

尼日尔三角洲地区的石油收入没有促进该地区的发展，而是在很大程度上服务于腐败的政府官员和政客的私利。[31] 从本质上讲，尽管呼吁增加产地收益的理由可能有一定的合理性，但迄今为止，尼日尔三角洲地区各州若能明智地利用石油收入，本可使该区域发生有意义的变化。[32]然而，情况并非如此，因为尽管1999年《宪法》将尼日尔三角洲地区的当地成分含量增加到13%，但是它没有建立可持续的框架来确保谨慎使用这些资金 171
以造福大众。例如，法律没有引入储蓄或投资机制，要求这些州长将这些收入储存到有利息、可获利的机构中，[33]也没有要求或授权该地区的省长将这些收入用于实际生产这些石油的社区的公益。结果，尼日尔三角洲地

㉘ See Okafor, 2014.

㉙ 2016年，尼日利亚初级石油部部长伊贝·卡奇武博士指出，尼日尔三角洲地区已从石油公司、中间机构和13%的产地收益中获得超过400亿美元的资金，但其经济和社会发展毫无起色。Idowu, 2016.

㉚ Wallis, 2012.

㉛ 尼日尔三角洲地区中的一些州长要么与某项或几项腐败行为有牵连，要么被法院定罪。例如，州长迪普雷耶·阿拉米塞加，他统治了巴耶尔萨州7年（1999—2006年），2005年因涉嫌洗钱罪在伦敦被捕，后于2007年因涉及腐败等6项罪名在尼日利亚被判刑。2012年，德尔塔州前州长詹姆斯·伊博里因洗钱罪在伦敦被判刑。伊多州首席执行官拉凯·伊格贝尼迪翁（1999—2007年）于2012年在伦敦因盗窃超过2.5亿美元被定罪。同样，还有其他一些州长也因欺诈等相关罪名正受到法庭审判。

㉜ 例如，1999年至2008年，里弗斯州（尼日尔三角洲地区州）收到了5030亿荷兰盾的联邦拨款，而东北部的约贝州和博尔诺州分别收到了1750亿荷兰盾和2130亿荷兰盾。按人均计算，到2008年，居住在东北6个州的1897万人平均每人获得1156荷兰盾，而相比之下，里弗斯州的人均分配为3965荷兰盾。南南区域人均获得3332荷兰盾。See Abiboa and Maiangwa, 2012.

㉝ 例如，从一开始，加纳2011年《石油收入管理法》就建立了一个框架，以责任清晰、公开透明、可持续的方式收集、分配和管理上、中游业务产生的石油收入，所有加纳居民为受益人。

区州长在大多数情况下都没有做好管理如此庞大收入的准备。因此，大多数资金要么管理不善，要么被盗。

实际上，鉴于大多数尼日尔三角洲地区的州长无法为人民的利益充分管理其石油收入，要求增加派生收入的鼓动已经失去了优势和理由，因为尼日利亚其他地区对尼日尔三角洲地区的反应是，“在喊出更多的要求之前，先说明你们已经收到了什么”。在没有建立制度框架来指导石油收入的利用和管理的情况下，增加产地收益范围可能会促进一个地区的发展，而不能进一步开发该地区。就尼日尔三角洲地区而言，会使该地区很大程度上依赖资源。2015 年至 2016 年原油价格的下跌暴露了该地区经济不稳定性、对原油收入过度依赖以及对其他经济部门的忽视。顺便提及，虽然大多数尼日尔三角洲地区州在这一时期陷入困境，但石油资源并不丰富的拉各斯州、奥贡州和阿南布拉州在基础设施、工资支付和其他发展衡量指标方面表现更好。㉞ 从整体上看，可以说依赖 13% 的产地收益实际上可能使尼日尔三角洲地区进一步发展不足。例如，由于产地收益的增加使不负责任的政客可以获得资金，这可能是导致该地区不安全状况恶化的原因。因为这些资金往往被用来为散布在该地区的各种犯罪集团购买武器和弹药，以使政客们能够不惜一切代价霸占权柄。㉟ 这些犯罪集团在大选后被其政治上司抛弃，又将其武器用于抢劫、绑架、暗杀和纵火等。瓦茨指出，许多激进组织遍及尼日尔三角洲地区，受到该地区政客的资助，他们从 13% 的石油收入中受益。㊱其后果是吓跑了该地区的投资者和公司，使其转向问题较少的州。

尼日尔三角洲地区可从挪威、沙特阿拉伯和科威特等国的经验教训中
172 受益。例如，挪威制定了令人钦佩的石油收入管理制度，旨在促进审慎管

㉞ Onyekakeyah, 2016.

㉟ See Nwajiaku-Dahou, 2012.

㊱ See Watts, 2007.

理,推行问责制政策,同时确保挪威人大量参与其石油行业。充满活力的民主、尊重法治的文化以及斯堪的纳维亚人对腐败的厌恶都为此提供了帮助。[37] 这些美德和价值观是在民主环境中适当管理石油收入所必需的。尽管科威特、阿联酋和卡塔尔没有实行所谓的西方民主,但他们从其庞大的石油储备以及有远见的领导人的监督中受益匪浅,这些领导人寻求通过基础设施发展和建立主权财富基金来提高国际知名度。

因此,需要作出不懈的努力来应对尼日尔三角洲地区面临的挑战。三心二意的措施仅解决了症状,而不能解决根本问题,就像癌症在短期内以一种或另一种形式表现出来一样。例如,为解决尼日尔三角洲地区的好斗问题,联邦政府于2009年诉诸了一项昂贵的大赦计划,而并未解决根本问题。而不久以后,就毫不奇怪地发生了石油盗窃事件,并且很快就造成数十亿美元的损失的困境。联邦政府还不时建立专门发展机构来促进尼日尔三角洲地区的发展,但是由于资金和腐败问题,这些机构收效甚微。[38]

因此,有必要制定旨在确保石油收入和合理支配该收入的政策,以使尼日尔三角洲地区人民受益。[39] 此外,必须在联邦政府和尼日尔三角洲地区一级巩固良好的管理能力和负责任的领导能力。但也许更重要的是,尼日利亚要制定一种战略,绕过尼日尔三角洲地区的政治阶层,通过创造财

㊲ 挪威、芬兰、瑞典和丹麦一直被评为世界上腐败最少的国家。Sec Transparency International,'Corruption Perceptions Index 2016',https://www.transparency.org/news/feature/corruption_perceptions_index_2016, accessed 4 July 2017.

㊳ 根据威林克斯委员会1958年报告,尼日尔三角洲地区存在真正的发展挑战,并且该地区确实担心主要部落被边缘化,因此成立了尼日尔三角洲发展局。然而,由于缺乏发展该地区的政治韬略,它未能有效地完成开发尼日尔三角洲地区的任务。1992年,易卜拉欣·巴班吉达军政府(1985—1993年)建立了石油矿区发展委员会履行与尼日尔三角洲发展局相似的职能,由于边际分配和内部腐败,石油矿区发展委员会再次失败,并于2000年被尼日尔三角洲发展委员会所取代。但是,尼日尔三角洲发展委员会也常常遭遇石油矿区发展委员会同样的挑战。See Idemudia, 2012; see also Ebcku, 2003. 它们包括由尼日尔三角洲发展委员会接管的石油矿产产区发展委员会和尼日尔三角洲部等。

㊴ 例如,尽管阿拉斯加州和阿尔伯塔州分别是美国和加拿大境内的州,但他们能够合作建立主权财富基金来管理其石油收入。See Heck,2014.

173 富的倡议直接影响基层民众。这些战略应制定创业计划,让尼日尔三角洲地区青年参与石油行业,以消解他们的不满情绪。这些举措的目的是将尼日尔三角洲地区独立基因直接纳入尼日利亚石油行业。联邦政府、尼日尔三角洲地区和石油公司应合作制定旨在通过发展尼日尔三角洲地区内容使其有效参与石油行业价值链的制度。尼日尔三角洲地区内容应包括改善创业、创造就业、技能和能力发展以及协调与该区域其他分部门的联系等。[40] 现在关注尼日利亚石油行业开发尼日尔三角洲地区当地成分的策略。

9.3 尼日尔三角洲地区当地成分相关案例

建议尼日利亚应通过立法保证的尼日尔三角洲地区当地成分,将尼日尔三角洲地区直接整合到尼日利亚石油行业,以解决该地区当前面临的一些挑战。与增加产地收益相反,此策略将使尼日尔三角洲地区在石油行业中具有更好的归属感和所有权。这也将确保该地区的利益、石油资源收益不会落入其统治阶层手中,而是直接造福人民。该地区在设备所有权和上游企业的承包或雇用方面的直接分享及参与也将大大消除居民因边缘化、异化而产生的焦虑和愤懑。

此处要强调的是,尼日尔三角洲地区的人们需要积极参与尼日利亚石油行业的各个阶段。因此,该地区石油公司应当有资格获得石油区块授权,同时在石油行业服务项目招标时,也应当考虑该地区的服务公司。例如,在石油行业运营的公司都应考虑聘用一定比例的当地居民,联邦政府也应确保尼日尔三角洲的公司获得原油提炼固定期限合同,及其他类似的重要合同。同样重要的是,应采取措施改造该地区的港口,以方便船舶和

[40] See Isidiho and Sabran, 2015.

货船在该区停泊。[41]

如本书前述，向本地勘探和生产公司授予可任意开采的石油区块的政策已使这些公司在石油行业日益发挥重要作用。问题在于，尼日尔三角洲地区完全或部分拥有这些公司产权的程度很低。目前，在尼日利亚石油行业约有 59 家本国石油勘探与生产公司在运营，他们的日产量约为尼日利亚原油产量的 7%。然而，细看这些公司股东和董事的资料，也许只有巴耶尔萨石油公司、[42]环球能源、[43]鼎盛石油有限公司、萨福尔德石油、[44]尼日尔三角洲公司、[45]阿什伯特石油公司、[46]莫尼·普洛和撒哈拉能源在股份所 174
有权以及董事身份方面似乎与尼日尔三角洲地区有一点联系。[47] 因此，不仅需要授予尼日尔三角洲地区本地石油勘探和生产公司陆上作业权利，也需要授予其在沼泽和近海作业的权利。沿着这条思维，纳瓦皮认为："三角区居民感觉利润丰厚的工作被'外人'所把持，他们的不满情绪会与日俱增，最终必然引发冲突。"[48]

当前，无牌炼油厂遍布整个尼日尔三角洲地区。尽管他们对本区域环境，乃至对尼日利亚经济产生了有害影响，但他们也显示了尼日尔三角洲地区人民渴望在下游或上游一级参与石油行业的愿望。因此，重要的是，联邦政府必须通过培训来提高尼日尔三角洲地区居民技能，并将位于尼日

---

[41] 尼日尔三角洲地区拥有卡拉巴尔、奥恩、哈科特港和德尔塔港等港口。但是由于联邦政府未予以足够重视，这些港口未发挥应有的功能。因此，目前大多数船舶都只停泊在拉各斯州，这是尼日尔三角洲地区的损失。See Akinola, 2016.

[42] 该公司以石油矿产租约形式经营阿塔拉边际油田 46 号区块。

[43] OML 13/14.

[44] OML 11.

[45] OML 54.

[46] Oil prospecting licence (OPL) 325.

[47] OPL 114, 239, 234 and 231.

[48] See Nwapi, 2015. 例如，尼日利亚液化天然气公司决定将 15 亿美元的项目选址在拉各斯州的巴达格里，而非尼日利亚大部分天然气资源所在地的尼日尔三角洲地区，此举引发很大质疑。尼日尔三角洲地区好斗的年轻人威胁要对该公司管理层采取行动，因为他们认为正是这些人故意剥夺该地区从项目中获得利益的机会。但该公司管理层否认自己是拟建船坞的"所有者"。See Iheanachor, 2015.

尔三角洲地区的石油区块许可给当地炼油厂,以将这些炼油厂整合到尼日利亚石油行业。这样,联邦政府会增加税收,也有利于更好地保护环境,一个成效就是对该地区倔强的年轻人形成一种约束。[49]

为此,需要制定一项政策,向尼日尔三角洲地区拥有的公司授予一定比例的上游和下游石油运营许可证,并确保在该地区经营的公司在其聘用员工和履约过程中遵守一定的当地成分要求。在该政策出台之前,应先通过一项法律,规定尼日尔三角洲地区应保留《尼日利亚油气行业内容发展法》所规定的尼日利亚当地成分70%中的至少30%。该法还需规定,尼日尔三角洲地区以外的公司在该区域内运营的前提是,他们需与尼日尔三角洲地区的公司合作,以此作为促进技术转让、解决资金问题和逐步发展当地能力的一种手段。

目前,《尼日利亚油气行业内容发展法》并无利好尼日尔三角洲地区的具体规定。该法制定者忽视了该地区所面临的特殊问题,以及该地区在尼日利亚石油行业所应享有的特殊权利。该法没有直接提及尼日尔三角洲地区,其唯一可能对该地区产生影响的规定是,要求运营商在其项目所
175 在地设立项目办公室,[50]并派驻具有决策权的人员。[51] 还规定尼日利亚内容发展和监管委员会在其开展业务的社区设立办公室,[52]并维持合理数量的办公人员,[53]同时公司须将其总部设在产油州。[54] 除了上述对尼日尔三角洲地区影响很小的条款以外,《尼日利亚油气行业内容发展法》似乎没有将尼日尔三角洲地区与尼日利亚其他地区区分开。纳瓦皮指出,这种提供"通用"当地成分而不区分资源丰富地区和普通社区的做法,阻碍了当地成分要求推动经济发展的潜力。如果政策制定者不密切关注"当地"的

[49] 关于"当地成分"的较为相似的建议,see Nwapi, 2015。
[50] S. 25.
[51] S. 26.
[52] S. 27.
[53] S. 28(2).
[54] S. 71.

定义，那么当地成分要求的潜在利益可能不会最大化。[55] 这是有道理的，尽管尼日利亚联邦是一个不可分割的主权实体，但是当特定地区面临特殊挑战时，他们可能需要特殊策略来应对。

实际上，尼日尔三角洲地区当地成分应旨在实现《尼日利亚油气行业内容发展法》对整个尼日利亚当地成分的发展，这是该法的基本理念。该法试图保护尼日利亚石油行业不受外国公司支配的前提也应成为保护尼日尔三角洲地区公司免受该地区之外的公司竞争的基础。将尼日尔三角洲地区直接纳入尼日利亚石油行业不仅将解决贫困问题，还将缓解多年来当地居民形成的被边缘化、被压迫的观点，从而使尼日尔三角洲地区有能力抵制联邦政府对该地区的过度渗透，该地区的石油公司有能力与其他石油公司抗衡。而且，由于发展尼日尔三角洲地区当地成分将确保该地区石油行业相当一部分资源由本地人掌握，有可能使该地区众多人受益。此外，尼日尔三角洲地区内容的关联性将使该地区其他部门受益匪浅。

拟议法律框架需确保尼日尔三角洲地区受益于利润丰厚的定期合同，这类合同包括原油升井合同、原油提炼合同、勘探与生产合同以及主要的石油设施维修、制造和建造等合同。这种方法的好处是，能使联邦政府一方面与尼日尔三角洲地区进步分子，另一方面与尼日尔三角洲地区的石油公司，建立起有利于区域发展的伙伴关系。该法律的有效实施将对尼日尔三角洲地区经济的其他行业，如制造业、运输业、保险业、银行业和建筑业等产生积极影响。[56]

尼日尔三角洲地区发展当地成分还将为尼日利亚石油行业带来其他好处。如果尼日尔三角洲地区更多的当地人参与石油行业，他们就可以与其他参与破坏该地区石油资源的当地人进行谈判和对话。因此，地区政府的“所有权”感在减轻尼日尔三角洲地区居民不满的同时，还有望减少当 176

---

[55] Nwapi,2015 , at p. 188.

[56] See Ovadia , 2012 ,at p. 19.

地针对石油资源和设施的破坏活动。如果尼日尔三角洲地区当地成分发展能够创造就业机会,那么将会减少该地区的犯罪活动。实际上,将尼日尔三角洲地区纳入尼日利亚石油行业符合联邦政府的长远利益。同时尼日尔三角洲地区的长远发展不能仅仅依靠石油产地利益分配,更重要的是通过本地化的当地成分发展。

然而,可能有人认为,尼日尔三角洲地区已经从尼日利亚石油行业获得巨大收益,除了获得13%的产地收益外,其还得益于依照《全球谅解备忘录》取得授权合同而在该地区经营的众多石油公司。还有观点认为,尼日尔三角洲地区也将从本地经营的公司的一些社会活动中受益,包括提供奖学金,为农舍医院提供资金,修建道路以及在某些情况下提供电力供应。除了上述收益,联邦政府还向某些尼日尔三角洲地区公司授予上游石油许可证。例如,联邦政府2003年将阿塔拉边际油田(OML 46)以石油矿产租赁协议的形式授予巴耶尔萨州政府,古德勒克·乔纳森总统的政府还与尼日尔三角洲地区"投诚"军人签订了巡视护卫合同,以确保国家石油公司输油管道安全。[57]

这些举措当然是朝着正确方向迈出的正确步伐,问题是还远远不够。例如,没有对《全球谅解备忘录》的实施情况进行独立监督,而且该备忘录不能申请法院强制执行。这些都引起了针对国际石油公司未充分兑现其承诺的投诉。[58]此外,与《全球谅解备忘录》的目标一样值得称赞的是,他们的范围仅限于在尼日尔三角洲地区运营的石油勘探与生产公司,但不包括在尼日尔三角洲地区以外工作、其产品和服务在尼日尔三角洲地区使用的石油设施供应和服务公司。同样,尽管某些尼日尔三角洲地区的社区可能已从勘探与生产公司授予该地区当地人的公共安排合同中受益,但这些合

[57] See Adibe, Nwagwu and Albert, 2018 ; see also Nwokolo, 2018.

[58] 这种关系通常体现在石油公司与其驻地社区之间依据《全球谅解备忘录》签署的许多合同的执行过程中,未充分兑现的承诺通常包括建造医院和道路,以及与所在社区签署小额项目合同。

同大部分都是私用的,并且与公共必要服务无关,如管道监控、清理草地和少量供应。因此,这些举措影响不够广泛,对该地区发展意义不大,不足以将尼日尔三角洲地区推进到尼日利亚石油行业的核心。向尼日尔三角洲地区的某些州和个人授予边际油田和巡视护卫合同是值得称赞的努力,这对于推动该地区与尼日利亚石油行业融合具有一定的作用,但是有必要在更大的范围内朝着这个方向做出更持续的努力。

问题是,尼日利亚作为一个联邦制国家,尼日尔三角洲地区在石油行业拥有特殊当地成分是否合理?答案是该地区需要特殊当地成分:第一,该地区“拥有”尼日利亚大部分石油资源,而由于石油开采,绝大部分居民赖以为生的土地无法耕种,环境遭受重大破坏。第二,鉴于尼日尔三角洲 177
地区独特的经济和发展弱点,石油行业需要给予该地区特殊当地成分,以“保护”该地区受尼日利亚其他强势地区的挤兑。接下来详细讨论这些观点。

首先,尼日尔三角洲地区享受特殊当地成分的第一个理由基于这样的事实,即多年来该地区的经济和基础设施建设被忽视,该地区长期被歧视和边缘化,这削弱了其与尼日利亚其他地区在石油行业的工作岗位、签约机会等方面进行有利竞争的能力。作为尼日利亚最落后的地区之一,尼日尔三角洲地区在人力、产能、资金和石油行业经验方面都落后于除东北地区外的其他州。因此,如果该地区要融入石油行业,则需要通过战略性立法授予其特殊当地成分,以使其有权获得石油行业的工作和合同。目前,在石油行业运营的许多本地公司都位于尼日利亚西部(特别是拉各斯州)。[59] 此外,尽管绝大多数在尼日尔三角洲地区运营的国际石油公司的管理机构设在拉各斯州,但是他们绝大多数业务都在尼日尔三角洲地区。这样做的结果是,这些公司在拉各斯州,而不是在巴耶尔萨州、阿夸·伊博姆州或里弗斯州聘用员工。这种安排使尼日尔三角洲地区处于不利地位,

[59] 这些公司大多位于拉各斯州,尽管他们中有的在奥贡州和奥约州设立了分公司。

因为石油公司仅向其专业人士和熟练技工提供“剩菜”,尽管这些公司的业务直接影响尼日尔三角洲地区的环境及其社会结构。此外,这些公司在尼日尔三角洲地区以外设立管理机构剥夺了该地区急需的财务资源,因为这些专业人员的个人所得税是缴纳给拉各斯州而非尼日尔三角洲地区。[60]

其次,一种特殊的尼日尔三角洲地区当地成分是合理的,因为尼日利亚的大部分石油资源都应由尼日尔三角洲地区人民“拥有”。这使该地区非常有资格获得除石油产地收益之外的特殊利益。1956 年之前,尼日尔三角洲地区人民主要依赖农业和渔业。然而,石油工业的出现导致了可耕地和养鱼水域的大量减损,对该地区人民的生活造成了严重影响。石油勘探总是意味着征用自古以来尼日尔三角洲地区人民拥有的大片土地和水域。这些征用在许多方面改变了当地人民的生活方式和文化传统。鱼类和经济作物因环境污染已经被破坏,这是对人民的祸害。多年来,对该地区人民的不公正待遇及对其诉求的忽视,应该而且只有采取得力措施有效纠正上述错误时才能得到解决。显然,尼日尔三角洲地区人民需要可行和可持续的生计来源,特别是由于石油产地收益不但没有满足这一需求,而
178 且可能使该地区人民的生活几乎完全依赖尼日利亚联邦账户每月的“施舍”,从而使该地区进一步贫困。因此,尼日利亚石油行业的尼日尔三角洲地区特殊当地成分不仅将补偿当地人民生计和职业的损失,还能为该地区人民创造大量就业机会,他们可以将在科学、技术、焊接制造、银行和保险等方面获得的知识转化为推动尼日尔三角洲地区其他经济部门发展的动力。

然而,问题是,尼日尔三角洲地区各州在资金、专业知识和人力资源方面的不足,可能使为他们保留的石油行业的大量工作岗位变得不切实际。

---

[60] 长期以来,巴耶尔萨州政府一直指控国际石油公司缩短其税收状况。在拉各斯州工作并居住在那里的国际石油公司员工经常被空运到巴耶尔萨州工作,但他们不向该州纳税。See ‘Bayelsa to Seal Oil Firms for Tax Evasion’ Vanguard (31 July 2016), http://www. vanguardngr. com/2016/07/ bayelsa-seal-oil-firms-tax-evasion/, accessed 2 Febrary 2017.

虽然这可能是事实,但同样真实的是,实施当地成分政策并不总是取决于目前的能力,更何况这种能力会随着时间的推移而获得。若等到国家具备这种能力后再制定当地成分政策,则忽视了个人和企业只有在面临挑战时才会发展的事实。尼日利亚企业一直在苦苦提升自己的竞争能力,而且依然在提升中挣扎,但这一事实并没有阻止尼日利亚联邦政府的当地成分立法,并采取措施落实《尼日利亚油气行业内容发展法》的一些方面。这一道理也适用于尼日尔三角洲地区。联邦政府应该做的是鼓励尼日尔三角洲地区当地公司与外地公司合作并建立伙伴关系。毕竟,在开发价值数十亿美元的埃吉纳深水油田项目中,其漂浮、提炼、储存和卸货设施的建设开发,就是与拉多尔及三星公司密切合作的成果。[61] 如果尼日尔三角洲地区的公司与其他有能力的伙伴合作,则尼日尔三角洲地区的当地成分发展可获得很大支持。同样,联邦政府可以制定一项政策,将石油产业上游或下游业务许可证一并授予两个或多个尼日尔三角洲地区的公司,以克服这些公司单独行动可能存在的执行能力欠缺的问题。

最后,实现尼日尔三角洲地区有意义的当地成分不仅要依靠尼日利亚联邦政府,还需要尼日尔三角洲地区各州的参与。该地区各州政府应带头鼓励能力发展,促进当地企业的发展,建立国有勘探开发公司和服务公司等。[62] 同时也需要国际石油公司和其他在石油行业运营的勘探和开发公司的参与,这些公司应该保持对该地区的资助,从简单捐赠转变为激发当地人和企业直接参与尼日利亚石油行业的一种迫切愿望。如前所述,尼日利亚石油行业的勘探和开发公司已经在推动尼日利亚内容方面发挥了关键作用。[63]但他们需要通过签约、就业和相互尊重等形式,更加专注、慎重、

---

[61] The LADOL/SHI partnership in the construction of Totals Upstream Floating Production Storage Offloading vessel at its Egina Deepwater field is discussed in Chapter 1, 1.1, as well as in Chapter 6, 6.2.

[62] 在巴耶尔萨州政府注册成立,并于 2002 年由联邦政府授予了阿塔拉边际油田许可证。

[63] 有关尼日利亚当地成分发展里程碑式时间记录的更多信息, see Chapter 5, 5.1. See also Ayoola, 2017, at p.53。

坚定地将产油社区的利益融入其业务。把尼日尔三角洲地区的社区渴望
179 参与视为麻烦，以及对该地区人民不屑一顾的旧式文化，应该让位于基于信任和可靠的有意义的参与。石油公司不应依赖军方或政客来确保他们的参与权，而应始终如一地以透明的方式与基层民众接触，特别是在他们开展业务的社区。这不仅将使他们的经营获得当地社会认可，还将带来长久的和平与信任，同时也将稳定他们在尼日尔三角洲地区的业务。[64]

9.4　小结

本章倡议在尼日利亚石油行业中加入尼日尔三角洲地区当地成分，并试图证明产地收益对该地区的帮助并无显著成效。因此，更多产地收益可能无法解决该地区面临的问题。相反，本章认为，应该有一个旨在使尼日尔三角洲地区人民直接参与石油行业的战略。尼日尔三角洲地区所要求的不是更多的干预主义机构，也不是更多的产油社区基金，或者更多种类的基金，而是参与、就业和合同等。在本书撰写过程中，一个泛尼日尔三角洲组织发起的“泛尼日尔三角洲论坛”发布了促进该地区和平的 16 项议题。值得注意的是，它要求尼日尔三角洲地区参与石油行业并拥有石油区块的所有权，宣布将推动出台政策、采取行动，解决参与乏力以及石油和天然气所有权失衡的问题。[65] 该论坛的这些议题并非不现实。世界各地的产油社区和资源丰富地区都被认为是其自然资源开采的重要利益相关者。除了提供资源丰富地区的特殊产地收益外，一些国家还赋予他们参与缔约程序的修订、环境影响评估等权利，以及获得石油或采矿公司活动信息的权利。[66] 这些权利自然使人民享有一些中央政府的特权，同时还有权向在

---

[64] See Pardo, 2017, see also Moffat and Zhang, 2014.

[65] Soniyi, 2016.

[66] 有关社区参与其自然资源权利的更深入分析，see Giurco et al, 2014; Smith, 2016, at p. 123。

其土地上运营的公司授予社会许可。[67] 本章还阐明了尼日尔三角洲地区的贫困是好战和盗窃石油等社会问题的根源,其后果是数十亿美元的损失,社会动荡和环境破坏。本章指出,尼日尔三角洲地区问题需要一个完整的、有效的和可持续的解决方案,这需要依赖尼日尔三角洲地区当地成分以及已经在当地实施的其他举措。

还有必要重申,尼日尔三角洲地区当地成分的成功还受一些其他同样重要的因素影响。例如,该地区人民必须愿意工作,并在出现挑战时敢于承担。有报道说,石油公司提供给一些尼日尔三角洲地区青年的岗位被这些人"出售"给了尼日尔三角洲地区外的印第安人。该地区的州长有必要 180
通过加强基础设施建设和提高研发投资,并谨慎利用法律授予他们的13%的产地收益金,来激发该地区的企业家精神。

联邦政府还需要加倍努力,建立严格的监督制度以防止欺诈和洗钱,因为尼日尔三角洲地区各州长对资金的管理不当也加剧了普通民众与石油行业之间的紧张关系。如果法律规定了尼日尔三角洲地区当地成分,建议还应采取具体措施努力将合同与社区合作联系起来。因此,特定地方政府或社区的合作水平应与其在工作和合同方面获得的尼日尔三角洲地区当地成分成正比。这将进一步鼓励此类合同的受益人充当大使,鼓励其亲属不要侵害石油管道,并向当局报告侵害行为。最后,尼日尔三角洲地区人民需要摆脱过去的情绪,走向未来。这需要承诺、奉献和决心。因为尽管偷窃石油可能会为某些尼日尔三角洲地区土著居民带来暂时收益,但其对后石油时代尼日尔三角洲地区的影响可能是灾难性的,并且可能侵蚀该地区从石油行业获得的有限收益。

参考文献

Aaron K and Patrick JM, 'Corporate Social Responsibility Patterns and

---

[67] Pardo, 2017.

Conflicts in Nigerian's Oil-rich Region', http://citeseerx. ist. psu. edu/viewdoc/download? doi = 10. 1. 1. 910. 3864& rep = repl & type = pdf, accessed 17 May 2018.

Abiboa DE and Maiangwa B, 'Corruption and the Underdevelopment of the Niger Delta in Nigeria' (2012) 5 (8) *Journal of Pan African Studies*, 108.

Adangor Z, 'The Principle of Derivation and the Search for Distributive Justice in the Niger Delta Region of Nigeria: The Journey So Far' (2015) 41 *Journal of law Policy and Globalization*, 115.

Adibe R, Nwagwu E and Albert O, 'Rentierism and security privatisation in the Nigerian petroleum industry: Assessment of oil pipeline surveillance and protection contracts' (2018) 45 (156) *Review of African Political Economy*, 345.

Akinola B, 'Deep Sea Ports Everywhere, But which will be Viable?' *Thisday* (29 August 2016).

Akpabio E and Akpan N, 'Governance and Oil Politics: in Nigeria's Niger Delta: the Question of Distributive Equity' (2010) 30(2) *Journal of Human Ecology*, 111.

Assi VE, Amah OI and Edeke SO, 'Oil Theft and Corruption: Pathways to Underdevelopment in the Niger Delta' (2016) 6 (3) *Research on Humanities and Social Sciences*, 70.

Augustina CD and Ahmad E, 'Political Economy of Revenue Sharing in Indonesia' (2012) *Asia Research Working Paper No.* 55.

Ayoola OT, 'Nigerian Oil and Gas Industry Content Development Act's Perceived Performance Impact' (PhD Thesis, Walden University 2017).

Banks CM and Sokolowski JA, 'Modeling the Niger Delta Insurgency'

(2010) 47 *The Social Science Journal*, 271.

Ebeku KSA, 'Critical Appraisal of Nigerians Niger Delta Development Commission Act 2000' (2003) 6 International Energy Law and Taxation Review, 203. 181

Elamade O, 'The Inter-face of Ethnicity and Revenue Allocation in Nigerian's First Republic' (2012) 10 *African Identities*, 95.

Giurco D et al, 'Responsible Mineral and Energy Futures: Views at the Nexus' (2014) 84 *Journal of Cleaner Production*, 327.

Gobetti SW, 'Federalism and Royalties in Brazil: what does change in the Pre-salt Context' Conference on Oil and Gas in Federal Systems (3-4 March 2010) World Bank, Washington, DC, http://siteresources.worldbank.org/EXTOGMC/Resources/336929-1266445624608/6790249-1268936241851/O&G_Conference_session3_BrazilGobetti.pdf, accessed 23 August 2018.

Gunter MM, 'Arab-Kurdish Relations and the Future of Iraq' (2011) 32 *Third World Quarterly*, 1623.

Heck C, '"We Are All Millionaires Now": Norway's Astounding Fiscal Reserve' *Huffington Post* (3 June 2014), http://www.huffingtonpost.com/charles-heck/we-are-all-millionaires-n_b_490 6237.html, accessed 2 February 2017.

Hinshaw D and Kent S, 'Niger Delta Avengers Sabotage Oil Output' *Wall Street Journal* (16 June 2016), https://www.wsj.com/articles/niger-delta-avengers-sabotage-oil-output-1465165361, accessed 2 February 2016.

Idemudia U, 'The Resource Curse and the Decentralization of Oil Revenue: the Case of Nigeria' (2012) 35 *Journal of Cleaner Production*, 183.

Idowu S, 'Kachikwu: $40bn Spent on Niger Delta in 12 Years without Result' *Thisday* (27 August 2016), https://www.thisdaylive.com/index.php/2016/08/27/kachikwu-40bn-spent-on-niger-delta-in-12-years-without-result/, accessed 4 July 2017.

Ifedi AJP and Ndume AJ, 'Blood Oil, Ethnicity, and Conflict in the Niger Delta Region of Nigeria' (2011) 22(1) *Mediterranean Quarterly*, 74.

Iheanachor D, 'N-Delta Youths Kick against Building of NLNG Dry Dock in Badagry' Vanguard (7 August 2015), https://www.vanguardngr.com/2015/08/n-delta-youths-kick-against-building-of-nlng-dry-dock-in-badagry/, accessed 21 May 2018.

Isidiho AO and Sabran MSB, 'Challenges Facing Niger Delta Development Commission (NDDC) Projects in Imo State and Niger Delta Region in Nigeria' (2015) 5(6) *International Journal of Humanities and Social Science*, 38.

Kalu I, 'Fiscal Federalism in Nigeria Practices and Issues' (2011), http://www.rmafc.gov.ng/.../PAPER.Fiscal%20Federalism%20in%20Nigeria%2., accessed 27 February 2016.

Moffat K and Zhang A, 'The Paths to Social Licence to Operate: An Integrative Model Explaining Community Acceptance of Mining' (2014) 39 *Resources Policy*, 61.

Murdock H, 'Oil Theft Dilemma Stymies Nigeria's Niger Delta' VOA (27 March 2014), http://www.voanews.com/content/oil-theft-dilemma-stymies-nigerias-niger-delta/1880431.html, accessed 2 June 2014.

Nwajiaku-Dahou K, 'The Political Economy of Oil and "rebellion" in Nigeria's Niger Delta' (2012) 39(132) *Review of African Political Economy*, 303.

Nwapi C, 'Defining the "Local" in Local Content Requirements in the Oil and Gas and Mining Sectors in Developing Countries' (2015) 8(1) *Law and Development Review*, 187.

Nwokolo N, 'Consolidating or Corrupting the Peace? The Power Elite and Amnesty Policy in the Niger Delta Region of Nigeria' (2018) *Chinese Political Science Review*, 1.

Okafor C, 'Akwa Ibom, Rivers, Delta, Others Accounted for Top 10 Federation Account Allocations in 2013' *Thisday* (2 June 2014), http://www.thisdaylive.com/articles/akwa-ibom-rivers-delta-others-accounted-for-top-10-federation-account-allocations-in-2013/180004, accessed 2 June 2016.

Okorobia A, 'A History of the Underdevelopment of the Eastern Niger Delta, AD 1500 – 1993' (PhD Dissertation, University of Port Harcourt, Nigeria, 1999). 182

Onyekakeyah L, 'How Obiano is Setting Anambra State Apart' *Guardian* (26 July 2016), https://guardian.ng/opinion/how-obiano-is-setting-anambra-state-apart-part-l/, accessed 2 February 2017.

Ovadia JS, 'The Making of Oil-backed Indigenous Capitalism in Nigeria' (2012) 18 *New Political Economy*, 19.

Pardo MFM, 'The New Reality of Participation of Local Authorities in Mining Projects In Colombia: Interpretation of Constitutional Principles, New Opportunities and Participation Mechanisms' (2017) 35(4) *JERNL*, 392.

Postali FAS, 'Tax Effort and Royalties in the Brazilian Municipalities' (2016) 16 *Economia*, 395.

SDN, 'Communities not Criminals-Illegal Oil Refining in the Niger Delta' (2013) *SDN Report.*

Smith D, 'Social License to Operate in Unconventional Oil and Gas

Development Sector: The Colorado Experience' in L Barrera-Hernández et al (eds), *Sharing the Costs and Benefits of Energy and Resource Activity: Legal Change and Impact on Communities* (Oxford University Press, Oxford, 2016).

Soniyi T, 'Niger Delta Gives Buhari 16 Conditions for Peace' *Thisday* (2 November 2016), https://www.thisdaylive.com/index.php/2016/11/02/niger-delta-gives-buhari-16-conditions-for-peace/, accessed 6 March 2017.

Wallis W, 'Nigeria's Central Banker Calls for an End to Imbalances' Financial Times (26 January 2012), http://www.ft.eom/cms/s/0/02ce9c7e-4837-llel-blb4-00144feabdc0.html#axzz2VG fBd8T8, accessed 9 July 2013.

Watts M, 'Petro-insurgency or Criminal Syndicate? Conflict and Violence in the Niger Delta' (2007) 34 *Review of African Political Economy*, 652.

Worika IL, 'Deprivation, Despoliation and Destitution: Whither Environment and Human Rights in Nigerian's Niger Delta?' (2002) 8 *ILSA J. Int'l & Comp. L.*, 1.

结 论

本书以尼日利亚为主要案例,分析并研究了非洲当地石油和天然气法律。为此,本书试图解决当地成分的几个重要和相关的方面。从国家石油公司在提升当地成分方面的作用和在满足资源丰富地区的向往方面的潜在作用,以及其对国际贸易法的含义和背后的潜在因素来看,本书审查了尼日利亚的法律框架,同时还吸取了其他司法管辖区的经验教训,特别是挪威,巴西和安哥拉。

第 1 章指出,在石油生产国之间存在保护主义和自由主义的模式,以提高石油生产国当地成分,并考察了每种模式的优缺点。该章还试图解释在几个石油生产国中采用当地成分要求的原因,可观收益以及对他们的批评。接下来,第 2 章研究了当地成分开发的法律和体制框架,比较了针对当地成分的立法方式与合同方式。本章还指出,石油生产国可能依赖国家石油公司或正式的监管机构来驱动其当地成分政策。该章最后总结了巴西和挪威在当地成分开发方面的经验。

第 3 章探讨了影响尼日利亚石油行业中尼日利亚当地成分发展的历史因素,以及尼日利亚当地成分弱于《尼日利亚油气行业内容发展法》的一些原因。第 4 章是对《尼日利亚油气行业内容发展法》的条款概述。该章检视了尼日利亚国家石油集团中的尼日利亚内容部,分析了该机构成立因素,成就以及其弊端。展望未来,该章注意到《尼日利亚油气行业内容发展法》是尼日利亚内容部制度的改进,因为它不仅适用于尼日利亚国家石油集团的伙伴,而且适用于整个尼日利亚石油行业。此后对该法的主要规定进行了分析。

第5章评估了《尼日利亚油气行业内容发展法》自颁布以来产生的影响。在《尼日利亚油气行业内容发展法》之前,尼日利亚很大程度上依赖的是合同方式,该法则是合同方式的一种更为可行的替代方案。该章最后
184 指出,尼日利亚的国内能力挑战可能会阻碍该法的成功实施。为了强调这一点,从尼日利亚人在天然气燃烧以及其海上部门的经验中吸取了教训。

第6章研究了尼日利亚内容发展和监管委员会所采用的执行机制,其程序以及《尼日利亚油气行业内容发展法》中的制裁制度。首先,该章检视了监管机构的权力是否足以履行其职责。其次,根据尼日利亚国家石油集团与国际石油公司的合作来讨论了其独立性。最后,该章探讨了私人公民在当地成分诉讼中的执行潜力,并分析了他们是否具有执行该法规定的法律管辖权。

第7章本质上是根据国际贸易法对保护主义当地成分要求的合法性进行的分析。它分析了世界贸易组织系统以及双边投资条约,并将其与《尼日利亚油气行业内容发展法》的规定进行了比较。该章在小结中指出,尽管该法可能存在违反尼日利亚在世界贸易组织和双边投资条约义务的表面风险,但更严格的审查可能会揭示一些政策空间,这可能使尼日利亚能够采取进一步的本地措施。得出结论,即使该法中一些规定违反了尼日利亚在世界贸易组织或双边投资条约义务,但就发展中的石油生产国而言,尼日利亚仍可以引用某些理由支持当地成分要求。

第8章重点讨论了国家石油公司和当地成分。首先分析了石油生产国为什么通过国家石油公司直接参与其石油行业,并从尼日利亚国家石油集团、挪威国家石油公司、索南戈尔公司和巴西国家石油公司等机构吸取了教训,将其分析范围缩小到了国家石油公司在当地成分提高中所扮演的角色。并不是所有的国家石油公司都会愿意执行本国的当地成分政策,因

此该章主张加强对国家石油公司的监控。该章还就非洲而言提倡国家石油公司重组,此外,建议非洲石油生产国应探索石油部门自由化和部分私有化的可能性。

第9章以尼日利亚作为主要案例,研究了当地成分在解决资源丰富地区申诉方面的作用。事实表明,尼日尔三角洲地区遭受了多年的忽视和剥夺,这主要是由尼日利亚联邦政府造成的。虽然尼日利亚恢复民主统治,尼日利亚1999年《宪法》规定了13%的产地收益,但这并没有改善尼日尔三角洲地区人民的命运。因此,鉴于尼日尔三角洲地区中的治理结构不产生问责制和透明性,该章分析了要求增加尼日利亚联邦账户产地收益理由是否合理。该章认为,作为增加推导的一种选择,尼日利亚联邦政府应该考虑在尼日尔三角洲地区中提供一个尼日尔三角洲地区当地成分。与《尼日利亚油气行业内容发展法》一样,该倡议应通过立法予以加强。这项倡议的依据是,尼日尔三角洲地区当地成分将会把该地区的群众直接整合到尼日利亚石油行业的核心方面,从而使他们具有行业内的归属感。该章还认为,国际石油公司及其同行的较小的企业社会责任倡议虽然值得称赞,但距离该地区的整合还远远不够。但是,这一差距可通过尼日尔三角洲地区当地成分来解决。

非洲大陆正在崛起。人们认识到,石油资源的拥有并不会自动转化为 185
生活水平的提高,这让加纳、坦桑尼亚、乌干达和肯尼亚等石油行业的新进入者产生了警觉性。诸如尼日利亚和安哥拉这样的较成熟的国家在一段时间内试图通过有效地管理自然资源来推翻多年来的失败,以改善其人民的命运。随着这些国家的公民获得有关石油技术,法律,地质学和工程学的相关知识,他们对自己在石油行业中扮演更重要角色的信心大大增强。

这引起了当地成分要求。例如,尼日利亚本土勘探和生产公司的诞生,以及几家服务公司的诞生,标志着完全依赖国际石油公司及其服务同行的时代的终结。过去,由于对与国际石油公司互动的不满,利比亚、沙特阿拉伯和委内瑞拉等国对在国内开展业务的外国公司资产进行征用和国有化。但是,这些征用往往遭到抵制,并受到严厉制裁。一些石油生产国并没有采取这些极端的资源民族主义形式,而是选择了当地成分要求,尽管当地成分要求仍然是贸易保护主义,但仍为外国企业留出了运作的空间,尤其是在挑战越来越大的项目中。

然而,非洲发展中国家以及南美和中东新兴经济体中的当地成分要求想要实现可持续性将需要几个因素。从这些石油生产国的角度来看,监管机构和政府机构都需要作出承诺以贯彻执行。因为没有承诺,尽管这些目标值得称赞,但他们不会自动转化为成效,需要强有力的监管和监督。但是,政府不仅应致力于有效的监管,而且还应致力于有效的协作。如尼日利亚的例子,当地成分开发不仅取决于法规,还需要某种形式的合作。各国政府不仅应与国际石油公司及其服务部门接触,而且应继续与当地公司接触。

学术界、研究机构和石油工业之间需要不断地互动。应将实践经验、技术知识与学术知识相结合,以确保非洲高等院校的毕业生和受训人员准备好应对石油行业带来的挑战。这将打破以往非洲大学的毕业生无法适应石油行业挑战的局面。

尼日利亚拒绝巴西国家石油、天然气、生物燃料管理局采取的强硬做法,即完全依靠自上而下的当地成分要求,这是值得称赞的。监管机构与行业之间的参与,启发和持续互动应该是当地成分开发的首选。但与此同时,监管机构应准备使用“棍棒”并在必要时施加制裁。这再次要求,无论是通过国家石油公司,正式监管机构,还是两者兼而有之,当地成分开发机
186 构安排都应具有执行任务的能力,并且还应在政府的支持下运作。因此,监管机构不应被边缘化以利于行业发展,而应被视为捍卫人民事业的支持者。

同样重要的是,石油生产国要准备好在必要时“撤退”。当地成分要求

也不应过于雄心勃勃,以免妨碍发展中国家石油工业的发展。事实证明,巴西的例子除了削弱巴西国家石油公司的业绩,还阻碍了巴西石油工业的发展。不过,该国适应变化的能力从 2016 年开始实施的改革中就已显示出来,这也使巴西再次吸引了投资者。随着非洲石油生产国发展能力的提高,他们还应准备在必要时削减其当地成分要求,但在此需要再次注意。事实证明,以 1979 年《伴生气回注法》为例,该法阻碍了尼日利亚结束天然气燃烧的决心,这主要是因为获得了豁免和例外,最终使该国保护环境免受有害温室气体侵害的愿望破灭了。

当地成分要求的发展不仅需要政府的某种形式的合作,而且还需要外国参与者的牺牲。这些公司中,如壳牌、美孚、雪佛龙和阿吉普等,已经在非洲运营了数十年,多年来为股东赚取了数十亿美元。这些公司本应在其运营领域投资于当地成分的发展,但过去他们却很少这样做。他们的思维方式需要转变。贸易保护主义的当地成分要求已经存在。正如本书所指出的,他们似乎并没有消失,反而在上升,中东国家目前正在接受当地成分运动,该运动主要始于南美,并在非洲获得了更大的推动力。这些公司应该做的是认识到当地成分要求是新常态这一事实,与他们的东道国进行合作。正如其中的几项经过合理化和调整以便在国家石油公司诞生之后在 20 世纪 50 年代和 20 世纪 60 年代保持相关性一样,他们也必须再次这样做,不应与当地成分要求对抗,而应不断与东道国接触,同时不仅要努力遵守,而且要鼓励国内签约。尼日利亚的例子可以作为其他国家的范本,在该国家,国际石油公司在一定程度上鼓励了尼日利亚石油行业中尼日利亚当地成分的增长和发展。有趣的是,从长远来看,投资于当地成分开发的国际石油公司不仅会获得经营的社会许可证,而且还将从充满活力的本地公司的经验和能力中受益。

最后,重要的是提醒发展中的石油生产国,当地成分本身并不是目的。它也不是解决与石油开采和开发有关的所有问题的方法。如果有效实施,

这只是几种策略中的一种，它将在确保有效的资源管理中发挥作用。因
此，发展中的石油生产国不应完全依赖当地成分，而应开发精细的框架来
进行有效的资源管理。这将包括解决腐败，尽早从石油中多元化，提高石
187 油收入管理的透明度和问责力度，加强监管以及提供适当的储蓄和投资机
制。这些策略如果得到充分实施并将其添加到可行的当地成分政策中，不
仅对石油行业的新进入者，而且对较早的参与者而言，都是良好的预兆。
忽视这些策略不仅会加剧资源诅咒现象，而且还可能挫败当地成分要求首
先要实现的目标。

图书在版编目(CIP)数据

非洲石油和天然气法的当地成分：尼日利亚等国的启示/(尼日利)普瑞欧维·苏白著；杨福学译. -- 北京：法律出版社，2023
(非洲法律翻译及研究丛书/吴卡主编)
书名原文：Local Content Oil and Gas Law in Africa：Lessons from Nigeria and Beyond
ISBN 978-7-5197-8460-7

Ⅰ. ①非… Ⅱ. ①普… ②杨… Ⅲ. ①石油工业－能源法－研究－非洲②天然气工业－能源法－研究－非洲 Ⅳ. ①D940.26

中国国家版本馆CIP数据核字(2023)第206169号

非洲石油和天然气法的当地成分：
尼日利亚等国的启示
FEIZHOU SHIYOU HE TIANRANQI FA DE DANGDI CHENGFEN：NIRILIYA DENG GUO DE QISHI

[尼日利]普瑞欧维·苏白 著
杨福学 译

策划编辑 李捷琳
责任编辑 李捷琳
彭 雨
装帧设计 鲍龙卉

出版发行 法律出版社
编辑统筹 法律考试·职业教育出版分社
责任校对 张翼羽
责任印制 胡晓雅
经　　销 新华书店

开本 710毫米×1000毫米 1/16
印张 20 **字数** 200千
版本 2023年12月第1版
印次 2023年12月第1次印刷
印刷 北京建宏印刷有限公司

地址：北京市丰台区莲花池西里7号(100073)
网址：www.lawpress.com.cn
投稿邮箱：info@lawpress.com.cn
举报盗版邮箱：jbwq@lawpress.com.cn

销售电话：010-83938349
客服电话：010-83938350
咨询电话：010-63939796

书号：ISBN 978-7-5197-8460-7
定价：98.00元

凡购买本社图书，如有印装错误，我社负责退换。电话：010-83938349